高等院校**通识教育**新形态系列教材

大学体育
健康教程

周石其 胡继光 / 主编

白雪冰 姜封庆 王逊 薛洋 / 副主编

人民邮电出版社

北 京

图书在版编目（CIP）数据

大学体育健康教程 / 周石其，胡继光主编. -- 北京：
人民邮电出版社，2023.8
高等院校通识教育新形态系列教材
ISBN 978-7-115-61540-4

Ⅰ．①大… Ⅱ．①周… ②胡… Ⅲ．①体育－高等学
校－教材②健康教育－高等学校－教材 Ⅳ．①G807.4
②G647.9

中国国家版本馆CIP数据核字(2023)第057634号

内 容 提 要

本书详细介绍了大学体育课程中涉及的体育理论基础及各项体育运动知识。本书分为两篇，共十章内容。第一篇为体育理论篇（第一章至第四章），内容包括体育概述、体育文化、大学体育概述、体育保健与运动处方，较为全面地介绍了大学生在参与体育运动时需要了解的理论知识。第二篇为运动项目篇（第五章至第十章），内容包括田径运动、大球类运动、小球类运动、操舞类运动、武术类运动、赣南特色体育运动，介绍了常见体育运动项目的历史、技术、战术、规则等，涉及的运动项目包括田径、篮球、排球、足球、乒乓球、羽毛球、网球、健美操、啦啦操、体育舞蹈、瑜伽、健美、太极拳、散打、拳击、跆拳道、五禽戏、八段锦、龙舟、舞龙舞狮。

本书既可作为高等院校体育课程教材，又可作为体育运动爱好者的入门参考书。

◆ 主　编　周石其　胡继光
　　副主编　白雪冰　姜封庆　王　逊　薛　洋
　　责任编辑　李媛媛
　　责任印制　王　郁　陈　犇

◆ 人民邮电出版社出版发行　　北京市丰台区成寿寺路 11 号
　　邮编　100164　电子邮件　315@ptpress.com.cn
　　网址　https://www.ptpress.com.cn
　　北京鑫丰华彩印有限公司印刷

◆ 开本：787×1092　1/16
　　印张：13　　　　　　　　2023 年 8 月第 1 版
　　字数：319 千字　　　　2025 年 7 月北京第 3 次印刷

定价：49.80 元

读者服务热线：(010)81055256　印装质量热线：(010)81055316
反盗版热线：(010)81055315

本书编委会

主　任

周石其　胡继光

副主任

白雪冰　姜封庆　王　逊　薛洋

编　委

杨　嘉　谭东辉　陈　力　李　凯

刘君毅　张丽萍　任刘晋

　　党的二十大报告要求："全面贯彻党的教育方针，落实立德树人根本任务，培养德智体美劳全面发展的社会主义建设者和接班人。"体育课程是高等教育课程体系的重要组成部分，大学体育是大学生必修的一门公共基础课，对于促进大学生的全面发展具有重要意义。按照党的二十大部署，到2035年，我国将建成体育强国；随着"全民健身""健康中国"战略的稳步推进，大学体育也面临新局面，取得新发展。

　　2020年10月，中共中央办公厅、国务院办公厅印发《关于全面加强和改进新时代学校体育工作的意见》（下称《意见》），指出"学校体育是实现立德树人根本任务、提升学生综合素质的基础性工程，是加快推进教育现代化、建设教育强国和体育强国的重要工作，对于弘扬社会主义核心价值观，培养学生爱国主义、集体主义、社会主义精神和奋发向上、顽强拼搏的意志品质，实现以体育智、以体育心具有独特功能。"《意见》同时提出"加强体育课程和教材体系建设"，指出要将"高等教育阶段体育课程与创新人才培养相结合，培养具有崇高精神追求、高尚人格修养的高素质人才"；提出"推广中华传统体育项目。认真梳理武术、摔跤、棋类、射艺、龙舟、键球、五禽戏、舞龙舞狮等中华传统体育项目"。

　　江西理工大学根据现代高等教育的要求，遵循《意见》文件精神，依照《全国普通高等学校体育课程教学指导纲要》和《高等学校体育工作基本标准》，组织编写了本书。

　　本书融入大量新知识、新理论，内容精练实用，结构清晰合理，对体育文化，体育运动与健康，体育运动的方法、规则与技术等内容进行了阐述。本书在简要介绍体育基础知识的基础上，增添了以二维码为载体的视频，争做前沿的体育教材，指导大学生进行科学的体育运动。此外，本书的编写还具有以下几个主要特色。

　　（1）理论与实践并重。传统体育教学往往"重实践而轻理论"，本书则编为两篇，在体育理论篇的四章中从体育概述、体育文化、大学体育概述、体育保健与运动处方等角度出发，对体育涉及的理论知识做了较为全面的介绍。这有助于大学生建立对体育的系统认识，了解体育运动的原理、体育与健康的关系，有助于其后续自主开展体育运动。

　　（2）结合地域文化和传统文化。本书在编写时，加入了太极拳、八段锦、五禽戏等传统体育项目，以及龙舟、舞龙舞狮等赣南地区特色体育项目，有助于传承中华优秀传统文化，弘扬中华体育精神，推广中华传统体育项目，引导大学生了解并热爱传统体育。

（3）**教学与实践结合**。本书在体育理论篇每章末尾，设置了"课后思考与实践"，在运动项目篇每章末尾，都设置了"拓展训练"，使大学生在学习了相关知识之后，能够开展相关实践，巩固学习效果，真正掌握技能。

通过本书的学习，大学生不仅可以提高体育文化素质，激发参与体育运动的兴趣，还可以培养终身进行体育锻炼的习惯。

本书主编为周石其、胡继光，副主编为白雪冰、姜封庆、王逊、薛洋。在编写本书过程中，编者参考和使用了相关资料，在此谨向这些资料的作者致以诚挚的谢意。

由于编者水平有限，本书难免存在不妥之处，敬请广大读者批评指正，我们将悉心修改、补充与完善。

编　者

2022年11月

目 录

第一篇　体育理论篇

第二篇　运动项目篇

第一篇

体育理论篇

第一章

体育概述

在现代生活中，人们的身心健康是离不开体育运动的。而在大学里，体育课作为现代教育的重要组成部分，无论是对学生身体素质的提高还是综合能力的提高都有着深远的影响。体育，可以说和人类的活动息息相关，人们通过体育运动，强身健体、愉悦身心，并在运动中社交，增进情感。

第一节 体育的起源与发展

"体育"一词出现很晚，最早见于1762年，但是体育运动，却早已伴随着人类文明的演进开展了成千上万年，是人类日常生活不可分割的一部分。了解体育的渊源，可以全面认识体育、了解体育的演变历程。

一、体育的起源

体育活动的历史可追溯到原始社会，早在文明诞生之前，人类就已经在进行自觉或不自觉的体育运动。

原始社会时期，生存环境极为恶劣，人们常常受到猛兽、恶劣天气、自然灾害的威胁，无一刻不处在死亡的阴影之下。为了在恶劣的环境中生存，原始人类用各种方式增强自身体魄。原始人类通过打猎、采集、捕鱼等方式获取生活所必需的食物，在生活中不断进行奔跑、投掷、攀爬、泅水等行为。这些行为既是劳动手段，又是基本生活技能，其中便蕴涵了体育活动的起源与形成。

二、体育的发展

经过数千年的演变发展，今天的体育运动形式多样、规则严明，竞技性与娱乐性兼具，是人们生活的重要组成部分。大体上，体育的发展分为古代体育、近代体育和现代体育3个阶段。

1. 古代体育

从人类文明诞生到十九世纪中叶的漫长岁月里，体育得到了长足的发展。在奴隶社会时期，体育运动在原始体育萌芽状态的基础上发展成初级形态。随着生产力进步，体育和劳动初步分离，而与军事、教育、宗教、礼仪及统治阶级的享乐生活紧密结合，并向着多样化、复杂化和独立化的方向发展。有文字记载的体育运动包括射（射箭）、御（驾马车）、角力、兵器武艺、奔跑、跳跃、举鼎、拓关（一种举重运动）、游水、投壶和棋类活动等。

进入封建社会后，体育取得进一步发展。在战国时期到南北朝时期，古代体育蓬勃发展，表现为：在类型方面，体育项目不断增多，内容也日益丰富，其中又以导引术和五禽戏最负盛名，如图1-1所示；在范围方面，无论城市还是乡村，官方还是民间，都在开展体育活动；在技术方面，以角抵、蹴鞠为代表的体育项目发展迅速，并逐渐向竞技方向靠拢，且涌现出一大批技艺高超的体育人才；在理论方面，一些体育专著也在这一时期出版和传播。

图1-1 导引术（左）和五禽戏（右）

到了隋唐五代时期，体育的发展呈现出空前繁荣的景象，表现在以下方面。

（1）体育项目呈现多样化和规范化的特点，许多项目拥有了专职机构和专业人员，以蹴鞠、武术和角抵等为主要代表。上海博物馆所藏《宋太祖蹴鞠图》（见图1-2）展示的便是古人的蹴鞠运动。

（2）体育竞技的规模变得宏大，体育技艺水平也有了很大提高。

（3）体育运动蔚然成风，马球、蹴鞠、踏球和抛球是其中的佼佼者，又以马球和蹴鞠最为盛行，如图1-3所示。

（4）国家间的体育交流增多：一方面，唐代的技击术在朝鲜半岛的新罗广泛流行，养生术、蹴鞠也传入日本；另一方面，印度人、罗马人的杂技和幻术从汉代起就不断传入中国。

图1-2 古画《宋太祖蹴鞠图》

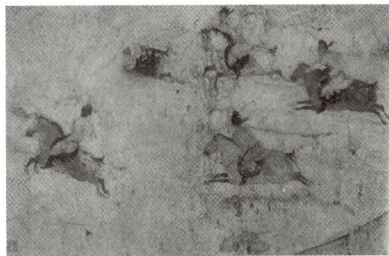

图1-3 壁画《打马球图》

到了封建社会后期，体育发展则呈现出两种不同的态势：一方面，民间体育组织的出现极大地推动了民间体育的普及和体育水平的提高，以武艺、球类和养生为代表的体育资料被汇集成书；另一方面，宋初的社会政治环境在一定程度上阻碍了体育的进一步发展。

2. 近代体育

进入近代，西方近代体育运动开始大规模地传入国内，包括体操、田径、游泳、足球、篮球、排球、棒球、垒球、网球和乒乓球等。但当时我国运动员的运动技术水平提高缓慢。1932年，我国短跑运动员刘长春参加了在美国洛杉矶举行的第10届夏季奥林匹克运动会（以下简称奥运会），成为第一位正式参加奥运会的中国运动员。

3. 现代体育

中华人民共和国成立后，我国体育事业突飞猛进，群众性体育运动广泛开展，群众性体育组织体系逐渐健全，并从1995年起实施全民健身计划。1959年，乒乓球运动员容国团获得了我国体育史上的第一个世界冠军。2008年，我国更是成功举办了第29届奥运会。另外，我国学校体育的发展也呈现出了前所未有的好局面，并出现了"快乐体育""终身体育""创意体育"等一些崭新的教学理念和教学模式。在大众体育方面，我国逐渐形成了有特色的大众体育发展路线。随着我国社会经济的不断发展，人们逐渐意识到大众体育的重要性，国家也比较重视大众体育，为人民进行体育锻炼积极创造各种有利条件。体育正在成为当代人的一种重要生活方式。

第二节 体育的特点与功能

体育是一种复杂的社会文化现象。历经数千年，人类文明中发展出了各式各样的体育运动，无论运动的种类、形式有何不同，总体而言，体育都呈现出一些较为稳定的特点，具备较为统一的功能。

一、体育的特点

综观各项体育运动可知，体育呈现出技能性、游戏性、竞技性、社交性、时代地域性等特点。

1. 技能性

体育的诞生是为了锻炼生存技能，如今天的掷标枪便来源于古代的掷矛，而掷矛在古代广泛用于打猎和战争，是人类的一项重要技能。人们开展掷标枪等运动，正是为了掌握对应的技能。如今，运动本身也成为一类技能，《关于构建更高水平的全民健身公共服务体系的意见》提出："实施青少年体育活动促进计划，让每个青少年较好掌握1项以上运动技能，培育运动项目人口。"这里的"运动技能"便是指具体的体育项目。

2. 游戏性

在古希腊，体育运动就被直接定义为游戏。如今，相当多的体育项目正是从民间传统游戏发展而来的。相传，古时的一位苏格兰牧人在放牧时，偶然用一根棍子将一颗圆石击入野兔子洞中，他从中得到启发，和同伴一起玩"将小石头击到洞中的游戏"，这种游戏不断演变，便形成了如今的高尔夫球运动。

在今天，体育与游戏仍然具有很深的联系，孩子们的追逐、蹦跳等游戏行为是"体育"，跳绳、踢毽子、丢沙包等更是兼具游戏和体育的双重特征。

3. 竞技性

远在史前时代的人类生活中，便已经出现以争取胜利为特点的原始、古朴的体育比赛形式。运动员们在公平、公开的环境下同场竞技，展开激烈的竞争，最终决出胜者。竞技性赋予体育独特的魅力，人们热爱体育竞技，体育竞技也激励着人们最大限度地挖掘和发挥个体或群体的体力、心理、智力等方面的潜力，从而促进运动员攀登运动技术高峰、创造优异运动成绩。

体育竞技性的最佳体现便是各种比赛，如古代的古希腊奥林匹克运动会，我国古代蹴鞠、射箭、投壶等赛事。现代的运动赛事更是精彩纷呈，奥运会、世界杯、世界锦标赛……这些赛事被人们广泛关注和喜爱。

4. 社交性

体育运动将人们聚集在一起，是人们生活中一种重要的社交方式。在集体性的体育活动中，人们与他人接触、交流，结下友谊。在日常生活中，一同参加体育项目的人们往往也会讨论、交流，甚至建立起俱乐部等组织，形成稳定的社交群体。

5. 时代地域性

在古代，人类文明的地域间交流较少，因此不同地域、各个民族都发展出了不同系统的体育运动。例如，巴西流行足球，有"足球王国"之称；印度的流行运动是板球；马来西亚的流行运动是羽毛球等。日本相扑、西班牙斗牛、韩国跆拳道等运动更是成为国家的"名片"。

二、体育的功能

作为校园文化中最活跃、开展最广泛、持续时间最长、对人影响极其深远的文化活动，体育的功能主要表现在以下几个方面。

1. 健身功能

体育的健身功能主要体现在体育运动不仅能促进人体的生长发育，而且对提升人体器官和心血管系统的机能有积极的作用。研究表明，不参与体育运动且患心血管疾病的总人数比参与体育运动且患心血管疾病的总人数多出3倍，这就说明体育运动对防治心血管疾病起到一定的效果。另外，体育运动可以提高人体的免疫力，不断增强人的体质，提升人对自然、社会环境的适应能力，达到预防疾病、延缓衰老的目的。

2. 教育功能

发展体育不仅能促进教育的进步和改善，而且能影响教育的内容和方法。教育是体育的基本功能，加强体育的教育功能，能提升体育运动参与者的文化素养和思想道德水平。人参与体育运动的过程，也是受教育的过程。特别是对学生而言，体育不仅能引导学生进行身体锻炼，而且能对学生进行思想、意志品质和道德规范的教育，促进学生形成正确的世界观、人生观和价值观。另外，人们在观看体育运动的过程中，还会被运动员为获得胜利奋力拼搏的精神感动，从而激发爱国热情、振奋民族精神。

3. 娱乐功能

体育既能丰富生活，又能满足人们的精神需要，是一种非常积极健康的娱乐活动。体育运动参与者在和队友默契配合、与对手斗智斗勇等过程中可以获得不同的情感体验。同时体育运动，特别是在竞技体育，运动员将身体的健康与美感、力量与速度结合，可以给观众美的享受。因此，体育运动在强健身体的同时还有陶冶情操、愉悦身心的作用。

4. 经济功能

经济是一个国家的物质基础，体育的发展既依赖于经济的支持，同时体育商业化和产业化又对国民经济的发展起到了极大的促进作用。人们参与体育运动会带动体育设施、运动装备和体育周边项目等的消费，驱动经济发展。

5. 政治功能

体育的政治功能主要体现在它在国际竞赛中及群众体育中所起的作用。在国际竞赛中，一方面，体育竞技水平的高低通常受国家的社会发展、经济水平、文化环境、科技水平的影响；另一方面，国际体育竞赛可以促进国家间的友好往来和文化交流，推动国家间的关系发展。群众体育则可以促进参与者的互相关心和交流，在满足人们交往需要的同时增强集体的凝聚力。

第三节　体育与健康的关系

健康是人类生存与发展的基本条件，不仅对个人生活有重要意义，而且对整个社会、国家和民族的意义重大。体育与健康相互促进、相辅相成，大学生长期坚持身心练习和体育锻炼，有助于增强体质、促进健康。

一、健康的标准

古今学者都指出过健康的重要性。古希腊哲学家赫拉克利特曾说："如果没有健康，智慧就不能表现出来，文化无从施展，力量不能战斗，财富变成废物，知识也无法利用。"思想家苏格拉底曾说："健康是人生最为可贵的。"培根指出："健康的身体是灵魂的客厅，病弱的身体是灵魂的监狱。"马克思认为"健康是人的第一权利"。我国著名经济学家于光远指出："健康地生存是人生的第一需要。"健康对人们的重要性不言而喻。

在古代，由于生产力水平较低且缺乏科学理念，人们对生命活动的认识较低，对健康的认识局限于没有疾病、外伤和肢体完整，即所谓"无病、无伤、无残"。随着社会的发展和医学的进步，在近代，人们能够使用各种仪器检测、发现身体的生理变化，健康被视为"器官发育良好，体质健壮，体能充沛"。20世纪30年代，美国健康教育学者指出："健康是人们身体、心情和精神方面都自觉良好、活力充沛的状态。"1948年世界卫生组织提出了新的健康概念：健康不单是没有疾病和不虚弱，而是躯体、精神的健康和社会幸福的完善状态。20世纪末，世界卫生组织又把道德修养纳入了健康的范畴。

基于现代对健康的认识，科学界提出了多个健康标准，大学生可据此判断自己的健康状况。

1. 世界卫生组织提出的健康标准

世界卫生组织提出的10项健康标准如下。

（1）精力充沛，能从容不迫地应付日常生活和工作的压力而不感到过分紧张。

（2）处世乐观，态度积极，乐于承担责任，事无巨细，不挑剔。

（3）善于休息，睡眠良好。

（4）应变能力强，能适应环境的各种变化。

（5）能抵抗一般性感冒和传染病。

（6）体重得当，身材均匀，站立时头、肩、臂的位置协调。

（7）眼睛明亮，反应敏锐，眼睑不发炎。

（8）牙齿清洁、无空洞、无痛感，牙龈颜色正常，不出血。

（9）头发有光泽，无头屑。

（10）肌肉、皮肤富有弹性，走路轻松有力。

2. 大学生心理健康的标准

心理健康是健康的重要组成部分，大学生在关注身体健康的同时，也不能忽视心理健康。大学生心理健康的标准主要有以下几项。

（1）智力正常

智力正常是大学生学习、生活和工作的基本心理条件，也是其适应社会环境变化的必备心理条件。大学生具有强烈的求知欲，乐于学习，能够积极参与学习活动，通常认为其符合智力正常这一心理健康标准。

（2）情感协调

心理健康的大学生通常情感协调，这主要表现在情绪稳定和心情愉快两个方面。

① 情绪稳定。能够适度地控制和调节自己的情绪，既能克制又能合理宣泄。

② 心情愉快。乐观开朗，富有朝气，对生活充满希望，虽然会产生一定的负面情绪，但积极的情绪总是占优势。

（3）意志健全

意志健全是指大学生具有较高水平的行动自觉性、果断性、顽强性和自制力等。例如，在各种行为或活动中都能适时地做出决定并运用切实有效的方法解决所遇到的问题；面对困难和挫折时，能在行动中控制情绪和言行，而不是畏惧困难或者盲目行动等。

（4）人格完整

人格完整就是指有健全统一的人格，即一个人的所想、所说、所做都是协调一致的，并能够将个人整体的精神风貌完整、协调、和谐地表现出来。人格完整还表现为人格结构的各要素完整统一，包括气质、能力、性格、理想、信念、人生观等。

（5）适应环境

一个心理健康的大学生需要通过客观观察对周围环境进行客观和正确的认识，能用切实的方法去处理生活和学习中的各种问题和困难，而不企图逃避、推卸责任。大学生还需要根据环境的特点和自我意识的情况协调或改造自我，使自己在思想和行动上都能够跟上时代的发展，为学校和社会所接纳。

（6）人际关系协调

和谐的人际关系是大学生心理健康的必备条件之一，大学生要乐于与人交往，并在交往中保持独立而完整的人格，既有自知之明，不卑不亢，又能够客观地评价自己和同学，与大多数同学建立良好的关系，并能与同学们同心协力地合作共事。

（7）心理行为符合年龄特征标准

大学生的认知、情感、言行举止均应符合所处年龄段的要求。心理健康的大学生表现为精力充沛、勤学好问、反应敏捷、喜欢探索。

二、体育的健康效应

体育锻炼的本质是对身体施加的运动刺激，这种运动刺激会引起身体的多种反应，并随着刺激次数的增加、时间的延续，以及负荷量与强度的增长，身体在形态、机能、素质、体能等方面产生适应性的变化，由此促进人体的健康。具体而言，体育的健康效应可以从生理、心理两个方面来分析。

1. 体育锻炼与大学生生理健康

生理健康指人体生理功能上健康状态的总和，即循环系统、呼吸系统、消化系统、神经系统、内分泌系统等机体的各个器官、关节活动及肌张力都达到最低正常水平。体育锻炼能够对人体各大系统、器官、组织产生直接刺激和影响，促进人体生理健康水平的整体提升。

（1）体育锻炼有利于提升神经系统的机能

神经系统是由众多的神经细胞组成的庞大而复杂的信息网络，能够联络和调节机体的各系统和器官的功能，在人的机体功能调节系统中起着主导的作用。研究表明，大脑耗氧量占全身耗氧量的20%~25%，长时间的脑力劳动会导致人因为供血不足和缺氧而头昏脑胀。进行体育锻炼，尤其是在新鲜的空气中开展运动，可以提升神经在工作过程中的强度、均衡性、灵活性和细胞的耐久力，使神经细胞获得更充足的能量物质和氧气的供应，保证神经系统在工作过程中获得充分的能量物质，从而改善大脑供血不足的情况，消除大脑疲劳。

体育锻炼还可以改善神经系统的调节功能，提高其对复杂变化的判断和反应能力，使其能及时做出协调、准确和迅速的反应。经常参加体育锻炼能够促进神经系统兴奋和抑制的交替转移，改善大脑皮层神经系统的均衡性和准确性，提高脑细胞工作的灵活性、协调性、反应速度、耐受能力等，从而有效地节省体力，减少体能的消耗。

（2）体育锻炼有利于强化血液循环系统的机能

血液循环系统是由心脏和血管组成的遍布全身的管道系统。血液在这个封闭的管道系统里循环流动，为人体的各个组织细胞提供营养物质和氧气。

① 经常参加体育锻炼可使心肌壁增厚，心肌力增强，心脏体积和容积增大，并减少每分钟的心跳次数。研究表明，运动员的心跳每分钟比一般人少10次，那么一天心脏就能少跳14 400次，这就大大减轻了心脏的负担，使心脏得到更多休息。

② 经常参加体育锻炼能促进心肌细胞内的蛋白质合成，促使心肌纤维增粗，心肌壁增厚，心肌力量增强，每搏输出量加大，使血液的数量增加、质量提高。研究表明，在安静状态下，健康成人心脏的每搏输出量为70mL，而经常运动者可达90mL。

③ 体育锻炼可以增加血管壁的弹性，并促使大量毛细血管扩张，大大加快能量供应，提高新陈代谢水平。

④ 体育锻炼可以显著降低血脂含量、改变血脂质量，在遏制肥胖、健美形体的同时，能有效地防治冠心病、高血压和动脉粥样硬化。

⑤ 体育锻炼可以降低血压，舒缓心搏，预防心血管疾病。病理学家通过解剖发现，经常运动的人患动脉硬化的概率要远远低于不常运动的人。

⑥ 体育锻炼能使血液中红细胞含量增加，增强血液对营养物质和氧气的运输能力。合理的体育锻炼可以增加血液中白细胞的数量，特别是可以增加白细胞中具有重要作用的淋巴细胞的数量，这对于提高机体预防疾病的能力至关重要。体育锻炼还可以提高体内的免疫球蛋白水平，亦可有效地提高机体抗病、防病的能力。

（3）体育锻炼有利于增强运动系统的机能

运动系统由骨、骨连结和骨骼肌组成，用于支撑人的身体并保护各器官的系统运作。体育锻炼能够增强运动系统的准确性和协调性，使运动系统保持较好的灵活性，从而使人有条不紊、准确敏捷地完成各种复杂的动作。

① 体育锻炼可使骨密质增厚，骨小梁排列更加规则整齐，促使青少年骨的长径生长速度加快、直径增大，能极大地提高骨的坚固性和抗弯、抗折、抗压能力。同时，体育锻炼可促进骨骼中钙的储存，预防骨质疏松。

② 体育锻炼可使肌肉的效能增强、体积和弹性增加。具体表现为肌纤维变粗、体积增大、弹性增加，肌肉力量、活动的能力和耐力相应提升。

③ 经常性的体育锻炼可以增强关节周围肌肉的力量和韧带的柔韧性，增加关节面软骨和骨密度的厚度，并可使关节周围的肌肉发达、力量增强，关节囊和韧带增厚，从而扩大关节活动的幅度，增加关节的牢固程度，减少各种外伤和关节损伤。

（4）体育锻炼有利于完善呼吸系统的机能

呼吸系统由呼吸道和肺组成，体育锻炼能够锻炼呼吸肌，增加肺活量和呼吸深度，提升人体呼吸系统的氧气吸收能力。

① 体育锻炼中的一些伸展扩胸运动可使呼吸肌力量增强，胸围增大，从而提升呼吸功能。

② 体育锻炼可以增加肺活量（人体尽全力吸气后再尽力呼出的气体总量）和肺通气量（每分钟尽力呼出或吸入肺内的气体总量）。体育锻炼能扩大胸廓，有利于肺组织的生长发育和肺的扩张，使肺活量增加。实验证实，经常参加体育锻炼的人，肺活量可增加1 000mL左右，肺通气量可达100L/min以上，高于一般人。

③ 体育锻炼时需要大量地吸入氧气和排出二氧化碳，这就要求呼吸肌加强收缩，使肺泡得到充分扩张，加大呼吸的深度，从而有效地提高了肺的通气效率。由于吸进的氧气多，呼吸肌有较长时间休息，人体能够承受更大的运动量。

（5）体育锻炼有利于强健消化系统的功能

消化系统的功能就是消化食物，吸收营养物质，排出废物。人体必需不断地从外界摄取营养物质，满足新陈代谢的需要，才能维持生命活动。经常进行体育锻炼能促进胃肠蠕动，增加消化液分泌量，在提高食欲的同时增强吸收能力。

需要注意的是，运动越剧烈、持续时间越长，消化系统就需要越长的时间来恢复。如果饭后立即参加剧烈运动，就会影响胃肠机能，甚至可能因为胃肠的震动和肠系膜的牵扯而引起腹痛及不适感，进而影响人体的健康。所以，运动和吃饭之间要有一定的间隔，饭后不宜即刻进行体育锻炼，剧烈运动后不宜立即就餐。通常情况下，运动后休息30～40min再进食，或饭后约1.5h再运动较为科学。

（6）体育锻炼有利于优化免疫系统的机能

体育锻炼本身是一种运动负荷的刺激，经过反复刺激，身体的各个系统就会产生形态及功能的适应性变化。在这种应激与适应的生理反应过程中，免疫机能也会相应提升。

2. 体育锻炼与大学生心理健康

心理健康是个体健康的重要组成部分，指心理的各个方面及活动过程处于一种良好或正常的状态。体育锻炼能对大学生的心理健康产生各种直接或间接的作用。

（1）体育锻炼能够舒缓情绪

情绪是心理健康情况的重要指标。现代社会中，各方面的综合压力使人易产生焦虑、烦恼、紧张、压抑、暴躁、忧郁等不良情绪。研究发现，慢跑、游泳、骑自行车等体育锻炼对抑郁症患者、焦虑症患者、化学药品依赖者具有显著改善作用。

体育锻炼可以转移大脑皮质的兴奋中心，能对情绪起到积极调节作用；同时体育锻炼能释放压抑的情绪和思想，起到心理宣泄作用。参加体育锻炼时，人将产生各种各样的情感体验，从而提高个人情绪的适应性，使情绪向成熟发展。另外，体育锻炼可以促进人际交往，改变孤独、抑郁或自卑等心态，从而维护心理健康。

（2）体育锻炼可以增强意志

意志品质包括自觉性、果断性、坚韧性、自制力及勇敢顽强精神等。体育锻炼充满了失败和挫折，积极主动、持之以恒地进行体育锻炼，要克服各种主、客观困难，这个过程既是锻炼身体的过程，又是培养良好意志品质的过程。而参加运动强度更大、竞争更加激烈的竞技体育锻炼更能够激励人们奋发向上、顽强拼搏，培养坚强、自信、勇敢、进取的优秀品质。

（3）体育锻炼可以开发智力

人在体育锻炼中表现出来的注意力、观察力、记忆力、想象力、思维力和分析判断能力等都是智力的组成部分。体育锻炼需要运用各种技术和战术，可以加强大脑的功能，开发大脑各种潜在能力，提升人的思维能力和创造力。例如，一些体育锻炼中展示的高难度动作就是逻辑思维和创造性思维的体现。

（4）体育锻炼可以培养个性

个性是一个人的兴趣爱好、意志能力和气质性格等各种心理特征的综合表现，良好的个性才能使人具备创新开拓的进取精神和努力奋斗的竞争意识。体育锻炼可以为大学生创造一个广阔的空间，大学生不仅可以通过体育锻炼参加社交活动，提高对社会的适应性，还可以从体育锻炼中体验到成功的喜悦，满足自我实现的需要，充分展示和发展自己的个性。

课后思考与实践

一、课后思考

1. 体育有哪些重要的功能？试举出生活中的例子对其加以说明。

2. 体育是如何促进生理健康的，又是如何促进心理健康的？

3. 比较现代体育和古代体育，说一说现代体育相较于古代体育有哪些不同之处。想一想未来的体育将会如何发展。

二、课后实践

1. 自我健康情况评估

根据本章"健康的标准"中的知识，按照相关标准对自己的身体健康和心理健康状况进行评估。

2. 功能性动作模式筛查（Functional Movement Screen，FMS）

功能性动作模式筛查能够让大学生快速了解自己在运动中容易出现运动损伤的薄弱环节，分析自身身体情况，从而找到问题根源，强化纠正。这一训练方式可以帮助大学生预防运动损伤、降低运动损伤的概率。

筛查动作包括深蹲、过栏步、直线分腿蹲、肩部灵活性训练、主动抬腿、躯干稳定性俯卧撑和体旋稳定性训练，如图1-4所示。其中，深蹲和躯干稳定性俯卧撑是对称性动作；过栏步、直线分腿蹲、肩部灵活性训练、主动抬腿和体旋稳定性训练是非对称性动作，需要分别进行左右测试。

深蹲　　　　　过栏步　　　　　直线分腿蹲　　　　肩部灵活性训练

主动抬腿　　　　　躯干稳定性俯卧撑　　　　体旋稳定性训练

图1-4　功能性动作模式筛查动作

第二章

体育文化

文化是人类在社会实践过程中所获得的精神生产能力和精神产品，体育作为人类生活中一种普遍而频繁的活动，其自身也创造出了鲜明而博大的体育文化。体育文化包括万象，既有灿烂的古代体育文化、丰富的民族地域体育文化，也有流传千年的奥林匹克体育文化，更有今天的新时代校园体育文化。

第一节 中华民族传统体育文化

中华民族具有悠久的历史，创造了丰富多彩的体育运动，同样创造了蔚为大观的体育文化。优秀的中华民族传统体育文化是民族宝贵的精神财富，在今天也依然熠熠生辉，影响着中华儿女，具有蓬勃的生命力。

一、我国古代体育文化

我国古代体育历史悠久，数量浩繁。深厚的传统文化、精深的传统哲学思想、丰富的社会文化活动，为体育的发展提供了丰沃的土壤，也造就了以蹴鞠文化、武术文化、围棋文化等为代表的繁荣的体育文化。

1. 蹴鞠文化

蹴鞠又名"蹋鞠""蹴球""蹴圆""筑球""踢圆"等，自战国时期开始，蹴鞠就一直在民间流行。据研究，早期的蹴鞠主要是以动物毛发进行填充的，其开展形式主要以百姓借农闲时节一起玩乐为主。

在盛唐，寒食节蹴鞠作为一种岁时节令体育活动广为流行。基于盛唐安稳的社会环境，其时百姓已有参与体育活动的意识，闲暇之余也能够踏出家门，积极加入各项体育活动，因此文人墨客都在诗词中多有表述。如白居易在《洛桥寒食日作十韵》中以"上苑风烟好，中桥道路平。蹴球尘不起，泼火雨新晴"详细描述了人们雨后初晴开展蹴鞠的热闹场面，湿滑的地面并不影响人们对蹴鞠的热爱。晚唐时，蹴鞠形态结构出现跨越性的改变，以动物膀胱作为内胆充气为球，还出现了网状球门，并以双门对抗赛活动的形式进行，大大丰富了蹴鞠赛制。

宋代则形成了以宫廷为主导、民间文化为主要构成的蹴鞠文化，在当时社会稳定、经济繁荣、文化思潮踊跃的历史环境下，还出现了特有的蹴鞠组织。蹴鞠运动流行于宋代的各个阶层之中，成为一种群体性、社会性的行为。元代画家钱选临摹的北宋宫廷画家苏汉臣的《宋太祖蹴鞠图》（见图2-1），就生动地展现了宋太祖赵匡胤、宋太宗

图2-1 钱选临摹的苏汉臣的《宋太祖蹴鞠图》

赵匡义等人一起玩蹴鞠的景象。《东京梦华录》中记载的"浑身眼、李宗正、张哥，毬杖踢弄"，列出了几个在瓦舍中进行表演活动的蹴鞠艺人。瓦舍是宋代市民的一种大众文化娱乐的综合性活动场所，大量艺人在瓦舍中表演蹴鞠，显示出蹴鞠在民间的繁盛。在宋代出现了很多民间蹴鞠组织，历史中记载的有"齐云社""圆社"等，在集市和庙会活动中非常活跃。《东京梦华录》中提到的"左右军筑球"中的"左右军"则是在教坊管辖下的蹴鞠官方组织。同时，蹴鞠的规则、竞赛制度、队员分工也同步建立起来。蹴鞠，可谓是中国最古老的竞技体育运动之一。

2. 武术文化

武术是古代军事战争一种传承的技术，集技击、艺用和体用于一身，并蕴含着深刻的道德情感思想，是我国的优秀传统文化之一。商周时期，统治者利用"武舞"来训练士兵，鼓舞士气；周代，射箭、驾车等被作为必修课；秦汉时期，盛行角力、击剑，有宴乐兴舞的习俗，项庄于鸿门宴上舞剑便是明证。

在唐代，武术更是成为一门"显学"，公孙大娘的剑器舞风靡一时，后人谓公孙大娘"一舞成三圣"：诗圣杜甫作《观公孙大娘弟子舞剑器行》曰"昔有佳人公孙氏，一舞剑器动四方。观者如山色沮丧，天地为之久低昂。霍如羿射九日落，矫如群帝骖龙翔。来如雷霆收震怒，罢如江海凝清光"；相传草圣张旭因观看了公孙的剑器之舞而茅塞顿开，成就了落笔走龙蛇的绝世书法；画圣吴道子也从公孙大娘的剑舞中体会用笔之道。

到宋明以后，武术分出众多流派，仅拳法就包括少林拳系、武当拳系、峨眉拳系、南拳拳系、形意拳系等。除了武术技术，我国还形成了对应的武术礼仪、武德、侠义精神等文化。例如，武术中的抱拳礼，动作为左掌右拳，左手为文，右手为武，彰示出武者文武兼修的理想，暗指虚心求教的谦逊态度。左掌大拇指弯曲表示不骄傲自满，约束人们过分的勇武行为，多指先礼后兵之意。

3. 围棋文化

围棋，我国古代称为"弈"，《世本》载："尧造围棋，丹朱善之。"显示围棋距今已有4 000多年的历史。《左传·襄公二十五年》载："卫献公自夷仪使与宁喜言，宁喜许之。大叔文子闻之，曰：'呜呼……今宁子视君不如弈棋，其何以免乎？弈者举棋不定，不胜其耦，而况置君而弗定乎？必不免矣！'"则是历史上第一次可靠的涉及围棋的记载。

我国古代的文人雅士将围棋视为高雅的艺术形式和高级的智力运动。魏晋南北朝时，弈风颇盛，当朝以棋设官，建立"棋品"制度，对有一定水平的棋士，授予与棋艺相当的"品格"（等级），将棋艺分为九品，围棋渐渐变成上流人士的一项必备技能。梁武帝萧衍不仅自己爱下棋，还令大棋家柳恽和陆云公主办了一次全国性的围棋大赛，轰动一时，可谓是最早的全国性围棋比赛。

围棋不仅是一种有趣的竞技运动，而且被上升到了哲学的高度。东汉班固作《弈旨》曰："局必方正，象地则也。道必正直，神明德也。棋有黑白，阴阳分也。骈罗列布，效天文也。四象既陈，行之在人，盖王政也。成败臧否，为仁由己，道之正也。"认为围棋以阴阳为基本二因素，模拟天地的运转，建构了具有易学内涵的围棋义理。马融的《围棋赋》则将围棋与兵法联系起来，指出："三尺之局兮，为战斗场；陈聚士卒兮，两敌相当。"沈约的《棋品》序所言："弈之时义大矣哉，体希微之趣，含奇正之情，静则合道，动必适变。若夫入神造极之灵，经武纬文之德，故可与和乐等妙，上艺齐工。"更是将围棋推到了非常高的高度，认为围棋有"经武纬文"之能，能够以武功和文德治理国家。

二、民族地域体育文化

1986年，30多位组稿人员和上百位作者历经4年的挖掘整理汇编而成的《中华民族传统体育志》收录了民族体育项目达977项，其中少数民族传统体育项目有676项。汤立许在论文《我国民族传统体育项目分层评价体系及发展战略研究》中根据我国地域的基本类型划分，对每个地区主要的民族传统体育项目进行了挖掘整理，得出结论：东北地区74种、西北地区106种、西南地区173种、中原地区188种、长江中下游地区87种、东南沿海地区31种、岭南地区104种、蒙古地区51种。单从数量上，就可以感受到我国民族地域体育文化的丰富。

丰富的民族地域体育文化来自神州各地的不同自然禀赋，中央民族大学张海洋教授曾对此精辟阐述："北方天高地阔，生产简陋，生活朴野，在与大自然的严酷斗争中培养了勇武精神，赛马、摔跤、角力、驰逐、拖冰床、赛力竞技较发达；南方山环水绕，气候温和，农业精耕细作，物质条件优于北方边地，游泳、潜水、赛龙舟活动历久不衰。"

1. 蒙古族传统体育文化

《旧唐书》记载有"蒙兀室韦"部落，后来，这一部落形成蒙古族，他们长期生活在祖国北方辽阔的大草原上，其体育也多有草原民族的色彩。每年农历六月初四开始，蒙古族会举办为期5天的那达慕大会。大会上有惊险刺激的赛马、摔跤及令人赞赏的射箭等项目。

按蒙古族传统习俗，摔跤运动员不受地区、体重的限制，采用淘汰制，一跤定胜负。蒙古长调"摔跤手歌"唱过3遍之后，摔跤手挥舞双臂、跳着鹰舞入场，向主席台行礼，顺时针旋转一圈，然后由裁判员发令。比赛双方用捉、拉、扯、推、压等技巧摔跤，膝盖以上任何部位着地者为负，如图2-2所示。

蒙古族被称为"马背上的民族"，因此赛马是那达慕大会的重头戏。男女老少均可参加赛马，几十人甚至上百人，一同出发，直线赛跑，以先达终点者胜，如图2-3所示。同时，还有马上技巧、乘马斩劈、超越障碍等项目。

图2-2 蒙古摔跤

图2-3 蒙古赛马

蒙古族射箭比赛使用的多是牛角弓、皮筋弦、木制箭和铁链等，每次射的距离有15米、20米，箭靶是由5种不同颜色涂成的"毡片靶"，以中靶箭数定成绩。此外，蒙古族还有射手骑于马上，在马跑动中发箭的骑射比赛。

2. 壮族传统体育文化

壮族主要聚居在广西壮族自治区、云南省文山壮族苗族自治州，是我国人口最多的少数民族。几千年的历史发展造就了灿烂悠久的壮族文明史，也使其形成了风格独特的民族传统体育活动，包括磨秋、板鞋竞速、芭芒燕、踩风车等。

磨秋主要流行于广西文山壮族村寨，历史悠久。磨秋类似于汉族的跷跷板，《中华全国风俗志》描述其为："又竖一直木于地，以一横木凿其中，合于直木头上，二人一左一右，扑于横木两梢头为戏。此落彼起，此起彼落，腾于半空名曰磨秋。"以一根长1~2m的硬木竖于地，作为轴心；另以一根长约6m的木杆，中部凿一圆洞，横置于立柱顶上。游乐时，双方推动横杆助跑几步后，迅速骑上或匍匐在横杆两头，随杆旋转起伏，落地一方用脚蹬地，使杆弹起，并借助蹬力使横杆两端交替上下，旋转不止，如图2-4所示。

板鞋竞速，起源于古代军事训练，相传在明朝，主持田州（今广西田阳县）土州军政的瓦氏夫人在练兵中，为了让士兵步伐整齐，步调一致，于是下令每3名士兵同穿一副木板鞋，齐步走或跑。这种训练方法取得了很好的效果，被称为"瓦氏夫人同步练兵法"并流传开来。随后，由于3人穿木板鞋具有健身性和娱乐性，因此其逐渐发展成了人们休闲时自娱自乐的活动项目，也成为壮族群众民族节日、传统集会中的重要活动内容。中国邮政发行的"少数民族传统体育"系列特种邮票中就包含了板鞋竞速项目，生动再现了这项运动的场景，如图2-5所示。

图2-4　磨秋

图2-5　板鞋竞速邮票

3. 苗族传统体育文化

苗族生活在我国长江以南的山区，历史悠久，文化传统丰厚，民族体育活动项目众多，其中非常具有代表性的包括赛马、斗牛、舞狮等。

每年新禾节时，广西融水元宝山地区各村寨的苗族会从四面八方汇集到一起，进行赛马比赛。他们先放马飞奔，让骑手在规定地点等候，待马跑到之后，骑手随即翻身上马，按照预定的赛道奔驰，最先到达终点者胜。云南大理、永平一带苗家赛马有三类，除竞速外，一种是骑手在纵马奔驰中急停而不能坠马；还有一种是骑手骑于马上夹紧马腹并拉紧缰绳，由另一人猛拍一鞭，马惊纵起而骑手不能坠马。滇东北、滇南的苗族民间，除了比马奔跑的速度外，还要看马跑得是否均匀有节奏，马铃响得是否动听和谐，甚至骑手手抬一碗酒时酒是否会洒出来。只有三者俱佳，滴酒不洒，才能获得优胜。

立秋后数日，苗族会举办"斗牛会"，斗牛场一般选在四周都有密林的平坦草地上，参赛的牛都是苗族村民自家饲养的强壮公牛。比赛开始，十余头公牛被一齐放出，互相挑战，在败者逃出斗场后，胜者会返回继续寻找对手，如此直到决出最后唯一胜者。之后，胜利者犄角上将被戴上几丈长的红绸布做的大红花，牛的主人也将享受很高的荣誉。

贵阳市花溪、乌当两地区苗族民间，流传着一种别具一格的苗族武术——打花棍。打花棍多在喜庆的节日表演，参与者多为女子。所用花棍为木质，长1～1.5m，直径4～6cm。花棍表演一般是两人一组进行对打，每次8人持棍分为4组进行。比赛之中，棍来棍往，进退有节，攻守相交，观感极佳。

第二节 奥林匹克体育文化

奥运会由国际奥林匹克委员会主办，是目前世界上规模最大、影响力最大的综合性运动会。可以说，奥运会不只是一次普通的运动会，而是各个国家运动交流、切磋技艺的体育盛宴。

一、体育盛会——奥运会

奥运会具有非常悠久的历史，有文字记录的第一届奥运会于公元前776年举办。1896年，首届现代奥运会在希腊雅典举办，从此奥运会进入了新的时代。在多年的发展中，奥运会形成了精彩的奥林匹克文化，成为人类宝贵的精神财富。

1. 古代奥运会

相传，在奥林匹亚地区，每到主要经济作物——橄榄和葡萄丰收时，人们就要聚集在一起庆祝来之不易的丰收，并举行各种体育比赛，如赛跑、角力、战车、掷铁饼等。后来，这一风俗逐渐演变为每4年举行一次的古代奥运会。

公元前776年，伯罗奔尼撒的统治者伊菲图斯组织大规模的运动和宗教性的庆典，并决定每4年举行一次，奥运会就此登上历史舞台。经过数百年发展，到公元前5世纪左右，奥运会已成为希腊最盛大的节日。

公元前4世纪，由于长期战争，希腊国力下降，奥运会的发展受挫。罗马帝国统治希腊后，奥林匹亚已不是唯一竞赛地，其地位和影响力大大下降。公元2世纪后，欧洲盛行禁欲主义，奥运会更趋衰落。公元394年，罗马皇帝宣布废止奥运会。古代奥运会虽就此终结，但橄榄枝、圣火、桂冠等文化符号仍然流传了下来，深刻地影响了现代奥运会。

2. 现代奥运会

在古代奥林匹克运动会停办了1 500余年之后，法国人顾拜旦于19世纪末提出举办现代奥林匹克运动会的倡议。

1893年春，根据顾拜旦的建议，法国田径协会联合会邀请一些国家的知名人士在巴黎举行了一次国际性体育会议，讨论复兴奥运会的问题，虽未取得一致意见，但这次会议成为现代奥运会的开端。

之后，顾拜旦积极为奥运会奔走，寻求各国体育界与政界知名人士的支持。1894年6月16日"国际体育运动代表大会"在巴黎索邦神学院（巴黎大学前身）隆重开幕。大会最终通过了《复兴奥林匹克运动会》的决议。1894年6月23日，国际奥林匹克委员会（International Olympic Committee，IOC，简称国际奥委会）成立，并决定于1896年在古代奥运会的发源地希腊雅典举行第1届现代奥运会。

至2020年日本奥运会，奥运会已经成功举办了32届。经过多年的发展，奥运会建立了包括夏季奥林匹克运动会、夏季残疾人奥林匹克运动会（残奥会）、冬季奥林匹克运动会（冬奥会）、冬季残疾人奥林匹克运动会、夏季青年奥林匹克运动会（青奥会）、冬季青年奥林匹克运动会、世界夏季特殊奥林匹克运动会、世界冬季特殊奥林匹克运动会、夏季聋人奥林匹克运动会、冬季聋人奥林匹克运动会10项综合赛事。

3. 我国奥林匹克事业发展

1924年，中华全国体育协进会正式成立，该组织得到了国际奥委会的认可，对外代表中国奥林匹克委员会。1924年，在法国巴黎举行的第8届奥运会上，我国派出3名网球运动员参加了表演赛。

1932年，在美国洛杉矶举行的第10届奥运会上，我国运动员刘长春参加了100m跑、200m跑比赛，成为"中国奥运第一人"。

1936年，我国共派出139人的体育代表团参加了德国柏林第11届奥运会，这是我国首次正式派体育代表团参加奥运会。

中华人民共和国成立后，我国的奥运事业进入了新的阶段。1952年，赫尔辛基第15届奥运会是我国代表团第一次参加的奥运会。

1984年，我国参加了在美国洛杉矶举行的第23届奥运会。在该届奥运会上，我国224名运动员与各国运动员同场竞技，收获15枚金牌、8枚银牌、9枚铜牌，金牌数列第四位，总分列第五位。射击选手许海峰获得男子自选手枪射击金牌，实现了我国奥运金牌数破零。

此后，我国运动员参加了各届奥运会的多项赛事，取得了突出的成绩，第23～28届奥运会，我国打破多项奥运纪录，成为名副其实的奥运大国与奥运强国。

在积极参加奥运会的同时，我国也在不断寻求举办奥运会的机会。1991年，我国着手申办2000年奥运会，但以2票之差落选。1998年，北京提出申办2008年第29届奥运会，2001年7月13日，在莫斯科举行的国际奥委会第112次全会上，国际奥委会投票选定北京获得2008年奥运会主办权。经过紧密筹备，2008年北京奥运会成功举办。2022年2月4日，第24届冬奥会在北京开幕，这是我国第一次举办冬季奥运会。

二、奥林匹克文化

奥林匹克运动已成为当今世界一种独特的文化现象，在许多方面有着超越体育赛事的巨大感染力和影响力。

1. 奥运会象征性标志

顾拜旦说："奥林匹克运动是一个伟大的象征。"在奥运会上，会出现一系列具有鲜明象征性的标志，包括奥林匹克标志、奥运圣火、奥运会吉祥物等。

（1）奥林匹克标志

奥林匹克标志又称奥运五环标志，是由《奥林匹克宪章》确定的奥林匹克运动在全球范围内的视觉形象标识。它由5个奥林匹克环从左到右互相套接组成，上方是蓝色、黑色、红色三环，下方是黄色、绿色两环，也能以单色形式使用，整体造型为一个底部小的规则梯形，如图2-6所示。五环象征亚洲、非洲、欧洲、美洲、大洋洲，代表着五大洲的团结，以及全世界参赛运动员应以公正、坦诚的运动员精神在奥运会上相见。

（2）奥运圣火

奥运圣火是奥运会期间在主体育会场燃烧的火焰，象征着光明、团结、友谊、和平、正义。

其在奥林匹克发源地奥林匹亚采集，由传递者步行传递到奥运会会场，最后一位传递者会以独特的方式点燃位于体育场上方的主火炬。图2-7所示为北京奥运会主火炬。奥运圣火在奥运会开始的那天点燃，结束的那天熄灭。

（3）奥运会吉祥物

奥运会吉祥物是代表该届奥运的动物或人物。其通常是当地的动物，或是可以代表当地文化特色的人物形象。

2008年北京奥运会的吉祥物是"福娃"，由5个拟人化的娃娃形象组成，分别是福娃贝贝、福娃晶晶、福娃欢欢、福娃迎迎和福娃妮妮，分别以奥运圣火（福娃欢欢）和鲤鱼（福娃贝贝）、大熊猫（福娃晶晶）、藏羚羊（福娃迎迎）、京燕（福娃妮妮）为原型，以谐音意蕴"北京欢迎你"，且每个吉祥物的颜色都对应着奥运五环的一个颜色，如图2-8所示。

图2-6　奥林匹克标志　　　　图2-7　北京奥运会主火炬　　　　图2-8　北京奥运会吉祥物

2. 奥林匹克格言

奥林匹克格言，亦称奥林匹克座右铭或口号，宣示了奥林匹克运动的宗旨。奥林匹克格言是"Faster，Higher，Stronger - Together"，翻译为中文就是"更快、更高、更强——更团结"。

"更快、更高、更强"由顾拜旦的好友亨利·马丁·迪东提出。1891年，他在巴黎创办了一所体育学校。1895年，他把上述格言作为该校校训。顾拜旦对此大为赞赏。1913年，国际奥委会正式批准，将"更快、更高、更强"这一格言写入《奥林匹克宪章》。"更快、更高、更强"充分表达了奥林匹克运动不断突破进步、永无止境的奋斗精神，显示出运动员们不畏艰险、敢攀高峰的拼搏精神，更彰显了人类凭借自身的力量，克服大自然的种种限制，勇于突破极限的决心。

2021年7月20日，据新华社消息，国际奥委会第138次全会投票表决，同意在奥林匹克格言"更快、更高、更强"之后，加入"更团结"。时任国际奥委会主席巴赫表示："与每个国家像孤岛一样工作相比，各国协作努力能带来更好的成效。""为了实现更快、更高、更强，我们需要在一起共同应对，我们需要更团结。"体育将各个国家、各个民族、各个信仰的人们团结在一起，齐心协力战胜种种挑战。

3. 奥林匹克精神

《奥林匹克宪章》中"奥林匹克主义的原则"条款中有这样一段话："每一个人都应享有从事体育运动的可能性，而不受任何形式的歧视，并体现相互理解、友谊、团结和公平竞争的奥林匹克精神。"这就是现代奥林匹克精神。

奥林匹克运动是国际性的运动，它不可避免地面临着世界上文化间的各种差异及由此引发的各种问题。奥林匹克精神强调相互了解、友谊和团结，帮助人们摆脱因各自文化带来的偏见，冲破各自封闭的藩篱，使矛盾成为互相学习的动力。

　　奥林匹克精神强调竞技运动的公平与公正，只有在公平竞争的基础上，竞争才有意义，各国运动员才能保持和加强团结、友谊的关系，奥林匹克运动才能实现它的神圣目标。

第三节　新时代校园体育文化建设

　　校园体育是以学生为主体的，以学校体育课程为主要内容，以校园为主要空间的体育形式。校园体育是大学生接触体育运动的主要形式，在新时代，面临新形势、新局面，校园体育文化建设也要提出新方法、新举措。

一、大学体育文化的形式与结构

　　大学体育是大学教育的重要组成部分，大学体育文化对大学生有着潜移默化的影响。建设新时代校园体育文化，就需要了解大学校园体育文化的表现形式及大学体育文化的结构。

1. 大学校园体育文化的表现形式

大学校园体育文化体现在体育标志、体育口号、体育文化价值观、体育运动和体育竞赛等方面。

（1）体育标志

文化可以通过外显的形式直接表现出来，体育标志就是大学校园体育文化内涵的表现形式之一。体育标志有校队队服、徽章和吉祥物等。在学校开展体育竞赛时，大学生手拿学校的吉祥物，身着统一的队服为运动员呐喊助威，这种方式能展现大学校园体育文化。

（2）体育口号

体育口号也是大学校园体育文化的重要表现形式之一，能反映学校在体育文化建设上的鲜明特色。例如，清华大学曾提出体育口号"为祖国健康工作五十年"，反映了清华大学校园体育中深深镌刻的崇尚体育、热爱运动的印记，以及在体育运动上的开放精神。若将这种体育文化理念延伸到校外，则升华为爱国、敬业的价值观，把大学体育拓展到终身体育的境界。

（3）体育文化价值观

大学校园体育文化价值观表现在物质和精神两个方面：物质方面主要表现为增强大学生的身体素质，精神方面则表现为培养大学生的集体主义和爱国主义精神。在这种体育文化价值观的指导下，大学生可以形成大学校园体育锻炼和竞赛的基本目标，在强身健体的基础上追求更高、更快、更强，培养团结奋斗、努力拼搏等体育精神。

（4）体育运动和体育竞赛

大学校园体育文化也表现在具体的体育运动和体育竞赛上。很多大学都会开展丰富多彩的体育运动，参加不同国家、地区的大学生体育竞赛。这有助于在提升大学生体育实践能力的同时，增强大学生宣传体育运动的意识，促进大学校园体育运动的发展，并有助于向外界展示和宣传学校，提升学校的知名度。

2. 大学体育文化的结构

大学体育文化的诸多要素组合成了体育文化的结构，国内外诸多研究者对大学体育文化的结构进行了研究，目前主流的观点认为大学体育文化由4个层面构成。

（1）体育物质层。体育物质层包括体育设施、器材、场地、体育服装、主题雕塑、宣传画等。体育物质层是体育文化的基础，是开展大学体育课程、使大学生能够正常在校内开展体育运动的物质保障。

（2）体育制度层。体育制度层包括对大学体育起规范作用的各种学校体育法规和条例，学校制定的有关体育规章制度及各项体育运动的裁判规则等，它们在一定范围内对大学体育课程和学生体育行为有指导和规范的作用，具有一定的强制性。此外，大学校园内的体育俱乐部、体育协会、运动队、体育社团等各种体育组织也属于体育制度层。校园体育文化的制度层是关键，对其他三层起纽带作用。

（3）体育行为层。体育行为层主要是学校师生在体育实践活动中展现出的约定俗成的体育行为规范，其表现形式通常为体育习惯、体育风尚等。

（4）体育精神层。体育精神层主要包括体育思维方式、体育审美情趣和体育价值观念，其中尤以体育价值观念最为重要，是大学体育文化的核心，决定了大学体育文化未来的发展方向。

二、大学体育文化建设

党的十九大报告指出我国社会主义建设进入了新时代，党的二十大报告全面系统总结了新时代十年的伟大变革、实现的伟大成就，这为大学体育文化的建设提出了新的历史方位。高校需要把握时代脉搏，紧跟新时期社会发展潮流，正确把握高校体育文化建设方向，建设更具活力、更有个性、更符合时代需要的校园体育文化。

1. 树立正确的体育文化理念

学校应充分遵循以学生需要为本的理念，依照学生对体育项目的兴趣及认知程度，及时调整体育文化的教学内容，让教育内容符合学生的需要、兴趣，提高学生对体育的接受度和参与度。在此之前，学校可创立体育文化论坛或平台，让学生在其中充分交流体育文化知识或向学校提出相关的体育文化建设意见。

2. 构建体育文化展示体系

在新时代背景下，高校应构建体育文化展示体系，体育场馆作为高校师生健身娱乐的物质载体，可被用于展示校园运动明星照片、获奖证书、体育建设成果等。除此之外，高校还可以设立校园体育场馆文化阅览室，或在学校文化墙、宣传黑板、展览长廊等处展示和陈列与体育相关的资料、取得的成绩、作品等，供师生感受其文化内涵，促进校园体育场馆文化的快速传播和普及。

3. 创建并完善体育文化传播机制

高校可举办体育活动，通过体育教学实践、体育竞赛、体育知识科普活动等形式，向学生传播相关体育文化，提高学生的团队协作能力和体育运动水平，循序渐进地增加体育文化深度。高校师生共同参与，建立能获得师生共鸣、适合校园文化的传播体系，甚至建立校园体育文化品牌，创建多元化的体育文化传播场景。

4. 创新方法提高学生参与度

高校应充分发挥体育主管部门的主动性和调控能力，采取策略提高学生的参与热情，同时加大对校园体育文化建设的资金投入力度，并设计一定的体育教学课程，让学生在体育运动过程中学习、领会体育知识和体育文化。例如，鼓励或推荐学生加入体育社团，促进体育社团和学校体育队良性互动，聘请专业教练对体育社团进行指导等。

课后思考与实践

一、课后思考

1. 我国古代有哪些著名的体育运动？它们形成了什么样的文化？对当时人们的生活产生了哪些影响？

2. 奥林匹克运动为什么能够超越体育本身，在经济、外交、社会等领域都有广泛的影响力？

3. 你所在大学有哪些令你印象深刻的校园体育文化？它为什么能够吸引你？

二、课后实践

1. 当地的特色体育运动

你所在大学当地或者你的家乡有哪些特色体育运动？请将这些运动的开展方法整理出来，和同学们一起开展。

在运动结束后，说说对这一运动的体会和看法。

2. 班级体育口号和标志

全班同学一起，讨论设计出本班级的体育口号和体育标志，还可以为自己的班级设计一个体育运动吉祥物。

第三章

大学体育概述

《关于改善各级学校学生健康状况的决定》强调了学校体育和卫生工作的重要意义，指出"增进学生身体健康，乃是保证学生完成学习任务，并培养出有强健体魄的现代青年的重大任务之一"，拉开了我国学校体育的序幕。经过多年的发展，我国的大学体育已经逐步发展成熟。

第一节 大学体育的地位与作用

大学体育是高等教育的重要组成部分，是以身体练习为主要手段，通过合理的体育教育和科学的体育锻炼，达到增强体质、增进健康、提高体育文化素养的目标的必修课程。要了解大学体育，首先应当了解它的地位和作用。

一、大学体育的地位

作为最后一个体育课程阶段，大学体育在整个学校体育教育中具有不可替代的地位，这主要体现在以下几点。

1. 高校全面发展教育的重要组成部分

全面发展教育是我国教育的重要方针之一，是指为促进受教育者的全面发展而实施的德育、智育、体育等多方面的教育。大学体育是全面发展教育的重要组成部分，大学要培养全面发展的新时代人才，就必须抓紧对大学生身心健康的基础教育。大学体育在大学教育中的地位，是由大学体育的功能与社会发展对大学体育的要求决定的。

2. 增进大学生身心健康的重要手段

大学生往往正处于青春期，从人体生理、心理的发展规律来看，大学生经过青春发育期后，人体生长发育渐趋稳定，有机体器官系统的机能和适应能力发展到较高水平，正处于人体生命力最旺盛的时期。总体而言，大学生身心发展已进入一个较为成熟的阶段，但仍在进一步发展与完善。

大学体育课程能够让学生了解健康的基本常识，掌握体育锻炼的基础知识、基本技术，提高自身的运动能力，养成良好的锻炼习惯，以促进大学生身心健康发展与自我完善。

3. 全民健身和终身体育的基础

我国体育的根本任务是增强人们的体质，为此国家推出了全民健身和终身体育的政策。而学校体育正是全民健身和终身体育的基础。大学期间是大学生青春发育的关键时期，同时也是掌握体育知识、技术、技能，养成锻炼身体的习惯，培养体育意识与能力的重要时期。因此，大学体育是终身体育的重要一环，是奠定终身体育基础的关键。大学体育能够促进大学生有目的、有计划、系统地全面锻炼身体，促进身心健康。

4．校园文化生活的重要组成部分

体育是社会主义精神文明建设的重要手段，也是文化建设的一项重要内容和思想建设的重要手段。大学生在紧张的学习生活中，需要健康、文明、和谐的课余文化生活，以适应大学生身心全面发展的需要。因此，重视校园体育活动的开展，通过丰富多彩、形式多样的体育内容，扩大校园体育教育空间，这对引导学生文明健康生活，提升大学生文化素养和精神风貌，具有十分重要的意义。

二、大学体育的作用

学校体育是现代社会体育的基础，大学体育作为学校体育的最后一个阶段，对大学生个人及社会体育事业发展都有着巨大的作用。

1．增进学生身心健康，增强学生体质

大学期间，学生普遍有着繁重的专业课业，同时还多有学生社团、课外兼职等方面的工作。另外在生活，特别是作息上不像中学阶段有严格的规范。因此很多大学生在大学期间，很少抽出时间进行自发的体育锻炼，且作息不规律、饮食不规律等影响身心健康。

大学体育作为必修课程，使大学生必须在固定的时间进行体育锻炼，且这种体育锻炼有专业的老师指导，锻炼效果较好，能够有效增进大学生身心健康，增强大学生身体素质。

2．使学生掌握体育和卫生保健的基本知识和基本技能

高等学校体育的重要任务之一就是教授大学生体育的基本理论知识，充分调动大学生参加体育锻炼的积极性和自觉性，增强大学生体质，增进大学生健康。

同时，大学体育可以让大学生较系统地学习与掌握体育和卫生保健的基本知识、各项运动的基本技术，并学会科学锻炼身体的方法，逐步养成自觉锻炼的习惯，在课后甚至毕业以后也能够有计划地开展体育锻炼。

3．提高运动技术水平，为国家培养体育后备人才

无数运动健儿在国际赛场上为祖国争金夺银，争取荣耀。大学在体育课程中应贯彻普及与提高相结合的方针，在广泛开展群众性体育的基础上，积极发挥高等院校在师资、场地设施和多学科方面的优势，充分利用大学生在体能和智能上的优势，挖掘出学校中基础较好、有一定专项运动天赋的大学生，对其进行系统的科学训练，不断提高他们的运动技术水平，使之成为国家优秀的体育后备人才。

第二节 大学体育的目标与实现途径

作为一项高等教育必修课，大学体育课程有着明确的目标及实现途径。了解大学体育的目标与实现途径，能够帮助大学生更好地参与体育课程，制订自己的运动计划。

一、大学体育的目标

根据我国社会主义现代化建设事业对当代大学生身心发展的要求，以及体育功能的需要，大学体育有以下目标。

1．提升大学生体质健康水平，助力健康中国建设

为落实健康中国战略的决策部署，党中央、国务院召开全国卫生与健康大会，印发《"健

康中国2030"规划纲要》来推进健康中国建设的目标达成。各大高校也要肩负起提升大学生体质健康水平的任务，进而实现国家整个教育体系在学生体育兴趣与行为养成上"最后一公里"的目标，这也是健康中国建设赋予大学体育的重要使命。

2. 培养大学生体育道德

大学体育为大学生提供了真实且常见的道德教育环境，通过体育运动来培养大学生道德，使其树立正确的世界观、人生观和价值观。大学体育能够让大学生在遵守规则的前提下，学会如何与人合作和公平竞争，以及如何在复杂的环境下解决问题，并在这个过程中培养勇敢拼搏、永不放弃和追求卓越等意志品质，以及互相尊重、团结友爱等精神风貌。

3. 提升大学生的具有中国特色的社会主义体育文化素养

中国特色的社会主义体育文化既是对中华传统优秀体育文化的继承，也是中国共产党领导人民所创造的革命文化和社会主义先进文化的集中体现。大学体育则需要肩负起对大学生进行中国特色社会主义体育文化宣传和教育的工作，通过体育运动培养大学生的爱国主义情怀和奋斗不息的精神，增强大学生对中国特色社会主义体育文化的认同感。

4. 为体育强国建设培养和输送人才

我国大学体育在完成体育强国建设的五方面战略任务（详见《体育强国建设纲要》）过程中所做的贡献有限，远低于世界其他体育强国的水平。所以，新时代大学体育的发展需要在重视大学生群体活动组织数量与质量的基础上，注重精英运动员的培养，为国家的竞技体育发展培养和储备优质的体育人才。

二、实现大学体育目标的基本途径

大学体育包括体育课程、课外体育运动、课余体育锻炼，以及课余体育比赛等内容。这些都是学校体育的组织形式，它们共同构成了学校体育工作的主体，也是实现大学体育目标的基本途径。

1. 体育课程

体育课程是按照教学大纲而组织的专门教育过程，是大学教学计划所规定的必修课程，也是实现大学体育目标的最基本途径。体育课程分为理论和实践两个部分：理论课由教师依据体育理论教材在室内课堂进行讲授，内容以体育科学知识和实践方法为主，学时占10%；实践课则以体育运动为基本锻炼手段，借助运动所需的场地与设施，构成以教师为主导、学生为主体的专门教学过程。体育课程主要分为以下3种形式。

（1）普通体育课。普通体育课的教学内容具有基础性，要求完成体育教学大纲中的基本任务，凡身体健康无残疾的学生都必须按规定要求通过考核标准。

（2）保健康复体育课。保健康复体育课专门为患有慢性疾病或有残疾的学生开设，根据规定，参加保健康复体育课的学生须经医院证明，体育教研室（部）同意。

（3）体育选修课。根据《学校体育工作条例》中的规定，普通高等学校对三年级以上学生开设体育选修课。开设体育选修课的目的是学生在完成普通体育课要求的基础上，根据个人兴趣爱好选择某一运动项目进行专门训练，不断提高其在该运动项目上的技术水平和能力。

目前我国大学体育课程的教学模式主要包括"三自主"选课模式和体育俱乐部教学模式等。

（1）"三自主"选课模式。"三自主"选课模式是《全国普通高等学校体育课程教学指导纲要》中提出的大学体育教学的新模式，其内容是在教师的指导下，学生自主选择体育课程的内容，自主选择体育任课教师，自主选择体育上课时间。

（2）体育俱乐部教学模式。体育俱乐部教学模式是将课外体育锻炼与体育教学相结合，学生可以根据自己的兴趣爱好和特长自愿选择和参加一种或多种体育教学和健身锻炼俱乐部，并在运动或竞赛中担任组织、服务或裁判等不同角色，增加学生自我学习和自我运动的机会。

2. 课外体育运动

课外体育运动包括作息制度中的早操、课间操和课外阳光体育运动、校外体育运动等多种形式。根据阳光体育运动及学校的有关规定，学生"课外体育锻炼"的应出勤次数和评分标准由学校确定，且也应该作为学生该学年综合成绩的一个方面。

（1）校内课外体育运动。课外体育运动通常每次一小时左右，其内容可以是体育课程教学内容的延伸，也可以是根据大学生兴趣特点开展的各种有益于身心发展的体育娱乐活动。课外体育运动可以以兴趣小组、体育俱乐部或体育协会等组织形式进行，也可以是班级间、寝室间的小型比赛。

（2）校外体育运动。校外体育运动是指学生在学校外的场所进行的体育锻炼活动，包括学生在节假日去体育场（馆）、游泳池、射击场、公园等社会场所参加辅导、测验、比赛或游乐活动，有计划、有组织地进行郊游、远足、登山或野营等，以及参加冬令营、夏令营等体育运动。

3. 课余体育锻炼

课余体育锻炼是指利用课余时间，按项目组织部分热爱体育运动、身体素质好、有专项运动特长的学生，进行系统训练的一种专门教育过程。其主要有以下3种形式。

（1）单项协会运动训练队。这种训练队常以单项协会或俱乐部的形式完成运动训练，运动项目也是根据学校的师资、场地设备、传统运动项目等条件来决定，身体素质优秀、有专项特长、兴趣浓厚且本人自愿的学生可以经批准后参加单项协会运动训练队。

（2）学校代表队。学校代表队主要是代表学校参加校际或上级组织的定期比赛，通常由运动技术水平较高、学习成绩合格、思想素质较好的学生组成。学校代表队一般根据学校传统运动项目和上级比赛的比赛规则设置项目，队伍数和每队人数均比单项协会运动训练队少。

（3）高水平运动队。根据《学校体育工作条例》中的规定，普通高等学校经教育部批准，可以开展培养优秀体育后备人才的训练，运动水平较高、具有培养前途的学生经报教育部批准，可适当延长学习年限，而这部分学生就可以组成高水平运动队。

4. 课余体育比赛

课余体育比赛是检查体育教学、体育锻炼和运动训练效果的一种重要形式，具有竞技性与娱乐性的双重特点。大学课余体育比赛包括由学校负责领导和组织的全校性运动会和体育节，由体育院部配合单项协会和俱乐部组织的单项比赛，以及在体育教师的指导下由学生社团、学生队组织的诸如拔河、跳绳、踢毽等运动比赛。另外，学校还可以根据《国家学生体质健康标准》的体能测试项目，专门举行一个或多个项目的比赛活动，以及开展各种形式的校际体育比赛。

第三节 大学体育的育人价值

早在1999年，《中共中央国务院关于深化教育改革，全面推进素质教育的决定》就指出："以提高国民素质为根本宗旨，以培养学生的创新精神和实践能力为重点，造就'有理想、有道德、有文化、有纪律'的、德智体美等全面发展的社会主义事业建设者和接班人。"学生需要德、智、体、美全面发展，而教育也需要德育、智育、体育、美育并重。而现在虽然教育是注重德、智、体、美、劳的全面发展，但仍可以看出体育教育在学生教育工作中的不可或缺。而体育课程，除了其自身价值外，在对学生的德育、智育、美育方面也有着重要的价值。

一、大学体育的德育价值

"德育"一词本指道德教育，在今天的高校教育中则是指思想政治教育。高校体育教育与思想政治教育都以育人为共同目标，且两者都是高校发展素质教育、培养优秀人才、落实立德树人根本任务的重要途径。体育运动产生和积淀了宝贵的体育精神，蕴含着丰富的精神价值，能够助力发展新时代大学生的思想政治教育。

1. 体育有助于强化大学生团队精神

体育运动过程中容易形成团结友善、协调一致、相互帮助、彼此鼓励的团队精神，有助于个体对社会适应性的培养。在集体性的体育活动中，大学生需要与他人通力合作才能获得胜利或成功，这不但可以实现集体的目标，而且能充分发挥个人的作用。

2. 体育有助于强化大学生竞争意识

现代社会的竞争日趋激烈，大学生必须具备竞争意识和能力才能更好地适应社会。体育运动，特别是竞技体育中的竞争非常激烈，既有人与人之间的竞争，又有团体与团体之间的竞争。更好地适应这些竞争，大学生才能培养出积极进取、顽强拼搏的精神，以及强大的个人能力，才能在走出学校后更好地融入竞争激烈的社会环境之中。

3. 体育有助于强化大学生规则意识

培养大学生规则意识、遵纪守法，是大学生思想政治教育的重要组成部分。体育比赛的规则多种多样，大学生要想从事一项体育活动，除了拥有基本的技能之外，还需了解并掌握其竞技规则，只有理解规则、尊重规则，才能正常开展体育活动并赢得竞赛，否则将受到违反规则的惩罚。

4. 体育有助于强化大学生道德建设

体育运动的功能并不局限于育体，其还可以育心。西周的礼射，讲究"明君臣之礼，明长幼之序"，即以射建德。时至今日，我国也将体育作为道德养成的积极手段，从竞技体育的爱国主义教育到学校体育的集体主义教育，有助于培养学生务实肯干、自强不息、尊老爱幼、诚实守信、谦虚礼让、助人为乐等优良作风和传统美德。

5. 体育有助于强化大学生意志品质

自强不息、顽强拼搏、坚持不懈是衡量一个人人格健全的重要标准，也是体育精神的重要内涵。鼓励大学生参与体育项目或活动，能使其不断挑战自我、超越自我，锻炼顽强拼搏的意志力，加强对心理层面的锻炼，不断增强大学生面对失败的承受力和抗压能力，提高其心理素质。因此，体育精神在健全大学生人格、塑造意志品质方面发挥着重要作用。

二、大学体育的智育价值

智育主要是传授系统的现代文化科学知识，发展学生智力的教育，是全面发展教育的基础和核心。相关研究表明，体育运动不仅能增强人的体质，对人的智力提升也有一定的促进作用。《体育之研究》指出："在夫知识之事，认识世间之事物而判断其理也。于此有须于体者焉。直观则赖乎耳目，思索则赖乎脑筋，耳目脑筋，之谓体，体全而知识之事以全，故可谓间接从体育以得知识。"由此可见，大学体育课程能够有效助力大学智育。

1. 体育有助于大脑和神经系统的生长发育

大脑和神经系统是人类智力发育的物质基础，体育锻炼能够改善人体的呼吸、循环、消化、神经等系统的机能，增加血红蛋白的含量和体内糖原的储备，增加氧储备，使血氧饱和度增加，由此提高血液的携氧能力，使脑部血管分布更加密集，增加单位时间内流经大脑的血液量，使大脑细胞获得更充足的血液供给，保证了大脑工作时良好的营养状况。

另外，由于血液流速加快，大脑中的代谢物也能及时排出，细胞会更加活跃。经常从事体育锻炼还能提高大脑皮层细胞对运动时由于血液的重新分配而引起的相对缺氧的耐受能力，延缓大脑细胞的疲劳。

2. 体育有助于提高注意力

注意是心理活动对一定对象的指向和集中，是一切心理活动的开端。而体育运动则可以使人的注意力集中、稳定而持久。观看精彩的体育竞赛或表演，能使人全神贯注，注意力集中，因为若注意力稍有松懈，就可能错失精彩场面。在赛场上，运动员注意力稍有分散，便可能贻误时机。所以，运动员在完成各项训练和比赛任务时，必须集中注意力，要能够排除各种影响注意力集中的因素的干扰。

从生理层面分析，人们从事体育运动，可以使大脑皮层兴奋与抑制过程加强，改善灵活性。某一区域兴奋的加强，由此产生机体的各种反射活动，人能够清晰地反映引起兴奋中心的各种刺激物，这就是注意。长此以往，人的注意力将得到提高。

3. 体育有助于提高观察能力

全面、正确、深入认识事物特点的能力称为观察能力。观察是人认识客观世界的第一步，对于知识的获得具有重大的作用。观察能力强的人，对事物的感知完整且正确，头脑中获得的信息就丰富而深刻。

体育运动可以把兴趣、刺激、娱乐同观察能力紧密结合起来，使人感觉敏锐，观察细致。对于参加体育运动的人来说，准确明晰的时间和空间知觉必不可少，而实现这种知觉的视觉、听觉、动觉和位觉（前庭觉）都会在体育活动中得到协调发展。在体育运动中，运动员既要观察对方队员的位置、行动和变化，还要观察队友的位置、行动和变化，这对观察能力的集中和分配、观察能力的深度和广度及观察能力的快速转移均起到发展作用。

4. 体育有助于思维能力发展

思维是对思维材料进行创造性加工的过程，是人的心理活动的核心，是人类区别于其他动物的一个重要特性。

思维在体育运动中起着重要的作用，优秀的运动员除了必须具备良好的身体素质和技术水平外，还要具备很强的思维活动能力，这样才能在比赛中迅速且正确地判断场上错综复杂的情况，进而选择合理的战术。在体育教学和训练中，运动员需要结合运动的原理，对技术动作进行分析与思考，不断纠正偏差，使自己的技术动作更加完善，这样才能跑得更快、跳得更高、跳得更远。

团队对抗运动、棋类运动等对运动员的思维能力提出了更高的要求，在高强度的思考中，运动员的思维能力必将得到进一步发展。

三、大学体育的美育价值

教育家凯洛夫说："审美教育是学生全面发展不可或缺的一部分。它的本质是理解自然和社会的美，理解人与人之间关系的美，从艺术的角度理解周围的现实，培养艺术美的创造力。"美育，是审美的教育，是美感的教育，而体育也与审美、美感有着密切的关系。

1. 体育有助于提升大学生对身体美的认识和追求

身体美是人体所蕴含的美，表现在身体、线条、姿态的造型美，筋骨、肌肉、肤色的肌体美，表现在身体形态发育良好，体形均匀，人体各系统具有良好的生理功能，同时拥有良好的精神状态的健康美，更表现在生命活力的运动美。体育运动中的一场比赛、一个动作等，都可以体现出身体美，优美跃起的投篮动作、最后用力的投掷动作、行如流水的太极拳等，都能使观赛者感受到身体之美。米隆的雕塑作品《掷铁饼者》（见图3-1）便是以运动为主题，抓住了掷铁饼运动中铁饼摆回到最高点、即将被抛出的一刹那，主角掷铁饼者全身肌肉紧绷，双臂如同一张拉满的弓"引而不发"，整个躯体充满了连贯的运动感和节奏感，人体的和谐、健美和青春的力量都在这一个动作中被展现得淋漓尽致。

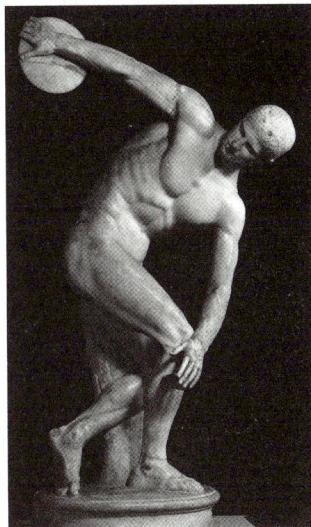

图3-1 雕塑《掷铁饼者》

同时，体育运动可以从形态与技能上完善身体，使人肌肉发达，举止大方，青春焕发，使人体魄健壮，体形匀称健美，同时能够帮助大学生保持正确的身体姿态，养成正确的站、立、坐、行，形成优美健康的体态。

2. 体育有助于提升大学生对精神美的认识和追求

体育竞技，往往与进取、竞争、对抗、承担负荷、战胜艰难困苦和经受胜败考验等精神特质联系起来。体育运动，可以锻炼人的思想、意志和道德品质，如长跑项目能磨炼大学生刻苦、顽强的意志；竞技体操项目能培养大学生勇敢、坚毅的性格；舞蹈、艺术体操、花样滑冰等项目能诱发大学生美的情感；武术、围棋等民族传统体育项目能激发大学生的爱国热情和民族自豪感。其中，集体项目更能使个体产生归属感和集体荣誉感，形成团队意识和协作精神等。因此，体育运动有利于培养大学生在精神上追求优胜的理想美，培养大学生勇敢顽强、坚毅果断、不畏艰难、不怕牺牲、胜不骄、败不馁的意志美和体验集体主义、爱国主义、国际主义的情感美。

同时，体育运动还衍生出繁荣的体育文化、深刻的体育精神，培养出一批又一批优秀的运动员，这无疑也是对大学生的一种鼓舞和激励。如不断刷新我国短跑纪录的苏炳添，在长时间里一直保持高度竞技水平的马龙，打封闭针上场坚持比赛的范志毅等，这些杰出运动员所体现出的精神力量，感染和激励了一代又一代人。

3. 体育有助于提升大学生对技巧美的认识和追求

在竞技场中，观赛者还能感受到运动员精湛的技巧，滑冰运动员在冰面上飞驰旋转、滑雪运动员在U形池中几度转体、体操运动员在高低杠上回环飞跃、足球运动员一脚精妙的射门攻破守门员的十指关……技巧美包括动作协调、节奏明快、反应敏捷等，这些运动中的技巧、战术，诱发大学生对技巧美的向往，使他们产生模仿的欲望。

4. 体育有助于提升大学生对创新美的认识和追求

体育运动成绩的进步往往伴随着技术上的创新，如跳高技术从跨越式、剪式、滚式、俯卧式到背跃式的创新，使跳高的世界纪录不断被刷新。足球、篮球、排球等集体性运动的战术更是随时都处在更新换代之中。体育运动创新所展现的美能激发大学生的内在潜力，使大学生认识到创新的魅力，进而增强创新意识。

课后思考与实践

一、课后思考

1. 大学体育和中学体育有哪些不同？为什么大学期间会如此安排体育课程？如果大学期间不安排体育课程会有何影响？

2. 大学体育的目标是什么？大学体育目标的实现途径又是什么？你认为大学体育目前是否已达成其课程开设的目标？

3. 结合你自己的生活经历，说一说体育运动在你的生活、学习、交际等方面发挥的作用或造成的影响。

二、课后实践

课外体育运动和课余体育锻炼是大学体育的重要组成部分，请同学们为自己编制课外体育运动和课余体育锻炼的计划。

第四章
体育保健与运动处方

体育运动是大学生增强身体素质、促进身心健康的主要手段，但在体育运动的过程中，大学生也承担着健康受损的风险。因此，大学生在运动过程中，要注意体育保健，并执行科学的运动处方，保证自己的健康。

第一节 体育卫生与体育保健

为了避免在体育运动过程中健康受损，大学生要注意体育卫生，关注运动中的生理反应，做到科学运动。

一、体育卫生

体育卫生是指为保护和增进运动者的健康，在体育锻炼过程中应采取的卫生措施。注意环境卫生和个人卫生，能够提高运动安全性，让大学生获得更好的运动体验。

1. 注意环境卫生

开展体育运动需要依托于一定的环境，如运动场地、空气、温度、湿度、光照、声音等，而环境的优劣可能引起身体机能的一系列改变，从而影响运动的效果，甚至对运动者造成特定的风险。

（1）场地条件。运动场地的硬度对体育运动有较大影响。人体在进行跑跳活动时，踏地的力量很大（起跳时的踏地力可达数百千克），还会承受地面的反作用力，反作用力与踏地力和地面硬度成正相关。若场地过软，反作用力过小，就会影响运动能力的发挥，跑不快、跳不高；若场地过硬，反作用力过大，则容易造成下肢的应力性损伤。运动场地的平整程度和光滑程度也会影响体育运动，不论是场地凹凸不平还是过于光滑，都易使人摔倒而受到损伤。如果运动环境中的场地或水质不清洁、土壤或水中病菌较多，当人体与其直接接触，特别是摔倒时，就更容易受到病菌感染，产生伤口化脓或黏膜发炎等病症。

（2）空气。如果在室内运动，运动者还需要关注运动环境的换气条件。若环境较密闭，且很多人都在其中剧烈运动，那么空气中的含氧量会快速下降，二氧化碳含量会快速上升。在这样的环境下，运动者可能会出现缺氧、乏力甚至其他更严重的状况。

（3）温度。人体能够通过增强或减弱体内的产热和散热过程来适应外界气温的变化，以维持体温恒定。当外界气温低时，体内产热增加，散热减少；外界气温高时，则散热增加，以降低体温。但在剧烈运动时，不管外界环境如何，体内产热都会大量增加。在高温环境下，运动者体内产生的大量热能难以向外散发，只能蓄积在体内从而使体温升高，因此，在高温环境下，运动者较容易中暑。

2. 注意个人卫生

这里的个人卫生主要指在体育运动中，大学生应采取的卫生措施。

（1）生活制度。稳定而有规律的生活制度对增进健康、提高工作和学习效率、提高运动成绩有良好的作用。在条件允许的情况下，大学生应尽量保持生活制度的相对稳定。当然，随着工作、学习、锻炼情况的改变，其生活制度也可做相应的调整。

（2）早锻炼。早锻炼的目的在于消除因睡眠产生的抑制状态，提高机体各系统的机能活力，为一天的学习、工作做好准备。大学生应养成良好的生活习惯，早晨起床后，应进行晨练。晨练的内容可根据自己的健康状况选择，运动量不宜过大。

（3）服装。大学生日常的服装应保持清洁、美观、大方、尺码合适。运动时的服装应符合运动项目和运动卫生的要求。冬季服装应轻便保暖；夏季服装应宽松、吸汗、透气性能好；内衣、内裤应柔软；运动鞋大小适宜、富有弹性；炎夏在阳光直射下运动者应戴遮阳帽。

（4）饮食。运动者要保持科学合理的饮食，从不同的食物中获取人体所必需的蛋白质、糖、脂肪、矿物质、维生素、水等，不挑食，不暴饮暴食。

（5）睡眠。睡眠是生理需求，是消除机体其他器官疲劳的有效方法。入睡前不宜剧烈运动和进食刺激性饮料，如浓茶、咖啡等；卧室空气应流通。大学生每天需要保证8h睡眠时间，白昼较长、运动量较大或学习负担较重等特殊时期，应适当增加午睡时间。

（6）皮肤和牙齿卫生。皮肤既是感觉器官又是身体的保护器官。皮肤里的汗腺排出部分代谢产物能调节体温；皮肤里的皮脂腺分泌皮脂以保持皮肤的滑润。当汗腺和皮脂腺孔堵塞时，细菌繁殖，就会引起皮肤毛囊炎或疖肿。因此，皮肤必须清洁干净。牙齿上的食物残渣是细菌繁殖的基础，易引起口腔疾病，因此，大学生应早晚各刷牙一次。刷牙时应沿着牙缝上下刷，切忌用力横刷，以免损伤牙釉质和牙龈。

二、体育运动中的生理反应

在进行常规活动时，人体会保持一种低水平的有序平衡，而在进行体育运动时，人的运动系统、循环系统、呼吸系统等都进入高水平的活动，打破了原有的人体生理活动过程，会出现一系列生理反应。

1. "极点"与呼吸困难

"极点"是一种常见的生理反应，在强度较大、持续时间较长的剧烈运动中，如长跑，由于运动开始阶段内脏器官的活动不能满足运动需要，运动者常常产生不同程度的生理不适，如呼吸困难、胸闷、头晕、心率剧增、肌肉酸软无力、动作迟缓不协调，甚至产生停止运动的念头。

"极点"是一种正常的生理现象，遇到"极点"时不必惊慌，也不必停止运动，只要以顽强的意志坚持下去，同时加深呼吸、调整速度，经过一段时间后，呼吸将会变得均匀，动作重新感到轻松有力，这一生理现象叫作"第二次呼吸"。"第二次呼吸"是运动中机体重新建立平衡的一种表现，运动中内脏器官惰性得到逐步克服，供氧量增加，乳酸逐步得到清除，加之"极点"出现后运动强度下降，机体需氧量减少，机体的内环境也得到改善，运动动力定型得到恢复。

2. 疲劳与恢复

运动疲劳与疲劳恢复是体育锻炼中的基本原理之一，也是常见的生理现象。在体育运动中出现的疲劳称为"运动性疲劳"，是运动本身引起的机体工作能力暂时降低，经过适当时间的休息和调整就可以恢复的生理现象，是一个极其复杂的身体变化综合反应过程。由此可见，引起运动性疲劳的原因是运动，而不是疾病、药物、环境和营养等因素。运动性疲劳是暂时的，经过休息可以恢复，区别于过度训练和某些疾病。

运动性疲劳在人体中可以分为躯体性疲劳和心理性疲劳：前者表现为动作迟缓，动作协调能力下降，失眠、烦躁与不安等；后者主要表现为注意力不集中，记忆力障碍，理解、推理困难，脑力活动迟钝、不准确等。

运动的负荷和适时的恢复是适应训练的必要条件，大学生可根据自身疲劳情况采用不同的恢复手段，以加速恢复过程。

（1）合理安排运动。训练疲劳后要进行放松活动，如慢跑、拉伸、整理活动等，这不仅可以使心血管系统、呼吸系统、神经系统和内分泌系统等从剧烈状态慢慢过渡到安静状态，还可以促进乳酸的代谢，恢复体力。

（2）遵守生活制度，注意劳逸结合。睡眠是消除疲劳的重要方法，在睡眠时感觉逐渐减退，意识逐渐消失，机体与环境的主动联系大大减弱，失去了对环境变化的精确适应能力，全身肌肉处于放松状态。大学生要保证每天8h的睡眠时间，如果在一个月内的运动量较大时，休息时间应适当延长，并注意创造良好的睡眠环境。

（3）注意营养卫生。膳食中糖、脂肪、蛋白质等能源物质的比例要恰当，维生素的摄入要适量。夏季或出汗较多时，应补充水溶液。食品应富有营养和易于消化，在运动后特别是肌肉酸疼时，尽量多吃新鲜蔬菜、水果等碱性食物，中和乳酸，促进恢复。

（4）运用心理学恢复手段。心理学恢复手段有放松训练、呼吸调节、催眠暗示、心理调节等，主要是意念活动，通过一定的套语暗示进行引导，使肌肉放松，心里平静，从而调节植物性神经系统的机能，再运用带有一定愿望的套语进行自我动员。如呼吸调节的做法：① 吸气—憋气—呼气（10次）；② 自然呼吸；③ 注意身体舒适的感觉；④ 默念鼓励自己的暗语（如"我感到身体轻松了"等）；⑤ 听呼吸声音；⑥ 呼气—憋气—呼气（10次）；⑦ 体会放松1min。

3. 口渴与补水

水是生命之源，占人体的60%~70%，在人体的各个组织中构成了人体的内环境，对人体起到保护和润滑的作用，广泛参与人体的消化、吸收、循环等物质代谢过程，维持体液正常的渗透压，维持血容量。口渴是人体的自我提醒与自我保护，当血液的晶体渗透压过高（盐分浓度过高）时，中枢神经的渴中枢就会受刺激，使人产生口渴感，引发饮水行为。

大学生在进行体育运动时，由于需要散热，身体会大量排汗，而汗液的主要成分就是水，因此剧烈运动会导致机体失水，产生口渴感。大学生在剧烈运动后，需要及时补水。大学生在运动后补水时需注意以下3点。

（1）大量的汗液分泌在失水的同时还会带走体内大量的盐分，导致人体内电解质失衡，甚至引起脱水症状。因此大学生不能只补充水分，而应该饮用淡盐水或运动饮料来补充盐分。

（2）运动后补水应少量多次，每次100mL为宜。单次饮水过多，大量水分进入血液中，使血量增加，会增加心脏的负担，降低人体的渗透压，影响水代谢，使水分吸收速度变慢。

（3）剧烈运动中或后，不宜喝大量冷饮。剧烈运动时，咽喉毛细血管处于扩张状态，若突然受冷刺激，容易引起喉部发炎或咳嗽等症状。

三、科学锻炼

在人体科学、生物学、医学、心理学等各个学科的发展下，人们对体育运动有了更全面、准确的认识，锻炼也进入了"科学时代"。按照科学锻炼的原则锻炼，大学生可以更高效地达到锻炼效果。

1. 项目选择恰当原则

大学生要根据自己的健康状况和体能情况，合理制订锻炼计划，恰当安排锻炼内容，特别需要注意身体疾病等因素不宜进行的身体锻炼。从而在增强锻炼效果的同时，最大限度地防止运动损伤和意外事故的发生。

2. 锻炼强度适宜原则

大学生应该从自身特点出发，安排、调整锻炼的方法、内容和运动负荷等，锻炼强度过大，易造成运动损伤和意外事故；锻炼强度太小，则锻炼效果不理想。

锻炼强度（指体育锻炼时身体的生理负荷量）的适宜直接影响人体机能的变化，进而对锻炼效果的优劣产生作用。如果强度过小，就无法促进机体变化，达不到锻炼身体的目的；如果强度过大，超出了机体所能承受的范围，就会引起睡眠不宁、食欲不佳、长期疲劳等不良反应。正确的做法是先选择较小的锻炼强度，经过一定次数和时间的锻炼后，身体已经适应，然后再依据人体对运动的适应性变化，有计划地逐步增大锻炼强度，使身体产生新水平的适应，最终达到增强体质的目标。

锻炼强度的大小因人、因时而异，同一个人在不同的机能状态下对锻炼的承受能力也不尽相同。一般而言，在每次体育锻炼以后如果稍微感到疲惫，但没有各种不良反应，通过休息恢复较快，这样的锻炼强度基本是合适的。例如，在进行卧推时，大学生应该先选择较轻的重量，再逐渐增加重量，直到重量合适为止。

3. 全面系统锻炼原则

不同锻炼项目所引起的人体的生理变化和机能适应各不相同。例如，长跑侧重于人体肺活量和耐力的提升，吊环则能快速增强手、臂的力量。大学体育的教学内容包括跑、跳、投、攀爬、悬垂、支撑，以及球类、搏击类、户外运动、游戏等丰富的项目，目的就是使大学生身体得到全面锻炼，对良性适应起到互补和促进作用，从而促进身体各部分组织器官的整体发展，使身体素质和运动能力得到综合提高。反之，大学生如果单凭兴趣，只锻炼喜欢的项目，则可能造成身体发展不均衡和不协调。

大学生体育锻炼的内容、方法要尽可能考虑身体的全面发展，可以功效强、兴趣浓的运动项目为主，其他项目为辅进行全面锻炼。应强调全身的活动，而不限于局部。

4. 持之以恒锻炼原则

所谓"用进废退"，锻炼对身体的影响会慢慢消退，如果停止锻炼，肌体会慢慢"退化"。因此大学生需要反复、长期地进行锻炼。

（1）体育锻炼要循序渐进。强健体魄，完善素质，提升机能，形成技能，不可能一蹴而就，而是需要在长期的运动中，在反复的刺激下，在大脑皮质中建立起动力定型，进而形成动力定型条件反射，使机能逐渐适应、积累、提高，逐步、依次、循序地发生变化。拔苗助长不利于健康，甚至会造成身体的损伤。

（2）体育锻炼要坚持不懈。从生物学的角度看，人体的发展不会立竿见影，更不会一劳永逸。根据"用进废退"的原理，人体对体育锻炼的适应呈现出经常锻炼则进步、发展，三天打鱼，两天晒网则退步、削弱的变化规律。人在停止运动几周后，由于热量消耗减少，脂肪开始增长，肌肉逐渐萎缩，技能也会消退。所以，大学生需要树立终身体育的理念，持之以恒地进行体育锻炼。

第二节 运动损伤与运动康复

大学生在进行体育锻炼的过程中，可能会产生运动损伤。这就需要大学生学习和掌握一些常用的急救方法，并能够预防和处理一些常见的运动损伤和运动性疾病。

一、常见运动损伤的处理

常见运动损伤包括擦伤、挫伤、肌肉拉伤、扭伤、肌肉痉挛等。

1. 处理方法

（1）擦伤。可用碘伏、酒精棉球对伤口周围进行消毒。出现大面积的皮肤擦伤，或者伤处嵌入煤渣、泥土时，应用过氧化氢和生理盐水清洗，然后消毒，再用无菌纱布包扎。

（2）挫伤。停止运动，冷敷后用弹性绷带加压包扎，垫高受伤部位。通常在损伤24h内用热敷、按摩等方法治疗，并注意保证充足的休息。

（3）肌肉拉伤。局部冷敷后用弹性绷带加压包扎，垫高受伤部位或使肌肉处于放松状态，24h后再进行热敷、按摩或理疗。

（4）扭伤。用弹性绷带加压包扎，垫高受伤部位。若48h内受伤部位的软组织渗出加重，应该用冰袋冷敷，每次30min，多次进行；48h后换为热敷，加快受伤部位的血液循环，进而加快消肿。

（5）肌肉痉挛。反复按摩或牵拉出现痉挛的肌肉，直到症状缓解。如果仍有疼痛感，可在局部使用热水袋或热毛巾热敷，或者洗热水澡。若在游泳时突发肌肉痉挛，切不可惊慌呼叫（会导致呛水甚至溺水），需要立即镇定，完全放松出现痉挛的肢体。保持漂浮状态，鼻孔浮出水面时立即吸气，沉在水面下则用嘴呼气，坚持1～2min，即可放松痉挛的肌肉。

2. 预防方法

（1）加强安全教育。在体育教学过程中贯彻预防为主的教学方针，根据各项体育运动的技术特点对大学生进行安全教育，并提出具体、明确的预防要求，使大学生认识预防的意义。

（2）做好安全保护和自我保护。加强大学生的纪律性，维持体育运动有秩序地进行，并教会大学生自我保护的方法。

（3）做好充分热身。体育运动前应该做好充分的、有针对性的热身，特别是在进行运动负荷较大的项目前。热身时间以20min左右，或觉得身体发热、微微出汗为宜，热身结束与正式运动开始的间隔时间以1～4min为宜。

二、运动性疾病的预防与处理

运动性疾病是机体对体育运动不适应或者训练安排不当，而出现机能紊乱的一种疾病。大学生在参加体育运动时出现的常见运动性疾病包括以下几种。

1. 中暑

中暑是一种暴露在高温环境中，体温上升引起的急性疾病，多发生在田径、骑自行车、足球等体育运动，以及军训时。

（1）典型症状。轻度中暑会出现头痛、头晕、口渴、四肢无力、注意力不集中、动作不协调、体温升高，以及面色潮红、大量出汗、皮肤灼热，或四肢湿冷、面色苍白、血压下降、脉搏增快等症状。重度中暑则会出现大汗、极度口渴、乏力、头痛、恶心呕吐、高热，甚至抽搐、心动过速、直立性低血压或昏迷等症状。

（2）处理方法。出现中暑先兆时，应该立即离开高温环境，在阴凉处休息，并补充含盐饮料。若已中暑，则应移至阴凉处或者空调供冷的房间平卧休息，松开或者脱去衣服，用湿毛巾擦拭全身。如果降温处理不能缓解症状，则须及时将中暑者送医院做进一步处理。

（3）预防措施。长时间在太阳下运动时，要戴遮阳帽，穿防晒服，并尽量减少运动时间。另外，要多补充水分，多喝淡盐水。在室内运动时，如果温度过高也会中暑，这时要保持室内空气流通，并根据运动类型采取相应的补水措施。

2. 呼吸困难

运动中的呼吸困难通常是心脏疾病、呼吸系统疾病，或者过敏导致的，多发生在有氧运动中。

（1）典型症状。主观上表现为吸气不足、呼吸费力，客观上表现为呼吸频率、节律和深度的改变。严重时会出现张口呼吸、鼻翼扇动、端坐呼吸，甚至发绀等症状。

（2）处理方法。一旦出现呼吸困难，应立即让患者就地平卧，托其下颌，使患者头部后仰，这样可以打开气道，如有气道分泌物、口腔呕吐物或异物应及时清除。尽量使患者保持平静，避免情绪紧张导致气道痉挛，以防加重呼吸困难。如果患者在呼吸困难的同时有粉红色泡沫样痰，应让其处于半卧位或坐位。如果出现心搏骤停，应立即进行心肺复苏，同时拨打急救电话。

（3）预防措施。应确认出现呼吸困难的原因。如果是心源性或肺源性因素导致的，则需要减少运动，防止太过劳累；如果是过敏因素导致的，则平时应尽量避免接触过敏原，提高自身的免疫力，预防感冒，防止着凉，并避免急性感染。

3. 运动性腹痛

运动性腹痛是体育运动中常见的一种由运动引起或诱发的腹部疼痛病症，在运动过程中或运动结束后，特别是在中长跑、马拉松、竞走和骑自行车等运动中容易出现。运动前热身不充分，运动强度增加过快，身体状况不佳；运动前吃得太饱，饮水过多；腹部受凉，致使脏腑功能失调；呼吸节奏紊乱引起膈肌运动异常等都会导致运动性腹痛。

（1）典型症状。运动性腹痛一般是一种痉挛性疼痛，疼痛常表现为阵发性疼痛，严重的会有恶心、呕吐症状。

（2）处理方法。出现运动性腹痛后应减慢运动速度和降低运动强度，加深呼吸，用手按压疼痛部位或弯着腰跑一段距离，疼痛就可消失或减轻。如果疼痛没有减轻甚至加重，应停止运动。

也可热敷腹部，进行局部按摩，用手指点揉足三里、内关、三阴交、大肠俞等穴位，尤其是用拇指按揉血海穴，能起到明显的止痛效果。

（3）预防措施。参与体育运动要遵循循序渐进的原则，合理安排锻炼时间和运动强度，要加强身体锻炼，增强心肺功能。另外，要注意合理安排膳食。

三、科学的运动康复

为了舒缓疲劳、放松机体、缓解运动损伤，大学生可以在剧烈运动后使用科学的自然疗法来进行自我治疗。常见的方法有水疗法、日光浴和空气浴等。

1. 水疗法

水疗法是利用各种不同成分、温度、压力的水，以不同的形式作用于人体，以达到机械及化学刺激，进而防治或治疗疾病的疗养方法。

（1）擦浴。用微温的水（后逐渐降低水温）浸湿毛巾，用力摩擦皮肤，按头、躯干、四肢的顺序进行。每天擦15min左右，直到皮肤潮红有温热感为止。一般每天或隔日1次。

（2）局部浸浴。冷水浴主要用于治疗肌肉扭伤、血肿、急性炎症，热水浴主要用于治疗关节炎、神经痛，冷热交替浴则用于治疗多汗症和血管神经疾患。

（3）浸浴。冷水（低于20℃）浸浴有兴奋神经、提高肌肉张力的作用。热水（高于39℃）浸浴有发汗、解痉、镇痛的作用，用于关节炎、肌痉挛、肌炎、运动系统疾患等。

2. 日光浴

日光浴是按照一定的方法使日光照射在人体上，引起一系列生理、生化反应的疗养方法。日光浴最好选在阳光充足的地方，如旷地、河岸、山区、海滨浴场等。进行日光浴，在炎热季节，海滨宜选在7～9月的上午9～11点，下午3～4点；在春秋季，北方地区以上午10～12点为宜。照射时间依个人身体情况和阳光强度而定，一般可第一天照射5min，第二天增至10min，逐渐增加到30～60min，7次休息1日，25～30次为一疗程。

3. 空气浴

空气浴是让身体暴露在新鲜空气中以锻炼身体的疗养方法，可分为温暖（气温20～30℃）、凉爽（14～20℃）两种类型。

温暖空气浴在夏季或气温在20～30℃时较为合适，尽量少穿衣服，可选湖边、海边、河边或树荫下，静坐或漫步10～15min，后每次增加35min，渐至1h左右。每日1次，1～2月为一疗程。凉爽空气浴在春秋季或气温在14～20℃时较为合适，可逐渐脱去外衣，除河、湖、海边外，也可选在开窗的室内，但户外必须无空气污染，且有一定的温度。静坐或漫步5～10min后每天增加10min，甚至半小时左右。每日1次，1～2月为一疗程。

第三节　认识运动处方

如同人生病后医生会对症下药，开出治病的处方，运动处方就是指导人如何运动的处方。大学生要想取得良好的运动效果，且能最大限度地避免运动损伤，就需要一张量身定制的运动处方。

一、运动处方简介

运动处方具有悠久历史。战国时期的《行气玉佩铭》上刻有我国最早的运动处方，郭沫若先生将其译为："行气，深则蓄，蓄则伸，伸则下，下则定，定则固，固则盟，盟则长，长则道，道则天。天几春在上，地几春在下。顺则生，逆则死。"公元前5世纪，古希腊希波克拉底的著作《健身术》被视为西方运动处方的萌芽。20世纪50年代，美国著名的生理学家卡波维奇提出了运动处方的概念。1969年，世界卫生组织采用了运动处方（Exercises Prescription）这一术语。1995年，美国运动医学会提出了一个运动处方的建议"FITTP"：F即Frequency（频率）、I即Intensity（强度）、T即Time（时间）、T即Type（性质）、P即Progression（进度）。

关于运动处方的定义，各家学者表述不一。通俗而言，运动处方是指针对个人的年龄、性别、健康、锻炼经历、心肺和运动器官的机能水平等状况，而制定的规定了适当锻炼内容、锻炼方法和运动量等的科学体育锻炼方法。

运动处方是一种个体化的锻炼方案，因人而异，优质的运动处方针对性强、见效快，且能避免不合理的运动损伤身体，更好地达到健身和防治疾病的目的。运动处方从不同角度分类众多，如表4-1所示。

表4-1　运动处方的类别

分类依据	类型
按目的分类	治疗性运动处方（以治疗疾病、增强康复效果为主）
	竞技性运动处方（以提高专业运动成绩为主）
	健身性运动处方（以提高身体素质、增强运动能力为主）
按锻炼的器官系统分类	神经系统运动处方、呼吸系统运动处方、消化系统运动处方等
按锻炼者的年龄分类	幼儿运动处方、青少年运动处方、中年运动处方、老年运动处方等

二、运动处方的内容

无论何种类型的运动处方，其基本内容都包括5个方面：运动目的（强身健体、防治疾病、健美减脂、消遣娱乐等）、运动项目、运动强度、运动时间、运动频率。其中后4项被称为运动处方的4要素。

1. 运动项目

运动项目（Mode），即根据体育运动者的目的有针对性地选择锻炼项目。例如，大学生为了预防和缓解神经衰弱，可以选择太极拳、瑜伽等放松舒缓的运动项目；为了完善形体，可以选择健美操、交谊舞等塑形健身的运动项目；为了增强耐力，可以选择球类、跑步等有氧运动项目。当然，大学生也可以选择多个运动项目。

2. 运动强度

运动强度（Intensity），即在单位时间内完成的运动量，也就是运动的激烈程度。运动强度是制订和实施运动处方的关键因素之一，对于获得最大化的健身效果具有积极作用。恰当的运动强度应是安全而有效的。运动强度用代谢当量（Metabolic Equivalent，MET）来表示，定义为每千克体重，进行一分钟活动，消耗3.5毫升的氧，其活动强度称为1MET。1MET的活动强度相当于成年人基础代谢水平。

如果运动强度过大，会导致排汗过多，食欲不佳，睡眠不良，并伴有头晕、恶心、胸闷等不良反应，且运动后的第二天疲倦感仍然比较明显。如果运动强度过小，则不能实现锻炼目标，具体表现为脉率变化很小，运动后1~2min脉率即恢复到安静时的水平、不出汗等。

运动强度常以心率作为量化的指标。心率与锻炼效果的关系如表4-2所示。心率过低，锻炼效果不明显；心率过高，锻炼则会适得其反，造成机体损伤。据研究，心率在120~160次/min时为锻炼效果的最佳区间，160次/min为安全界线，120次/min为显效界线。

表4-2　心率与锻炼效果的关系

心率（X）	锻炼效果
$X \leq 120$次/min	血压、血液、尿蛋白、心电图等均无明显变化，健身价值小
120次/min$< X \leq 140$次/min	心脏每搏输出量接近并达到最佳状态，健身效果明显
140次/min$< X \leq 160$次/min	心脏每搏输出量最大，健身效果最好
160次/min$< X \leq 170$次/min	无不良的异常反应，也未出现更好的健身迹象
$X > 170$次/min	体内免疫球蛋白减少，易产生疲劳、感染疾病、导致运动损伤等

在实施过程中，大学生应根据年龄、性别、体质状况及身心特点的不同，分别对待，自监自控，负荷适宜，循序渐进，以获得较好的锻炼效果。

3. 运动时间

运动时间（Duration）即达到处方要求强度的持续时间。运动时间与运动强度成反比：运动强度较大时，欲达到相同的训练效果，运动时间就应缩短；运动强度较小时，则运动时间应该延长。一般而言，要使身体各系统受到有效的运动刺激，达到有效心率后运动时间不能少于5min。

4. 运动频率

运动频率（Frequency）即每周的运动次数。每周运动的次数要综合考虑疲劳的消除、运动效果的积累与持续的时间。一般而言，耐力锻炼，每次20~60min，每周3~5次即可；肌肉力量锻炼，隔日为好；柔韧性锻炼，至少应两天1次，且每次训练皆伸展1~3个回合。运动能力强、体力好的大学生可以适当增加运动次数，反之亦然。

第四节　运动处方的制订、实施与监控

运动处方必须根据大学生自身的情况来确定，因此大学生需要自己制订并实施运动处方，同时还需要在实施运动处方期间对自己的健康状况进行监控，以便及时调整自己的运动处方，防患于未然。

一、运动处方的制订与实施

运动处方的制订和实施需要遵循一定的步骤，如图4-1所示。制订运动处方时，大学生要明确自身心肺功能对运动负荷的反应，并以此为基础设置合适的运动目标，做到短期、中期和长期相结合。这一方面是为了防止运动负荷水平过高而造成对机体的损伤，另一方面也是为了避免运动量过小而达不到锻炼目的。此外，运动项目的选择和确定应从大学生个人实际出发，以明确、具

体、便于量化者为佳。大学生的体力、精力处于人生全过程中最充沛的阶段，最好选择球类、健美、武术、游泳及其他《国家体育锻炼标准》规定的项目等。

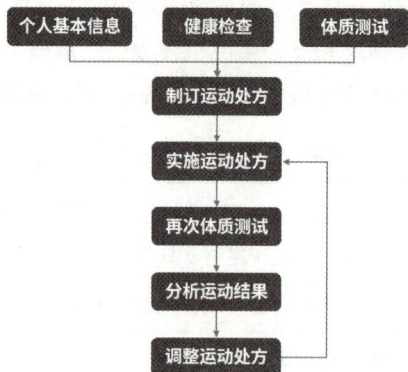

图4-1 运动处方的制订与实施步骤

（1）个人基本信息。个人基本信息指姓名、性别、年龄、既往病史、训练经历、健身目的、所处环境等。例如，不曾训练过的人，进步幅度会较大；曾经长期训练过的人，进步则相对缓慢。

（2）健康检查。健康检查的目的是获取运动者在身体发育、机能水平及疾病状况等方面的基本信息，以便有针对性地确定运动项目、运动强度、运动频率等。健康检查主要包括心率、血压、心电图、摄氧量、验血、验尿等方面。

（3）体质测试。体质测试应在专业人员的指导和监督下进行，一般包括身体形态、心肺机能和身体素质3个方面。具体测试项目有身高、体重、肺活量、速度、力量、耐力、柔韧性等。

运动处方的实施是一个动态的过程，运动者应根据锻炼效果对原定处方进行调整，使之更加切合实际，使运动处方内容与机体状态保持最佳配合，以切实达到发展身体、增强体质、增进健康、终身受益之目的。

坚持运动一段时间后，如果机体承受运动负荷的水平有所提高，机体对原有的运动刺激已经适应，应加大运动量或改变运动方式，以不断提升锻炼效果；如果运动者竭尽全力也难以完成处方所规定的运动量，经常出现疲劳，甚至表现出了运动性疾病的症状，应重新评价运动者的机能水平和运动能力，修改运动处方的内容。

二、运动处方的监控

由于自身的生理情况处在时刻的波动之中，因此大学生在实施运动处方的过程中，应该利用医学知识和方法对自身的健康和身体机能进行监护，预防运动中可能对身体造成危害的风险因素，这被称为自我体育医务监督。

1. 主观感觉

人体无时无刻不在监控自身的状况，因此主观感觉可以反映人的健康状况。当自我的主观感受出现不适时，大学生应该尽快到医院做进一步检查。

（1）一般感觉。一般感觉反映了机体真实的活动状况。经常运动的人通常精力充沛、活泼愉快、充满活力，而在患病或过于疲劳时就会感到精神萎靡不振、虚弱无力、倦怠和容易激动等。

大学生在自我监督时，可根据个人的感觉评价身体状况，例如，良好、一般、不好等。

（2）运动心情。经常运动的人一般是乐意参加运动的。如果经常运动的人忽然对运动表现冷淡、厌倦，可能是锻炼方法不对或疲劳。大学生在自我监督时，可根据个人实际情况将心情分为很想锻炼、愿意锻炼、不想锻炼、冷淡或厌倦等。

（3）不良感觉。人体在体育锻炼中，会由于各种原因出现一些不良的感觉，例如，肌肉酸痛、四肢无力、精神不振等，这可能是运动量过大或健康状况不良的表现，应放缓或停止运动。

（4）睡眠。为了使机体更好地恢复，经常运动的人应该保证足够的睡眠。良好的睡眠表现为很快入睡、睡得熟、很少做梦、早晨精力充沛等。如果有失眠、屡醒、多梦、嗜睡或早晨精力不济等现象，就要检查锻炼方法和运动量是否合适。

（5）食欲。体育锻炼会消耗大量的能量，所以经常运动的人一般食欲很好。但是健康状况不良或身体不适时，食欲便会减退，容易口渴。运动刚结束时进食，也可能影响食欲。大学生在自我监督时，可用食欲良好、一般、减退或厌食等记录自己的食欲状态。

（6）排汗量。运动时，人体排汗量的多少与运动量、锻炼水平、饮水量、气温、衣着多少，以及神经系统的状态等因素有关。不常运动的人运动时出汗多，经常锻炼的人由于对环境适应能力强，所以出汗较少。如果其他因素基本相似，排汗情况出现反常，则可能代表身体不适。

2. 客观检查

客观检查是指利用客观检测数据评判人体的健康程度。当客观检查显示健康状况有问题时，大学生应该暂停运动，待问题解决后继续实施运动处方，或者根据自身情况调整、重新制订运动处方。

（1）脉搏。脉搏频率与锻炼水平密切相关，不考虑其他条件，脉搏次数少表示锻炼水平较高。在锻炼水平提高或降低时，脉搏频率常有相应的改变。自我监督常用晨脉（指人体在清晨清醒状态下测得的每分钟脉搏数）来评定训练水平和身体的机能状况。若晨脉逐渐下降或不变，说明机体反应良好，锻炼效果好；若晨脉每分钟增加5次以上，说明机体反应不良，需要查明原因，及时处理。如果没有其他原因而早晨脉搏经常保持较快的水平，则可能是运动量过大导致的。

（2）体重。初次参加系统训练后，运动者通常1~4周体重下降，5~6周稳定，6周后稳中有升，每周可有1~4kg的变化。若体重持续下降，则可能是由于疾病或过度训练。

（3）肌力。正常情况下，运动者的握力和背力等肌肉力量会随着运动过程逐渐增强，若肌力下降，则可能表示机能不良。

（4）运动成绩。运动成绩长时间无增长，甚至下降，常表示机能不良或早期过度训练。

课后思考与实践

一、课后思考

1. 在体育锻炼中，容易因为哪些因素导致自己受伤或者生病？我们应该如何预防这种情况？

2. 当自己遭遇运动损伤或者运动性疾病时，应该如何处理？当身边的同学遭遇运动损伤或者运动性疾病时，应该如何处理？

3. 为什么在运动前应该制订运动处方？运动处方有什么作用？

二、课后实践

1. 模拟运动损伤处理与急救

一位同学担任"伤员"，由教师预设情景，其他同学按照所学知识对"伤员"进行急救（可以分组开展）。或教师指定某一运动损伤，全班同学自行对其处理，教师对同学们的急救与运动损伤处理进行评价和指导。

2. 制订运动处方

综合本章所学知识，根据自身需要和条件为自己设计一份运动处方。在课后实施运动处方，并注意自我体育医务监督。

第二篇

运动项目篇

第五章

田径运动

田径运动是指由走、跑、跳跃、投掷等运动项目及由其部分项目组成的全能运动项目的总称。田径有着"运动之母"的美誉，是目前世界上开展最广泛、参与人数最多、最受人们重视的运动类目之一。

第一节 田径运动概述

🚩 案例导入

> "贵由赤者，快行是也。每岁一试之，名曰放走，以脚力便捷者膺上赏。……越三时，走一百八十里，直抵御前，俯伏呼万岁。先至者赐银一饼，馀者赐段匹有差。"明代陶宗仪的《辍耕录》中详细记载了元代举办"贵由赤"的盛况。蒙古语"贵由赤"即赛跑之意，这种时长达6h，距离约90km的跑步运动，可谓是长跑中的长跑。

一、田径运动的起源与发展

远在史前时代，田径运动就在人类生活中占据着极其重要的地位。快速地奔跑、敏捷地跳跃和准确地投掷是原始人类获得生活资料的必要手段。在生产劳动中，这些动作不断重复，长久积累便形成了走、跑、跳、投等各种技能。公元前776年，在奥林匹亚的古代平原举行的第1届古代奥运会上，仅有一个比赛项目，即192.27m的场地跑。

田径运动概述

1896年，希腊雅典举行了第1届现代奥运会，田径运动成为现代奥运会的正式项目，走、跑、跳跃、投掷等12个田径项目被列为主要比赛项目。第1届奥运会的成功举办标志着现代田径运动体系的建立。

1912年7月17日，国际田径联合会（以下简称国际田联）在瑞典首都斯德哥尔摩成立，国际田联的主要赛事有世界锦标赛、世界青年锦标赛、世界室内锦标赛、世界杯赛、世界越野锦标赛、世界竞走杯赛、世界半程马拉松锦标赛、世界公路接力锦标赛、国际巡回大奖赛和国际越野巡回赛等。1928年，在荷兰阿姆斯特丹举行的第9届奥运会上，首次增加了女子田径比赛项目。

现在的奥运会中，田径运动的项目共47个小项，其中，男子24个小项、女子23个小项，共产生47枚金牌，是奥运会设金牌最多的项目。奥运会中的田径项目可分为田赛、径赛和同时包含多

种项目的全能类3种类型，又分为走、跑、跳、投4种动作类别，如表5-1所示。

表5-1　奥运会田径项目的类型

类型	类别	组别	项目
田赛	跳	跳高	跳高、撑竿跳高
		跳远	跳远、三级跳远
	投	铅球 男子组	铅球（7.26kg）
		铅球 女子组	铅球（4kg）
		标枪 男子组	标枪（800g）
		标枪 女子组	标枪（600g）
		铁饼 男子组	铁饼（2kg）
		铁饼 女子组	铁饼（1kg）
		链球 男子组	链球（7.26kg）
		链球 女子组	链球（4kg）
径赛	走	竞走 男女项目相同	20km公路赛、50km公路赛
	跑	短跑 男女项目相同	100m跑、200m跑、400m跑
		中长跑 男女项目相同	800m跑、1 500m跑、5 000m跑、10 000m跑、马拉松跑
		障碍跑 男女项目相同	3 000m障碍跑
		跨栏跑 男子组	110m跨栏跑（栏高1.067m）、400m跨栏跑（栏高0.914m）
		跨栏跑 女子组	100m跨栏跑（栏高0.838m）、400m跨栏跑（栏高0.762m）
		接力跑 男女项目相同	4×100m接力、4×400m接力
全能类		十项全能 男子组	100m跑、跳远、铅球、跳高、400m跑、110m跨栏跑、铁饼、撑竿跳高、标枪、1 500m跑
		七项全能 女子组	100m跑、跳远、铅球、跳高、400m跑、标枪、800m跑

二、田径运动在我国的发展

我国民间一直都有各类田径运动项目开展，但系统的现代田径运动直到19世纪末20世纪初才被外国传教士带入我国。当时，只有教会创办的学校之间开展田径比赛，后来才逐渐普及全国的公立、私立学校。1932年，中国首次参加第10届洛杉矶奥运会，派出的运动员刘长春就是参加的短跑项目。

中华人民共和国成立后，田径运动得到迅速普及，技术水平提高很快。自1953年起，我国几乎每年都举行规模较大的全国性田径运动会，在群众性体育运动广泛开展的基础上，我国田径技术水平和成绩与国际之间的差距缩短。

1957年的北京田径比赛中，女子跳高运动员郑凤荣以1.77m的成绩打破了当时1.76m的世界纪录。1983年，跳高运动员朱建华在上海举行的第五届全运会上以2.38m打破了自己保持的2.37m的世界纪录。1983年，第三届世界杯竞走比赛上，徐永久以45分13秒4的成绩创世界纪录并夺冠，成为中国第一个在世界比赛中获得冠军的田径运动员。1992年，竞走运动员陈跃铃摘得奥运金牌；2004年，邢慧娜获奥运会女子万米跑金牌；2015年，短跑运动员苏炳添在100m跑中跑出9秒99的成绩，成为第一位进入9秒关口的亚洲本土选手。

第二节 径赛类项目

案例导入

2015 年，苏炳添跑出了 9 秒 99 的成绩，成为真正意义上第一位进入 9 秒关口的亚洲本土选手。2018 年，雅加达亚运会田径男子 100m 的决赛，苏炳添以 9 秒 92 打破亚运会纪录夺冠。2021 年 8 月 1 日，苏炳添在东京奥运会男子 100m 半决赛中以 9.83 秒刷新亚洲纪录，将亚洲百米纪录进一步提升至世界顶尖水平，成为电子计时时代以来第一位站上奥运会百米决赛舞台的中国人。苏炳添，不断刷新着中国速度。

一、短跑基本技术

短跑即短距离跑，是田径运动的基础项目，也在其他运动项目的训练中占有重要的地位，全程由起跑、加速跑、途中跑和终点跑 4 个紧密相连的阶段组成。除此以外，短跑中遇到的弯道跑也值得特别注意。

短跑

1. 起跑

短跑必须采取蹲踞式起跑姿势，起跑包括"各就位""预备""鸣枪"3个环节。

听到"各就位"口令后，俯身，双手于起跑线后撑地，双脚依次踏在前、后起跑器抵足板上，脚尖触地，将有力的腿放在前面，后膝跪地。双臂伸直约与肩同宽，四指并拢或稍分开，与拇指呈人字形，身体重心稍前移，肩约与起跑线平行。

听到"预备"口令后，后膝离地，抬起臀部，使之稍高于肩，重心适当前移，体重主要落于双臂和前腿上。两小腿趋于平行，前腿膝角约为90°，后腿膝角约为120°，注意力高度集中，等候发令枪声。

听到枪声后，双手迅速推离地面，屈肘做有力的前后摆臂，同时双脚用力蹬离起跑器，使身体以前倾姿势向前上方运动，躯干与地面成15°～20°。后腿迅速屈膝向前上方摆出，但不宜过高。在后腿前摆并积极下压着地的同时，前腿快速蹬伸髋、膝、踝3个关节。躯干逐渐抬起，头部也随之上抬，视线逐渐向前移。起跑如图5-1所示。

图5-1 起跑

2. 加速跑

加速跑是为了充分利用起跑的初速度，在较短距离内尽快获得最高速度，加速距离一般为25～30m。起跑后，第一步不宜过大，最好为3.5～4脚长，第二步为4～4.5脚长，以后逐渐增大。上体随着步长和速度的增加而逐渐抬起，双脚的落点逐渐靠近人体中线，形成一条直线（在

起跑后10～15m处）。同时，双臂应积极摆动，上下肢协调配合。加速跑如图5-2所示。

图5-2　加速跑

3. 途中跑

途中跑指从完成加速跑开始到距终点10m左右的这段距离中运动者的跑动。在途中跑中，运动者需要继续发挥和保持最高速度。进入途中跑时，应顺应惯性放松跑2～3步，以消除肌肉的过分紧张。在百米跑中，途中跑的距离为65～70m。

（1）摆臂动作。途中跑时上体稍前倾，双眼平视，颈肩放松，手半握拳，双臂屈肘，以肩关节为轴，用力前后摆动。前摆时，肘稍向内，肘关节角度变小；后摆时，肘稍向外，肘关节角度变大。摆动时，手和前臂不能摆过身体胸前的中线，双臂要交叉摆动。正确的摆臂动作能够维持平衡、调节节奏、加快步频和加大步幅。

（2）摆腿动作。后蹬伸展阶段，支撑腿从伸展髋关节开始，依次蹬伸膝、踝关节，直到脚掌蹬离地面，在后蹬动作中速度极为重要；折叠前摆阶段，后蹬结束后，摆动腿尽力折叠大、小腿，快速积极地向前摆动，同侧髋部随之前移；下压缓冲阶段，前摆至大腿高抬后，积极下压，前脚掌积极扒地。着地瞬间，小腿与地面接近垂直，迅速屈膝、屈踝缓冲，摆动腿随惯性快速向前摆动向支撑腿靠拢，使身体重心迅速前移，膝、踝关节屈曲角度达到最大，转入后蹬待发状态。

4. 终点跑

终点跑包括终点冲刺和撞线。在这一阶段，运动者应尽量保持高速度直到跑过终点。在距离终点15～20m时，运动者上体前倾，以增强后蹬力，同时加大摆臂的幅度和速度。在距离终点线最后一步时，运动者上体达到最大前倾幅度，用胸部或肩部撞线。通过终点后，运动者要调整步频和步幅，逐渐减速。

5. 弯道跑

弯道起跑时，为了形成一段直线距离的加速跑，应将起跑器安装在跑道右侧、正对左侧弯道的切点方向。起跑时，左手撑于起跑线后5～10cm处，身体正对弯道的切点，同时应缩短加速跑距离，较早抬起上体，沿切线跑进，如图5-3所示。从直道进入弯道时，运动者身体应有意识地稍向圆心方向倾斜。后蹬时，右脚前脚掌内侧用力，左脚前脚掌外侧用力。摆动时，右腿膝关节稍向内，左腿膝关节稍向外。右臂的摆动幅度和力量略大于左臂，尽可能沿跑道内侧前进。

图5-3　弯道起跑

二、中长跑基本技术

中跑包括赛程800~1 500m的跑步，长跑指赛程5 000m以上的跑步，二者技术类似，合称中长跑。

1. 起跑

中长跑的起跑姿势有站立式和半蹲踞式两种，如图5-4所示。中长跑的起跑按"各就位""鸣枪"两个口令进行，站立式起跑和半蹲踞式起跑的起跑技术有一些差异。

站立式　　半蹲踞式

图5-4　中长跑起跑姿势

（1）各就位。听到"各就位"时，运动者先做一两次深呼吸。站立式起跑的运动员双脚前后开立，有力的腿在前，前脚脚尖紧靠起跑线后沿并且全脚掌着地，后脚前脚掌着地，双脚前后间距约一脚，左右间距约半脚。双膝弯曲，上体前倾（跑的距离越短，腿的弯曲度越大，上体前倾幅度也越大），颈部放松，双臂在体前自然下垂或一前一后，身体重心落于前脚，保持稳定姿势；半蹲踞式起跑的动作与站立式大体相同，主要区别在其前腿的异侧臂的拇指和其他四指呈八字形撑在起跑线后，双脚均用前脚掌支撑，前后相距约一小腿长，左右间隔约一脚宽，双膝的弯曲角略小，体重主要落在前腿和支撑臂上。

（2）鸣枪。运动者听到枪声后，后腿用力蹬地后积极前摆，前腿用力蹬伸；同时，双臂配合腿部动作快而有力地前后摆动，身体向前冲出。

2. 加速跑

起跑后，运动者上身略微前倾，双臂的摆动和腿脚的蹬摆都应迅速有力，逐渐加速；同时，上体随之抬起，跑到有利的战术位置后转入途中跑。加速跑的距离和速度，应根据个人特点、战术要求和临场情况而定。

3. 途中跑

中长跑途中跑的技术与短跑实质相同，只是由于距离和速度的不同，有一定差异。其一，中长跑的途中跑中运动者上体自然伸直或稍向前倾，中跑上体前倾约5°，长跑上体前倾1°~2°，上体前倾的角度小于短跑。其二，中长跑后蹬时，角度较短跑稍大，用力程度和蹬伸幅度较短跑稍小。前摆时，大腿上摆的高度较短跑低，大、小腿的折叠程度较短跑小。其三，中长跑的途中跑中特别强调动作与呼吸的配合，运动者身体重心的上下波动、弯道跑时的摆臂幅度、跑的频率系数（腾空时间与支撑时间的比值）均小于短跑。

4. 终点跑

终点跑是临近终点一段距离的加速跑，在这一阶段运动者应以顽强的意志调动全部力量，克服高度疲劳，加大摆臂速度和幅度，加快步频，冲刺终点。

终点冲刺的距离应根据运动者个人的体力情况、战术要求和临场情况而定。一般中跑终点冲刺距离为200～400m，长跑在400m以上。终点冲刺时，运动者应注意观察对手的情况，抢占有利位置，把握冲刺时机。爆发力占优势的运动者，宜紧跟且晚冲刺，在进入最后直道时开始冲刺为宜；耐力占优势的运动者，宜早冲刺。

三、接力跑基本技术

接力跑中需要使用接力棒，运动者必须持棒跑完各自规定的距离，然后将接力棒传递给下一位队友，接棒者可以在接力区前10m内起跑，和传棒者在20m的接力区内完成传、接棒。标准田径跑道长400m，由两个平行的直道和两个半径相等的弯道组成一整圈，4×100m接力跑刚好需跑完一整圈。4×100m接力跑中，4名队员分别称为第一棒、第二棒、第三棒和第四棒，其站位固定，如图5-5所示。

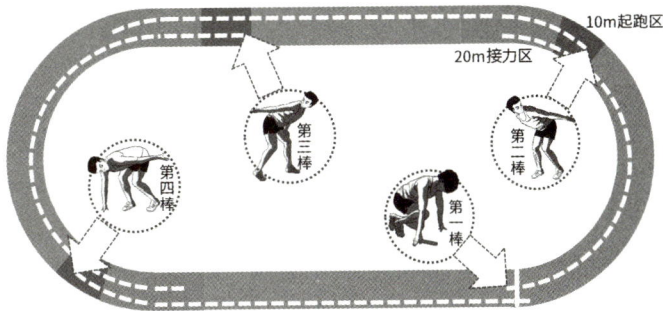

图5-5　4×100m接力跑中队员的站位

1. 起跑

接力跑的起跑技术分为持棒起跑（第一棒）和接棒起跑（后三棒）。

（1）持棒起跑（见图5-6）。第一棒通常采用蹲踞式起跑，其技术和短跑弯道起跑基本相同。运动者用右手的中指、无名指和小指握住棒的末端，拇指和食指分开撑地，接力棒不得触及起跑线和起跑线前的地面，如图5-6所示。

（2）接棒起跑。接棒者的起跑姿势如图5-7所示，既要有利于快速起跑和加速跑，也要能清楚地看到传棒者及设定的起跑标志线。第二、第三、第四棒可用站立式或一只手撑地的半蹲踞式起跑姿势。第二、第四棒应站在跑道外侧，左腿在前（也可右腿在前），右手撑地，身体重心稍向右偏，头转向左后方，目视传棒者的跑近和起跑标志线；第三棒应站在跑道内侧，右脚在前（也可左腿在前），左手撑地，身体重心稍向左偏，头转向右后方，目视传棒者的跑近和起跑标志线。

图5-6　持棒起跑　　　　　　图5-7　接棒起跑

2. 传、接棒

传、接棒是接力跑的重要技术，为了集中精神保持高速度，4×100m接力运动者均采用听传棒者信号而不看棒的接棒方式。传棒者跑至接力区内，距接棒者1～1.5m时，向其发出"嘿"或"接"等接棒信号，接棒者听到后迅速向后伸手接棒。常用的传、接棒方法包括上挑式和下压式两种。

（1）上挑式。接棒者的手臂自然后伸，与躯干成40°～45°，掌心向后，拇指与其他4指分开，虎口朝下，传棒者将棒由下向前上方"挑"送入接棒者手中，如图5-8所示。上挑式动作自然，容易掌握，但如果第二棒手握棒的中段，那么第三、第四棒传接时由于棒的前端部分越来越短，易掉棒。

（2）下压式。接棒者的手臂后伸，与躯干成50°～60°，手腕内旋，掌心向上，虎口朝后，拇指向内，其余4指并拢向外，传棒者将棒的前端由上向前下方"压"入接棒者手中，如图5-9所示。下压式各棒次接棒者均能握于棒的一端，但接棒时手腕动作紧张，掌心向上引起身体前倾，会影响加速跑。

图5-8　上挑式　　　　图5-9　下压式

四、跨栏跑基本技术

跨栏跑是在规定距离中，运动者跑步跨越一定数量、一定间距和一定高度栏架的径赛项目。

1. 起跑至第一栏

跨栏跑起跑技术与短跑基本相同，但跨栏跑起跑后，运动者身体前倾幅度较小，上体抬起较早，大约在第6步时基本达到短跑途中跑的姿势。同时，跨栏跑加速中，后蹬角度较大，步长增加较快。跨栏前倒数第二步达到最大步长，最后一步是短步，起跨腿前脚掌踏上起跨点，为跨栏步做准备。

2. 跨栏步

起跨腿前脚掌迅速、准确地踏上起跨点，其技术动作分为起跨、腾空过栏和着地。

（1）起跨。起跨点距栏架的距离一般为2～2.2m。起跨时，后蹬腿要求迅猛有力，起跨腿髋、膝、踝关节充分伸展并与躯干、头部基本呈一条直线，起跨角度（起跨离地时，身体重心与支撑点的连线同地面之间的夹角）约为70°。同时，摆动腿在体后屈膝折叠，足跟靠近臀部，膝向下，并以髋为轴、膝领先，大腿带动小腿充分向前摆超过腰部高度。上体随之前倾，摆动腿异侧臂屈肘向前上方摆出，肘关节达到肩的高度，另一条手臂屈肘摆至体侧，整个身体集中向前用力，形成良好的"攻栏"姿势。起跨动作如图5-10所示。

（2）腾空过栏。运动者身体腾空后，摆动腿随惯性继续向前上方攻摆，膝关节高过栏架后，小腿向前伸展，脚尖勾起。摆动腿的异侧臂前伸，与摆动腿基本平行，同侧臂屈肘后摆，上体达到最大前倾角度，角度为45°～55°。同时，起跨腿屈膝提拉，小腿收紧抬平，约与地面平行或略高于地面，双腿在栏前形成一个120°以上夹角的大幅度劈叉动作。腾空过栏动作如图5-11所示。

摆动腿的脚掌移过栏架后，起跨腿屈膝外展，脚背屈外翻，以膝领先，经腋下迅速向前上方提拉过栏。双腿在空中完成一个协调有力的以髋关节为轴的剪绞动作。同时，双臂配合积极摆动，起跨腿同侧臂由前伸位置向侧后方做较大幅度划摆，另一条手臂屈肘前摆，以维持身体平衡。

（3）着地。摆动腿膝关节过栏瞬间，大腿积极下压，膝、踝关节伸直，以脚前掌着地，下栏着地点距栏架约1.4m，身体重心处于较高位置。运动者上体保持适当前倾，起跨腿加速向前提拉至身体正前方，大腿高抬，转入栏间跑。着地动作如图5-12所示。

图5-10　起跨　　　　　图5-11　腾空过栏　　　　　图5-12　着地

3. 栏间跑

栏间跑的技术与短跑的途中跑实质基本相同，但受栏间距离和跨栏步的限制，其节奏与短跑不同。栏间距离为9.14m，除去跨栏步剩余5.3~5.5m，需跑3步，且3步步长各不相同，第一步最小，为1.5~1.6m，第二步最大，为2~2.15m，第三步中等，为1.85~1.95m。栏间跑的速度提升主要靠加快步频和改变跑的节奏，从而使3步步长比例合理，做到频率快、节奏稳、方向正、直线性强、身体重心稍高、起伏较小。

第三节 田赛类项目

案例导入

2021年8月1日，在东京奥运会田径女子铅球决赛中，巩立姣以20.58m的成绩夺冠。"人一定要有梦想，万一实现了呢？"巩立姣在赛后采访时说。一年后，巩立姣在个人社交媒体上写道："一年前的今天我追梦成功了，一年后我依然在追梦！加油，梦想无止境，梦想一直在路上。"在2022年田径世锦赛上，巩立姣投出20.39m的本赛季个人最好成绩，并收获一枚银牌。"虽然我已经拿过奥运冠军，但是我一直想不断超越自己，我之前最想投出21m，但是现在距离21m还是有一个小的差距，所以我还会继续向这个目标努力，争取实现这个目标。"展望两年后的巴黎奥运会，巩立姣这样说。

一、跳高基本技术

跳高是人体通过助跑、起跳、过杆、落地等动作形式，越过一定高度的横杆的运动。现代竞技跳高的主流技术类型是背越式，如图5-13所示。

背越式跳高

1. 助跑

助跑是为了获得必要的水平速度和蹬地力量，调整适宜的动作节奏，形成合理的身体内倾姿势，为起跳和顺利过杆创造有利条件。助跑起动的方式有两种：原地起动（直接从助跑点开始助跑的方式）和行进间起动（预先走动或跑动3~5步，然后踏上助跑点开始助跑的方式）。原地起动有利于准确地从助跑步点助跑，步长相对固定，但动作较紧张，加速较慢；行进间起动则动作自然放松，加速较快，但助跑点的位置易把握不准确。跳高的原地起动式助跑如图5-14所示。

图5-13 背越式

图5-14 跳高的原地起动式助跑

助跑的路线即从助跑点到起跳点间的路线，全程一般8~12步，距离最长可达30m。背越式跳高助跑的前段为直线或近似直线，后段4~5步为弧线。

整个助跑过程中，运动者动作应该自然、放松、快速、连贯，全程节奏明确、逐渐加速。直线助跑时，运动者上身略前倾，步幅开阔，后蹬充分，身体重心平稳且保持高位；弧线助跑时，运动者身体逐渐内倾，外侧的肩略高于内侧的肩，外侧臂和腿的摆动幅度较内侧大。最后一步摆动腿的动作极为关键，腿着地时，积极下压扒地，形成牢固支撑，身体重心迅速前移，进入起跳状态。

2. 起跳

起跳是跳高的关键技术。起跳是为了迅速改变人体运动方向，找到最大垂直速度和合理的腾空角度，为顺利过杆创造条件。

起跳阶段，运动者起跳脚踏上起跳点，起跳腿（用于蹬伸起跳的腿，多选择较有力的腿）经过支撑、缓冲、蹬伸，蹬离地面跳起，摆动腿（起跳时用于协调配合摆动的腿）蹬离地面与臂协调摆动，达到最高位置。在助跑最后一步身体内倾达到最大限度时，运动者摆动腿用力后蹬，推动髋部迅速前移，使起跳腿快速踏上起跳点，形成肩轴与髋轴交叉扭紧姿势。

接着，起跳脚以脚跟外侧着地并迅速过渡到全脚掌，脚尖朝向助跑弧线的切线方向，起跳腿自然屈膝并压紧。随着身体由内倾转为垂直，起跳腿的髋、膝、踝3个关节依次迅猛发力，快速完成蹬伸起跳的动作。蹬伸结束时，起跳腿的髋、膝、踝3个关节应该充分伸直，使身体垂直于地面，以保证身体向垂直方向充分腾起。

3. 过杆

过杆是指起跳腾空后，运动者身体的各部分利用合理的技术动作依次越过横杆的阶段。

起跳结束时，运动者需充分伸展身体，向上腾起，利用摆动腿的力量尽量提高髋部位置，然后摆动腿同侧的肩、臂领先过杆，顺势仰头、倒肩、挺髋，头与肩过杆后下沉，髋部高过双膝，身体呈反弓形。

4. 落地

当髋部越过横杆时，运动者应顺势收腹，带动小腿向上甩，整个身体越过横杆，保持屈髋、伸膝的姿势下落，使肩背先着垫。着垫后，运动者双膝、双腿应适当分开。

二、跳远基本技术

跳远要求运动者通过快速的助跑和有力的起跳，采用合理的腾空姿势和动作，使身体腾跃尽可能远的水平距离。

1. 助跑

助跑的目的是获得最大的水平速度，为准确踏板和迅速有力地起跳做好准备。和跳高一样，跳远运动的助跑动作也分为原地起动和行进间起动两种。跳远助跑的最后几步应呈加速状态，身体重心适当下降，为快速起跳做好准备。跳远的原地起动式助跑如图5-15所示。

（1）助跑的加速方式。助跑常用的加速方式有两种：平稳加速（也称为逐渐加速）和积极加速。平稳加速方式要求运动者开始时步频较低，然后逐渐加大步长或在保持步长的基础上提高步频，加速过程均匀平稳，时

跳远

图5-15 跳远的原地起动式助跑

间较长。其助跑动作比较轻松，起跳的准确性高，成绩比较稳定。积极加速方式要求运动者上体前倾较大，步频始终保持较高的水平。其助跑动作比较紧张，起跳的准确性低，适合于绝对速度较快的运动员。

（2）助跑距离。助跑距离指从助跑点到起跳脚踏上踏跳板的距离。助跑距离并非固定不变，可以根据环境条件的变化和个人的身体情况进行相应的调整。一般而言，技术水平越高，速度越快，助跑距离越长。男子助跑距离为35～45m，18～24步为佳；女子助跑距离为30～35m，16～18步为佳。

2. 起跳

起跳是跳远技术中最重要的环节，其作用是利用助跑所获得的最高速度，瞬间形成尽可能大的腾起初速度和适宜的腾起角度，使身体充分向前上方腾起。

起跳的动作过程可分为起跳脚着地（上板）、缓冲和蹬伸3个阶段。着地要迅速且富有弹性，缓冲时要及时、积极地前移身体，蹬伸是爆发式动作，要快而有力。起跳时，运动者要抬头挺胸，上体正直，提肩、拔腰，髋、膝、踝3个关节要充分伸直，蹬摆配合要协调，一致用力。

3. 腾空

腾空是指运动者起跳后身体在空中维持平衡、完成各种动作的阶段。跳远的腾空动作目前主要有挺身式、蹲踞式、走步式3种，如图5-16所示。

（1）挺身式。起跳成腾空步（起跳结束时，身体姿势在空中的延续）后，摆动腿下落，膝关节伸展，小腿由前向下、向后呈弧线摆动，双臂下垂经由体侧向后上方绕环摆动，起跳腿自然回摆与摆动腿靠拢，形成空中挺胸展髋的姿势。继而收腹举腿，大腿向胸部靠拢，小腿前伸，双臂上举或后摆，顺势落地。

挺身式

（2）蹲踞式。起跳成腾空步后，上体保持正直，腿继续向上摆动，起跳腿顺势屈膝前摆，逐渐靠近摆动腿，使双腿屈膝在空中成蹲踞姿势。然后收腹举腿并前伸小腿，双臂由后向前摆动，使身体重心前移，顺势落地。

蹲踞式

（3）走步式。起跳成腾空步后，以髋关节为轴摆动腿，用大腿带动小腿，由前向后下方摆动。同时起跳腿屈膝前摆，向上抬起大腿，前伸小腿，在空中自然地完成换步动作。双臂与下肢协调配合做大幅度直臂绕环摆动或自然前后摆动，然后摆动腿顺势前摆，双腿靠拢，收腹举腿，前伸小腿，顺势落地。在空中完成一次换步后落地的称为"两步半"走步式，完成两次换步后落地的称为"三步半"走步式。

走步式

图5-16　腾空

4. 落地

落地是指运动者腾空后落入沙坑着地的技术动作。落地需要选择合理的技术，获得较大的跳跃距离，并防止发生损伤。

完成腾空动作后，收腹举腿，小腿前伸，脚尖勾起，双臂向后摆动。脚跟触及沙面后，迅速屈膝缓冲，臀部顺势前移，双臂由后向前摆动，上体前倾，成团身姿势，平稳地落入沙坑。

三、三级跳远基本技术

三级跳远要求运动者助跑以后沿直线连续进行3次跳跃，跳出尽量远的水平距离。三级跳远可分为助跑（见图5-17）、跳跃、腾空和落地4个技术环节，其中腾空和落地与跳远类似，故此省略，下面主要介绍助跑和跳跃技术环节。

图5-17　助跑

1. 助跑

良好的助跑能够使运动者获得尽可能大的水平速度，为单足起跳做好准备。

三级跳远的助跑技术与跳远基本相同，但第一跳起跳的腾起角度（指人体离地时，身体重心腾起初速度方向与水平线构成的角度）较小，因此整个助跑过程中运动者身体重心较高，加速平稳，始终保持前行状态。最后几步，运动者大腿高抬，上体平直，保持步长或适当减小步长，加快步频，准备起跳。

2. 跳跃

三级跳远有3次跳跃，其技术要求不同。第一跳为单足跳，起跳腿落地；第二跳为跨步跳，摆动腿落地；第三跳为跳跃，必须双脚落入沙坑。

（1）第一跳。第一跳以有力的腿做起跳腿。助跑的最后一步，运动者摆动腿积极蹬地向前送髋时，起跳腿的大腿快速下压，小腿自然前伸，用全脚掌迅速积极地踏板。起跳腿着地后，迅速屈膝屈踝缓冲，摆动腿快速向前上方大幅度摆出，双臂配合下肢动作有力地摆动，起跳腿迅速进行爆发性蹬伸。起跳离地后，运动者身体保持腾空步姿势。摆动腿的小腿随大腿下放，自然地由前向下、向后摆动。同时髋部上提，起跳腿屈膝前摆高抬，带动髋部前移，双臂配合经体前摆向身体侧后方，形成空中交换步的动作，幅度要大且平稳。

单足跳的腾空轨迹应尽量低而平，理想的起跳角度为12°～15°。完成交换步的起跳腿前摆蹬伸，迅速有力地用全脚掌着地，双臂和摆动腿配合起跳腿动作向前摆动。落地点尽量接近身体重心投影点，上体保持正直。第一跳动作如图5-18所示。

（2）第二跳。第二跳的起跳角度一般为12°～14°。当第一跳落地时，运动者起跳腿积极完成缓冲并快速有力地蹬离地面，髋、膝、踝关节充分伸展。摆动腿迅速屈膝向前上方摆动，足尖上挑，大小腿成90°，膝部应摆至身体重心的上方。同时，运动者的上体保持正直或稍前倾，双臂呈弧形向侧后方摆动，完成第二跳的腾空跨步动作。注意保持身体平衡，并达到必要的远度。第二跳动作如图5-19所示。腾空跨步跳结束时，运动者需将髋部前移，摆动腿大腿下压，膝关节伸展，小腿顺势由前向后用全脚掌落地并积极"后扒"，双臂由后向前上方摆动，完成第二跳的落地动作。

图5-18　第一跳　　　　　　　　　　　　　　图5-19　第二跳

（3）第三跳。为充分利用剩余的水平速度，运动者第三跳时起跳角度应稍大一点，一般为18°～20°。起跳腿着地后，运动者应适度屈膝屈踝积极缓冲，上体正直，髋部上提，迅速有力地蹬直离地。同时，摆动腿迅速屈膝向前上方高抬摆动，双臂由体侧后方积极地向前上方摆动，保持腾空步动作。第三跳动作如图5-20所示。第三跳的空中和落地动作与跳远时一样，可以选择蹲踞式、挺身式或走步式。

图5-20　第三跳

四、铅球基本技术

铅球是一种速度力量型投掷运动，要求运动者协调利用全身的力量，以最快的出手速度将铅球从肩上锁骨窝处单手推出。铅球运动的技术动作包括握球持球、准备姿势、滑步、最后用力和缓冲。

1. 握球持球

以右手为例，运动者手握铅球时，五指自然分开，将球体置于食指、中指和无名指的指根处，拇指和小指扶住球体两侧，手腕后屈，以防止球体滑动并便于控制出球的方向，如图5-21所示。握好球后，将握球的右手放在右肩锁骨窝处，紧贴颈部，掌心向前，右臂屈肘，肘部稍外展且略低于肩，上臂与身体的夹角约为90°，如图5-22所示。

图5-21　握铅球　　　　图5-22　持铅球

2. 准备姿势

准备姿势是滑步前的准备动作，为协调、平稳地进入滑步创造条件。滑步前的准备姿势分为高姿势和低姿势两种。

（1）高姿势。运动者持球后，背对投掷方向，双脚前后开立，相距20～30cm。右脚尖靠近投掷圈后端内沿（脚也可稍向内转），重心主要落在伸直的右腿上；左腿在后自然弯曲，以前脚掌或脚尖着地；上体放松，头部和躯干保持正直，左臂自然上举。

（2）低姿势。运动者持球后，背对投掷方向，双脚前后开立，相距50～60cm（根据身高和下蹲的程度而定）。双腿弯曲（弯曲程度视个人力量而定），重心落于右腿。右脚尖贴近投掷圈后端内沿（脚也可稍向内转），左脚在后，以前脚掌或脚尖着地。左臂自然下垂，左肩稍向内扣，上体前屈与地面平行，双眼注视前下方。铅球的投影点在右脚的右前方。

3. 滑步

滑步使铅球获得一定水平方向的初速度，并使运动者身体形成最后用力的有利姿势。滑步前运动者可以先做一两次预摆，以改变身体的静止状态。预摆时，左腿自然弯曲，大腿用力向后上方摆起，右腿伸直，同时上体前屈，左臂微屈前伸或下垂并稍向内，头与背保持成一条直线。当左腿摆至与地面近平行时，收回左腿，同时右腿弯曲，形成屈膝团身的姿势。

背向滑步握铅球

当左腿收回靠近右腿时，臀部后移。左腿向投掷方向快速摆出，同时右腿用力蹬伸。当右脚蹬离地面后，迅速拉收小腿并向内转动，用前脚掌着地，落于圆心附近，同时左脚积极下落，前脚掌内侧落在圆圈的左侧，双脚着地的时间间隔越短越好。此时，肩轴与髋轴呈扭紧状态，左脚尖与右脚跟成一条直线。滑步过程中左臂和左肩保持内扣，头部保持向右后方的姿势，以保证上体处于扭紧状态。滑步动作如图5-23所示。

图5-23 滑步

4. 最后用力

最后用力阶段是从左脚落地到铅球出手这一过程。运动者左脚落地的瞬间，右腿继续向投掷方向转动并积极蹬伸，转髋转体。同时上体逐渐抬起，左臂向胸前左上方摆动，左肩高于右肩，大部分重心仍落在弯曲而压紧的右腿上，身体呈"侧弓状"。随着右腿蹬伸，右髋和右肩前送，身体重心由右腿快速移至左腿。随即双腿充分蹬伸，抬头（稍有后仰），屈腕且稍向内转，右臂迅速而有力地将球推出，如图5-24所示。

5. 缓冲

铅球出手后，运动者右腿随势前摆，着地于左脚附近。左腿后摆，双腿交换并弯曲，以降低身体重心，缓冲向前的冲力，维持身体平衡，防止出圈犯规，如图5-25所示。

图5-24 最后用力 　　图5-25 缓冲

第四节　全能类项目

案例导入

　　郑妮娜力出生在加拿大，她的外公外婆都是杰出的中国运动员。2018 年，郑妮娜力在亲人的影响下，向国际田联递交了加入中国籍的申请书。2021 年 4 月 12 日，郑妮娜力正式获得代表中国出战国际田径比赛的资格，同年 6 月 13 日，她在世界田联全能挑战赛西班牙站上夺得女子七项全能冠军。东京奥运会上，她以 6 318 分获得女子七项全能第十名，创造了中国选手在奥运会该项目比赛中的最好成绩。

一、男子十项全能

　　男子十项全能的前身是五项全能，早在公元前708年的古代奥运会，便已经有了古代五项的比赛。当时的五项运动包括跳远、短跑、铁饼、标枪和摔跤。现代全能运动始于1880年的美国。当时所设的项目是：100码（1码≈0.9144米）跑、铅球、跳高、880码竞走、链球、撑竿跳高、120码跨栏、掷重物（56磅≈25.4千克）、跳远和1英里（1英里≈1609.34米）跑。比赛在一天内完成。1904年的圣路易斯奥运会把古代五项中的摔跤改为1 500米跑，又把短跑定为200米跑，即跳远、200米跑、铁饼、标枪和1 500米跑成为现代的五项全能运动。男子五项全能的比赛顺序为：跳远、标枪、200米跑、铁饼和1500米跑。1912年的斯德哥尔摩奥运会，男子五项全能被十项全能所取代，成为今天我们所熟知的男子十项全能项目。

　　十项全能运动是集合跑、跳、投多项单项项目而构成的综合型项目，由100米跑、400米跑、1 500米跑、110米跨栏跑、跳高、跳远、撑竿跳高、铁饼、标枪、铅球共10个项目组成。所有参赛运动员需要在两天之内完成所有的项目：第一天比五项，从早到晚依次是100米跑、跳远、铅球、跳高和400米跑，主要讲求爆发力及跳跃技巧；第二天同样比五项，依次是110米跨栏跑、铁饼、撑竿跳高、标枪和1 500米跑，主要讲求技术及耐力、持久力。最后根据每个项目得到的分值相加排名次。这一比赛对运动员的身体素质、技术水平及全面性，乃至心理素质都提出了较高的要求。

二、女子七项全能

　　现代女子全能运动开展较晚，在项目设置和规范的级别、内容、比赛程序、评分方法上变动很大。女子全能比赛最初是五项全能，但是具体的规范并没有很快建立起来，到了1951年，规范化的女子五项全能比赛才重新进入人们的视野。

　　1961年，女子五项全能比赛的程序被重新制定，1964年，女子五项全能在东京奥运会被正式列为比赛项目。到了1981年，国际田联才正式决定将女子五项全能增加到七项全能。

　　女子七项全能总共由七个项目组成，分两天进行，第一天依次为100米跨栏跑、跳高、铅球，以及200米跑，第二天依次为跳远、标枪和800米跑，最后统计分数决出胜负。

第五节 田径运动比赛规制简介

案例导入

在很长一段时间里，人们都认为人体具有永远无法打破的极限，如百米跑的极限是10s，掷标枪的极限是100m。1984年7月20日，在东柏林第22届奥林匹克日田径赛上，标枪运动员乌威·霍恩惊天一掷，投出了104.8m，一举突破了人类标枪百米的大关。就在众人欢喜的同时，主办方也注意到了一个问题，那就是乌威·霍恩的标枪位置已经远远超出预期，距离观众席十分近。在这样的距离下，如果运动员的动作稍有偏差，标枪路线偏离，就可能落到观众席上，造成惨剧。几个月以后，国际田联修改规则，将男子标枪的重心前移了4cm，减弱了标枪的滑翔性能。由于道具的更改，乌威·霍恩创下的标枪纪录也成为该项目永久的世界纪录。

一、径赛竞赛规则

径赛项目竞赛的规则要点包括短跑、中长跑的名次判定，短跑及中长跑的起跑规则，分道跑规则，分道规则，接力跑项目规则，跨栏跑项目规则，赛次和分组等。

径赛的主要规则

1. 短跑、中长跑的名次判定

在田径比赛中，所有赛跑项目参赛运动员的名次取决于其身体躯干（不包括头、颈、臂、腿、手或足）沿垂直面抵达终点线后的顺序，先到达者名次列前。任一赛次中，在按成绩录取进入下一赛次时如遇运动员成绩相等的情况，则终点摄像主裁判应考虑有关运动员的1/1 000s的实际成绩；如果成绩依然相等，则有关运动员均应进入下一赛次，若实际条件不允许，应抽签决定进入下一赛次的人选。在决赛中第一名成绩相同时，裁判长有权决定是否重赛，若无条件重赛，则并列第一；至于其他名次成绩相同，按并列处理。

2. 短跑及中长跑的起跑规则

在国际赛事中，所有400m及以下的径赛项目（短跑），必须采用蹲踞式起跑及起跑器。

发令员口令为"各就位""预备"，最后发令枪响。在"各就位"及"预备"口令之后，运动员应立即完成有关动作，否则属起跑犯规。如果有运动员抢跑，发令员就会宣布起跑犯规，对第一次起跑犯规的运动员应给予警告。每项比赛只允许运动员一次起跑犯规而不被取消资格，再次起跑犯规将被取消该项目的比赛资格。

除此之外，在"各就位"口令发出后，以声音或动作扰乱他人，也判为起跑犯规。在枪声响起前有任何起跑动作，均属起跑犯规。仪器问题或其他原因而非运动员造成的起跑，应向所有运动员出示绿牌。

其他项目的起跑规则与短跑基本相同，只有细微差别。400m以上（不含400m）的径赛（中长跑）项目，均采取站立式起跑。发令员口令为"各就位"，当所有运动员在起跑线后准备妥当静止后，便可鸣枪开始比赛。全能项目的比赛，运动员可以允许两次起跑犯规而不被取消资格，较其他项目多一次。

3. 分道跑规则

在分道跑和部分分道跑的径赛项目中，运动员越出跑道且获得实际利益或冲撞、阻碍其他运动员会被取消资格。如果运动员被推或挤出指定的跑道，只要未获得实际利益也未影响他人，可不取消其参赛资格。同样，任何运动员在直道中越出其跑道或在弯道中越出其跑道的外侧，只要没有获得实际利益及阻碍他人，均不算犯规。

4. 分道规则

运动员的跑道由技术代表抽签确定，运动员在所有短跑和跨栏中自始至终都必须在规定的跑道里。在800m和4×400m接力赛中，运动员在规定的跑道里起跑，通过抢道标志线以后才能离开规定跑道，切入里道。第2轮开始的各轮比赛中，跑道的选择还需依据运动员在上一轮的比赛结果，如排名前4位的运动员抽签后分别占据第3、第4、第5、第6跑道，后4名抽签排定第1、第2、第7、第8跑道。

5. 接力跑项目规则

接力跑项目规则除以下几点外，与短跑相同。

（1）4×100m接力跑是分道进行的，接棒者可以在接力区前10m内起跑。

（2）接力赛中，运动员必须在20m的接力区内完成交接棒。"接力区内"的判定是根据接力棒的位置，而不是根据运动员的身体或四肢的位置。

（3）在4×400m接力跑中，第一棒全程及第二棒的第一弯道是分道跑，第二棒运动员跑至抢道线后方可自由抢道。第一棒的传接必须在运动员指定的跑道内进行，其余各棒的传接，由裁判员根据第二棒及第三棒运动员通过200m起点处的先后，按次序让第三棒及第四棒的队友在接力区内，由内至外排列等候接棒。所有接棒者均不可在接力区外起跑。

（4）接力棒必须拿在手上，直到比赛结束。完成交接棒后，运动员应留在本队的跑道中以免因影响他人而被取消比赛资格。任何运动员掉了棒，必须由本人拾回，而且要在不影响别人的情况下，方可越出跑道拾回接力棒。

6. 跨栏跑项目规则

跨栏跑项目比赛中，各运动员必须在本人的跑道内完成比赛。运动员跨越栏架时，若腿或足从低于栏架顶的水平线跨越，或跨越他人赛道上的栏架，或故意以手或足撞倒任何栏架，均取消其参赛资格。其他规则同短跑。

7. 赛次和分组

径赛一般分为第1轮、第2轮、半决赛和决赛4个赛次。赛次的安排和分组，以及每一赛次的录取人数等将根据报名参加比赛的人数来决定。预赛分组时，要尽可能把成绩好的运动员平均分配到不同的小组中去。在其后的各轮比赛中，分组依据是运动员前一轮的比赛成绩。如果可能，相同国家或地区的运动员应分开。

二、田赛竞赛规则

田赛项目竞赛的规则要点包括比赛方法、有效成绩、录取名次、犯规和裁判旗示。

田赛的主要规则

1. 比赛方法

大型正规赛事的田赛项目比赛通常先分组进行及格赛，通过及格标准的运动员直接进入决

赛，如达到及格标准的运动员人数不足12人，不足的人数按及格赛的成绩递补。远度项目（跳远、三级跳远、铅球、标枪、链球、铁饼）决赛前3轮比赛的顺序通过抽签决定。决赛前3轮比赛结束后，按成绩取前8名运动员进行最后3轮的比赛，第4轮、第5轮比赛的排序按前3轮成绩的倒序排列，第6轮比赛的排序则按前5轮成绩的倒序排列，成绩最好的运动员最后跳（掷）。

2. 有效成绩

除犯规外，在跳跃类远度项目比赛中，运动员每次试跳的成绩均为有效成绩；除犯规外，在跳跃高度项目（跳高、撑竿跳高）比赛中，运动员每次跳过的高度均为有效成绩；投掷项目（铅球、标枪、链球、铁饼）比赛除犯规外，运动员投出的器械完全落在落地区内（不包括落地区的边线）才算有效，丈量成绩时从距离投掷区最近的落地点算起，其中标枪必须枪尖先触地成绩才算有效。

3. 录取名次

远度项目比赛结束以后，运动员最好的一次试跳（掷）成绩，包括因第一名成绩相等而进行的加跳（掷）赛的成绩，作为最后的成绩判定名次，从高到低依次排列。在远度项目比赛中，如果出现最好成绩相等的情况，则以第二好成绩来确定名次，以此类推，直到最后一个成绩。如果成绩还是相同，除第一名以外，可以并列。如果涉及第一名成绩相同的情况，必须让这些同处第一名的运动员加赛，直到决出第一名。

在高度项目比赛中，如果出现最好成绩相等，则按以下规定判定名次。

（1）在出现成绩相等的高度上，试跳次数较少者名次列前。

（2）如果成绩仍然相等，则在包括最后跳过的高度在内的决赛等全部比赛中，试跳失败次数较少者名次列前。

（3）如果成绩仍相等，且涉及第一名，进行加赛，直到分出名次；如果成绩相等但不涉及第一名，名次可并列。

4. 犯规

田赛涉及多项运动，各项运动的犯规情形不同，下面分别进行介绍。

（1）跳远、三级跳远

跳远、三级跳远有下列情况之一的即判犯规。

① 运动员身体任何部位触及起跳线之前的地面。

② 从起跳板两端之外起跳，无论是否超过起跳线的延长线。

③ 触及起跳线和落地区之间的地面。

④ 在落地过程中触及落地区以外的地面，而落地区外的触地点较落地区内的最近触地点更靠近起跳线。

⑤ 离开落地区时，运动员在落地区外地面的第一触地点较落地区内最近触地点和在落地区内因身体失去平衡而留下的任何痕迹更靠近起跳线。

⑥ 在助跑或跳跃中采用任何空翻姿势。

⑦ 还未通知运动员试跳，该运动员进行了试跳，不管是否成功，都应判该次试跳失败。

⑧ 无故错过该次试跳。

⑨ 无故延误时限。比赛时，运动员无故延误时间，则不准参加该次试跳，以失败论处。如果在比赛中再次无故延误比赛时间，则取消该运动员的比赛资格。

（2）跳高

跳高有下列情况之一的即判犯规。

① 使用双脚起跳。

② 由于运动员的试跳动作致使横杆未能停留在横杆托上。

③ 在越过横杆之前，身体触及立柱前沿垂直面以外的地面或落地区。但如果裁判员认为运动员并没有受益，则不应由此而判该次试跳失败。

④ 无故延误时限。

⑤ 当裁判员通知运动员试跳开始后，运动员才决定免跳，但时限已过，应判该次试跳失败。

⑥ 试跳时，运动员有意用手或手指把即将从横杆托上掉下的横杆放回。

⑦ 无故错过该次试跳。

（3）投掷项目

在投掷项目比赛过程中，运动员如果有下列违反规则的行为即判犯规，成绩无效。

① 超出时间限制。

② 投掷铅球和标枪的技术不符合规则规定（规则要求铅球和标枪必须由单手从肩上掷出）。

③ 在投掷过程中，身体和器械的任何一部分触及投掷圈铁圈上沿或圈外的地面和标枪投掷弧、延长线及线以外地面的任何一部分，包括铅球抵趾板的上面。

④ 器械未落地，运动员离开投掷圈或助跑道。标枪运动员投掷后在投出的标枪落地前，转身完全背对投出的标枪。完成投掷后，链球、铁饼和铅球运动员未从投掷圈后半圈的延长线后面退出，标枪运动员未从投掷弧及延长线以后退出。

⑤ 运动员在比赛期间离开比赛区域，未经裁判员许可并由裁判员陪同。

⑥ 比赛过程中，运动员在比赛场地使用以下电子设备：摄像机、收音机、CD机、报话机、手机、MP3及类似的电子设备。

5. 裁判旗示

在跳跃项目比赛中，通常有一名主裁判手中持红、白旗帜各一面，用来示意运动员的试跳是否成功。举红旗表示试跳失败，成绩无效；举白旗表示试跳成功，成绩有效。

在投掷项目比赛中，通常有两名主裁判手中持红、白旗帜各一面，用来示意运动员的试投是否成功。举红旗表示试投失败，成绩无效；举白旗表示试投成功，成绩有效。两名裁判中，站在投掷区附近的称为内场主裁判，主要判定运动员在试投过程中是否犯规；站在落地区内的称为外场主裁判，主要判定器械的落地点是否有效。

三、全能竞赛规则

全能竞赛中，各个项目的规则和单项比赛大体相同，运动员需要特别注意的规则主要有以下几条。

1. 比赛间隔

任何运动员在一个项目结束和下一个项目开始之间应至少间隔30min；第一天最后一项赛事结束到第二天第一项赛事开始的时间间隔应至少为10h。极端天气除外。

2. 运动员分组

在全能项目比赛的每个单项中（最后一个项目除外），应尽量将每个单项中成绩相近的运动员安排在同一组中。一组的运动员数量应在5名及以上。

全能比赛最后一项的分组，应将倒数第二项比赛后积分领先的运动员分在一组。

3. 特殊规则

全能项目中各个单项的规则在全能项目中同样适用，但以下情况除外。

（1）在跳远和投掷项目中，每个运动员只能进行三次试跳或试掷。

（2）在径赛项目中，每场比赛只允许出现一次起跑犯规，但是起跑犯规的运动员不会被取消资格。

（3）跳跃类高度项目全局比赛中，每一轮横杆提升的高度标准保持一致：跳高每次3cm，撑竿跳高每次10cm。

4. 计时

全能运动中的径赛项目采用电动计时或人工计时均可，但不得混合使用。

5. 无效成绩

如果某运动员没有参加某一单项的预赛和比赛，应视其放弃参赛，该运动员不得参加其他单项的比赛，并不计其成绩。

6. 成绩计算

运动员参加每个单项的成绩按照《男子十项全能评分表》或《女子七项全能评分表》计算分数。在每一个单项比赛结束后，裁判团应向所有运动员公布该项目各运动员的分数，以及累积总分。《男子十项全能评分表》和《女子七项全能评分表》由主办方编订并提前公示。

7. 名次排定

全能项目结束后，运动员名次按总分从高到低排列，如果两名或两名以上的运动员获得相同的分数，则按照以下规则判定。

（1）得分较高的单项数量多者为优胜。

（2）如仍然成绩相等，则以任何一个单项得分最高者为优胜。

（3）如再次成绩相等，则以第二得分高的单项分数较高者名次列前，并依此类推。

（4）如根据第（3）条依然成绩相等，则运动员的比赛名次并列。

拓展训练

一、径赛训练

1. 多人短跑练习

共同训练的人每人各占一条跑道，按照短跑规则，进行100m跑练习，比试谁最快。教师可作为发令员。

2. 分组接力跑练习

共同训练的人4人一组，组数等于跑道条数。各组按照4×100m接力跑规则要求的位置站立，然后进行接力跑练习。要求熟练掌握短跑和接力跑技术。教师可作为发令员。

3. 多人长跑练习

8～12人为一组，统一站在起跑线上，然后进行1 000m跑练习。跑步距离可以按实际需要调整。教师可作为发令员。

二、田赛训练

1. 单人跳远练习

个人使用跳远场地，练习跳远技术。可以采用挺身式、蹲踞式、走步式3种腾空技术，看看使用哪一种技术成绩最佳。

2. 单人跳高练习

个人使用跳高器材，练习跳高技术。初始高度自定，在跳过后，应将横杆高度升高，直到达到自己的能力极限。

3. 轮流掷铅球练习

全班在铅球场地，排队轮流掷铅球，练习掷铅球技术。每人有3次机会，看看自己能掷多远。由于掷铅球运动具有一定的危险性，因此练习时应有教师在场指导，同时练习过程中要注意安全。

三、全能项目训练

1. 男子三项全能练习

综合考虑学校的器材设施状况和同学们的身体素质情况，在男子十项全能项目中挑选出3个项目作为练习项目，最好跑步、跳跃、投掷类项目各一个。

教师根据目前实行的《男子十项全能评分表》，给出所练习项目的得分标准，并向同学们公示。

班级所有男同学参与练习，每一个单项结束后，统计各自的分数并公示。3个单项全部练习完成后，根据分数决出冠军。

2. 女子三项全能练习

综合考虑学校的器材设施状况和同学们的身体素质情况，在女子七项全能项目中挑选出3个项目作为练习项目，最好跑步、跳跃、投掷类项目各一。

教师根据目前实行的《女子七项全能评分表》，给出所练习项目的得分标准，并向同学们公示。

班级所有女同学参与练习，每一个单项结束后，统计各自的分数并公示。3个单项全部练习完成后，根据分数决出冠军。

第六章

大球类运动

球类运动是指以球作为比赛基础的运动项目的总称，而其中篮球、排球、足球三项运动常被合称为"三大球"，是观赏性佳、受众广泛、商业化程度高、团体协作性强的球类运动。大球类运动运动负荷较大，对运动者的体能要求较高，对增强学生体质、培养学生团队合作能力、促进学生身心全面发展具有良好的作用。

第一节 篮球

↱ 案例导入

> 姚明因其226 cm的身高而得到了"小巨人"的称号，他出身体育世家，从小便显露出过人的运动天赋，并由此顺利开始了运动员的职业生涯。2002年，已经是上海东方队主力中锋的姚明决定参加世界上顶级的篮球职业赛事——美国职业篮球联赛（National Basketball Association，NBA），并以状元秀身份加入休斯敦火箭队。
>
> 在NBA生涯中，姚明累计出场500多场，多次入选NBA全明星阵容。2016年4月4日，姚明正式入选2016年奈·史密斯篮球名人纪念堂，成为首位获此殊荣的中国人。同时，姚明还是国家队的主力球员，随队完成亚洲男篮锦标赛4连冠、夺得2002年亚运会冠军，并在2000年、2004年、2008年3度参加奥运会，帮助中国队两次闯进8强。

一、篮球运动简介

篮球运动起源于1891年美国马萨诸塞州，在国际训练学校任教的詹姆斯·奈史密斯博士从当地儿童用球投向桃子筐的游戏中得到启发，创编了篮球游戏。他制定了第一个篮球竞赛规则，共13个条款。

篮球运动的起源

1904年，第3届奥林匹克运动会上第一次进行了篮球表演赛。1932年，国际业余篮球联合会宣告成立。1936年，第11届奥运会上，男子篮球被列为正式比赛项目。1976年，第21届奥运会上，女子篮球被列为正式比赛项目。自1992年第25届奥运会开始，职业篮球运动员被允许参加奥运会的篮球比赛。

1946年，NBA成立，标志着篮球职业化的初步确立。NBA由30支职业球队组成，是现在世界上水平最高、影响力最大、经济价值最高的篮球赛事。

1896年前后，篮球传入我国，最初主要在天津、上海及北京等城市青年会组织和某些中等以上学校少数学生中开展。1910年的第1届全国运动会上，篮球被列为表演项目，1914年被列为正式

比赛项目，女子篮球于1930年被列为正式比赛项目。

中华人民共和国成立后，篮球运动在我国得到了普及与发展，篮球竞技水平有了历史性突破，国家男女队曾接连居亚洲榜首并达到世界先进水平。我国女篮在1984年第23届奥运会上夺得铜牌，1992年在第25届奥运会上获得第2名，1994年在澳大利亚世界锦标赛上获得第2名。我国男篮在1996年第26届奥运会、2004年第28届奥运会、2008年第29届奥运会都取得过第8名的好成绩。

20世纪80年代中期至20世纪90年代中期，中国篮球得到了全面的大普及、大发展、大提升，各类篮球俱乐部相继成立，篮球竞赛的文化氛围和职业化、商业化气息渐浓，每年一次的中国男子篮球职业联赛和中国女子篮球联赛受到了广泛的关注。

二、篮球运动基本技术

篮球运动的对抗性和竞技性都非常强，大学生需要掌握移动、传接球、投篮、运球、持球突破、防守、抢篮板球等多项基本技术，才能较好地处理场上的各种情况，并且能够与队友实现良好的配合，最终取得比赛的胜利。

1. 移动

在篮球运动中，运动者在进攻时往往运用急起、急停、转身、变速变向跑等移动动作，摆脱防守完成进攻任务。而在防守时则运用跑、停、滑步、后撤步、交叉步等动作阻止进攻。这些争取比赛主动权的行动都离不开快速、灵活的脚步移动动作。

2. 传接球

传接球技术实现队员间球的传递，是篮球运动中实现团队配合的基础技术。传接球包含传球和接球两个动作，将球从空中交予队友的技术动作叫作传球，接队友传球的技术动作叫作接球。

（1）双手胸前传球

双手五指自然分开，拇指相对呈八字形，用指根以上部位握球的两侧后下方，掌心空出，双臂自然弯曲于体侧，将球置于胸前。肩、臂、腕肌肉放松，双眼注视传球目标，身体保持准备传球的姿势。传球时，后脚蹬地，身体重心前移，同时双臂前伸，手腕由下向上翻转，同时拇指用力下压，食指、中指用力弹拨，将球传出。双手胸前传球如图6-1所示。双手胸前传球是一种基本且常用的传球方法，具有准确性高、容易控制、便于变化的优点。

传球基本技术

图6-1　双手胸前传球

（2）单手肩上传球

以原地左手肩上传球为例，双脚前后开立，左脚在前，侧对传球方向，左手托球于头侧，掌心空出，以转体、挥臂、甩腕及手指拨球的力量将球传出，如图6-2所示。单手肩上传球是一种中远距离的传球方法，其特点是传球力量大、速度快、距离远，在长传快攻和突破起跳分球时经常被采用。

图6-2　单手肩上传球

（3）单手体侧传球

以左手体侧传球为例，双脚开立，双腿微屈，双手持球于胸前。传球时，左脚向左跨步的同时将球移至左手引到身体左侧，出球前一刹那，持球手的拇指在上，掌心向前，手腕后屈，出球时前臂向前做弧线摆动，当球摆过身体左前方时，迅速收前臂，用手腕、手指的力量将球传出，如图6-3所示。其特点是动作隐蔽、动作快而幅度小。

（4）击地传球

击地传球时，传球队员要掌握好球的击地点，击地点一般在传球队员距离接球队员2/3的地方。当防守自己的对手距离自己较远，而传球的距离又较近时，可向防守者的脚侧击地传球。球弹起的高度一般在接球队员的腰部为宜。击地传球是一种近距离、较隐蔽的传球方法，是小个子队员对付高大防守者的有效传球手段。通过地面反弹力传球给同伴的方法很多，包括单手、双手体前击地传球，单手体侧击地传球，单手背后击地传球等。图6-4所示为双手体前击地传球。

图6-3　单手体侧传球　　　　　　　　图6-4　双手体前击地传球

（5）头上传球

传球队员瞄准接球队员的头部以上部分，双手持球于头上，后脚蹬地，以腰为轴，上体后仰向前发力，手指、手腕拨球来控制球的高度和方向，如图6-5所示。

（6）接普通传球

接球时，接球队员要注视来球，肩、臂都要放松，手臂应迎球伸出，手指自然分开。用指腹先碰触球，过渡到手掌，再用双臂将球钳住，同时屈肘，臂后引，缓冲来球的力量。双手握球，保持身体平衡，以便做下一个动作。

图6-5　头上传球

（7）接击地球

接球队员掌心向着来球反弹的方向，屈膝弯腰并向前下方伸手迎球，双手五指自然分开做上、下手接球动作。在球刚刚离地弹起时，手指触球将球接住。接球后手腕迅速向上翻，持球于胸腹前保持身体平衡，呈基本站立姿势。

3. 投篮

投篮是队员运用各种专门、合理的动作将球投进对方篮筐的技术，是篮球运动中的直接得分技术。

（1）原地双手胸前投篮

队员双脚左右或前后站立，双膝微屈，双脚脚跟略离地面，上体稍向前倾，双手手指自然张开，握球两侧略后的部位，拇指相对呈八字形，掌心空出，持于胸前，屈肘靠近身体（见图6-6）。投篮时，双脚蹬地，身体伸展，同时双臂向前上方伸出，拇指向前上方用力推送，手腕稍外翻，使球从拇指、食指、中指指尖投出，球向前旋转飞出。

投篮基本技术

（2）原地单手肩上投篮

以右手肩上投篮为例。队员右手五指自然分开，掌心空出，用指根以上部位持球，拇指和小指控制球体，左手扶球的左侧，右手屈肘，肘关节自然弯曲，置球于右肩上方，如图6-7所示。投篮时，下肢蹬地发力，右臂向前上方伸直，手腕前屈，食指、中指用力拨球，通过指端将球柔和地送出。球出手的同时，身体随投篮动作向前伸展。

图6-6　原地双手胸前投篮　图6-7　原地单手肩上投篮

（3）行进间单手低手投篮

队员在跑动中接球或运球突破上篮时，应先跨右脚接球或拿球，接着跨左脚起跳，左脚跨的步子稍小一些（已掌握基本动作者，其左脚跨出的步子大小，可根据对方防守的情况和自身进攻的需要选择），右腿屈膝上抬，身体上升到最高点时，右臂向上方或前上方伸出，掌心向上，用手指和手腕的力量，将球上拨。

（4）行进间单手肩上投篮

行进间单手肩上投篮方法以右手投篮为例，队员脚下前期动作和行进间单手低手投篮一样，右腿屈膝上抬的同时，双手向前上方举球，腾空后右臂向前上方伸展（将手举到最高点），完成投篮。

（5）运球急停跳投

队员在快速运球中，用一步或两步的方式接球停步，双膝微屈，身体重心下降，迅速蹬地起跳，同时双手迅速举球于右肩上。当身体接近最高点处于稳定的一刹那，迅速向上伸臂，用右手手腕和手指的力量将球投出。

4. 运球

在篮球运动中，队员如果想要带着球在场内移动，就必须使用运球技术，用单手连续拍按由地面反弹起来的球。

（1）原地运球

原地运球是运球技术的基础，队员通常用手指运球，掌心空出，非运球手屈臂上抬，保护球。根据姿势不同，原地运球有高、低两种姿势，同时能够前后、左右各种方向运球，并能够灵活地变向。

运球技术

① 高运球。以肘关节为轴，肩胛带动上臂，如图6-8所示。

② 低运球。降低重心，球的高度不超过膝盖，上臂、前臂同时发力拍球，通过手指、手腕与手臂的合作，将球控制在身体的一侧，如图6-9所示。

③ 单手前后运球。运球位置应该在身体一侧，手指向下，变换手腕，前臂协同手腕将球击地向前推，待球反弹后向后拉，如图6-10所示。

④ 单手左右运球。运球位置应该在身体前侧，手指向下，变换手腕，前臂协同手腕，将球击地后向左右两侧推拉，如图6-11所示。

⑤ 体前变向。使用两只手在体前进行变向运球，此时脚应该尽量原地活动，并随着球的方向抬起，为行进间变向做好准备。

⑥ 背后变向。使用两只手在背后进行变向运球，球的落点在双腿之间，此时脚应该尽量原地活动，身体随着球的节奏进行摆动，为行进间的变向做好准备。

图6-8 高运球　　图6-9 低运球　　图6-10 单手前后运球　　图6-11 单手左右运球

（2）行进间运球

在熟练掌握原地运球技术的基础上，即可练习行进间运球。行进间运球即在运球时搭配移动步法，达到"球随人走"的效果。

① 运球急停急起。可用两步急停，双腿屈膝前后开立，跨出第一步时，身体稍后仰。同时，拍球的上方，降低球的反弹高度，使球在原地反弹，同时降低身体的重心，用腿和异侧臂护球。急起时，拍球的后上方，身体重心移至前脚掌，同时后脚迅速蹬地跨出，超越防守者，迅速向前推进。运球急停急起如图6-12所示。运球急停急起的特点是动作突然、起动快、线路多变、攻击力强、易摆脱防守。

② 体前变向换手运球。右手运球向左侧变向时，右手拍球的右侧上方，使球从右侧反弹向左侧，同时左脚向右侧前方跨步，侧左肩向前，并迅速用左手拍球的正后方继续运球前进，如图6-13所示。左手运球向右变向时，则与右手动作相反。体前变向换手运球的特点是便于结合假动作，变化突然，易造成防守者错误判断，伺机运、传，从左至右、从右至左改变方向地运球。

③ 后转身变向运球。身体左侧对防守者，左脚在前做中枢脚，右手向右后侧运球或向后运球，同时做后转身，换左手拍球的后上方运至左侧，右脚落地贴近防守者的右侧（脚尖向前），然后运球继续前进，如图6-14所示。后转身变向运球的特点是转身时便于保护球、改变球的路线幅度大、攻击力强、灵活多变。

图6-12 运球急停急起　　　图6-13 体前变向换手运球　　图6-14 后转身变向运球

④ 胯下变向运球。这是使球穿过双腿之间来改变运球方向的运球技术。近来比赛中有频繁使用胯下运球技术的倾向。胯下变向运球的优势是双腿可以保护球，且可以安全转换方向，使防守者的手难以够着球，如图6-15所示。

⑤ 背后运球。进攻队员在靠近防守者的同时，快速将球在背后换至另一只手运球，这种运球方式常用于摆脱防守者，如图6-16所示。

5. 持球突破

在比赛中，面对防守者的盯防，进攻队员需要依靠持球突破技术摆脱对方球员的防守，从而更接近球篮并形成利于己方的进攻态势。

图6-15　跨下变向运球　　　　　　　　图6-16　背后运球

（1）试探步突破。队员制造要突破一侧的假象，引导防守者变换防守重心，然后从另一侧突破。

（2）交叉步突破。队员接球后，抬起一只脚做试探步。以左脚中枢脚（一只脚抬起的瞬间，另一只脚成为中枢脚）为例，左手突破防守者的右侧。队员保持低重心，以左脚为轴，右脚蹬地向防守者右脚外侧跨，同时髋关节转动，压缩突破的空间，然后放球加速，将球向前推动。

（3）顺步突破。队员接球后，抬起一只脚做试探步，如果在试探时发现对方的防守重心并没有根据试探步而改变，那么就要运用顺步突破了。以左脚中枢脚为例，右脚做小步试探，如果对方没有转移重心，那么右脚跨出大步，同时放球，球要保持在身体的一侧，左脚迅速跟上，将防守者的防守线路卡住，加速上篮。

6. 防守

当对手得球后，防守队员应迅速调整防守位置和距离，占据对手与球篮之间的有利位置。还要与对手保持适当的距离（一臂左右），并判断对手的下一步动作（投篮或突破），以此调整位置和姿势，采用适当的步法积极移动，阻截和干扰对手传球、投篮，同时伺机抢、断球。

（1）平步滑步。防守队员应降低重心并双脚平行开立。横向滑步，双手屈臂仰起，保持重心在前脚掌，以便控制身体平衡并扩大防守面积。滑动时脚不要交叉和并拢；不要跳，并保持重心不动，始终保持在球篮与进攻对手之间。平步滑步如图6-17所示。

（2）上步滑步。防守队员用向前进攻的步法，或碎步向前接近进攻对手。这种步法可保持防守队员的重心，以防接近进攻对手时被突破，同时，防守队员上步脚同侧的手臂应扬起，以封堵、干扰对手出球，如图6-18所示。

（3）斜步滑步。防守队员应双脚前后开立以扩大防守面积，但不可以太斜。后脚尖和前脚跟在一条线上，撤步、向前（后）滑步、交叉步，前脚同侧手臂根据球的位置伸缩攻击，上扬或向下，调整身体平衡，以扩大防守面积。斜步滑步如图6-19所示。

图6-17　平步滑步　　　　图6-18　上步滑步　　　　图6-19　斜步滑步

7. 抢篮板球

篮板球是指投篮不中后，从篮板或球篮反弹的球。此时，双方都会积极地争夺篮板球，以获得主动。抢篮板球包括抢进攻篮板球和抢防守篮板球两种。

（1）抢进攻篮板球

当同伴或自己投篮时，处在近篮的进攻队员首先应判断球的反弹方向，然后先向相反方向的侧前方跨步，利用身体虚晃的假动作，诱开身前的防守者，绕跨挤到对手的前面或侧前方，抢占有利位置，借助跨步或助跑起跳，跳至最高点补篮或抢篮板球。

（2）抢防守篮板球

当对手投篮出手后，防守队员首先应注意对手的动向，并根据当时与进攻对手所处的位置和距离的远近，运用上步、撤步和转身抢占有利位置，把进攻对手挡在身后，与此同时还要判断球的落点准备起跳。

三、篮球运动主要战术

作为一项团体对抗运动，篮球竞技的战术主要体现为多个队员之间有目的、有组织、协调行动地进攻或防守配合。熟练运用战术，能够发挥出各个队员的技术特点，使球队保持优势。

1. 进攻基础配合

进攻基础配合，是指两三名进攻队员，为了创造投篮机会，合理运用技术的合作方法。

（1）传切配合。传切配合又可以分别为一传一切配合和空切配合两种。一传一切配合是指队员传球给队友后，立刻摆脱对手，向篮下切入，接队友的回传球投篮。空切配合是指队员传球给队友时，另一队友突然切向篮下接队友的传球投篮。

进攻基础配合

（2）突分配合。突分配合是有球队员持球突破后，主动或应变地利用传球与队友配合的方法。其要求是：突破动作要突然、快速；在突破过程中，要随时观察场上攻、守队员行动和位置的变化，既要做好投篮的准备，又要做好及时、准确地传球给同伴的准备。其他进攻队员要掌握时机及时跑到有利于进攻的位置上接球。

（3）掩护配合。掩护配合是采用合理的行动掩护队员，用自己的身体挡住队友的防守者的移动路线，使队友得以摆脱防守，或利用同伴的身体和位置使自己摆脱防守的一种配合方法。掩护配合的形式根据掩护的位置和方向不同，分为前掩护、后掩护、侧掩护3种。

（4）策应配合。策应配合是处于3秒区的队员背对或侧对球篮接球，与3秒区外队友的空切相配合而形成的战术。策应队员抢占有利位置后，要及时调整策应的方向和位置，以便协助队友摆脱防守，增加策应的变化与威胁。3秒区外队员要根据策应队员的位置和机会，及时传球，争取做到人到球到，并在传球后要及时摆脱防守者，准备接球投篮。

2. 防守基础配合

防守基础配合，是指两三名防守队员，为破坏对手攻势进行配合，或当队友防守出现困难时，及时互相协作行动的方法。

（1）"关门"配合。"关门"是两个防守队员靠拢协同防守突破的配合方法。当进攻对手从正面突破时，临近突破一侧的防守队员及时向同伴靠拢进行"关门"，封堵进攻对手的突破路径。

防守基础配合

（2）夹击配合。夹击配合是指两个防守队员积极防守一个进攻对手的配合方法。进攻对手从底线突破，一名防守队员封堵底线，迫使进攻对手停球，另一名防守队员同时向底线迅速跑去与队友协同夹击进攻对手，封堵其传球路线，迫使其违例或失误。

（3）补防配合。补防配合是指防守队员在队友漏防时，立即放弃自己的对手，去补防威胁最大的进攻对手，而漏防的防守队员则及时转去防守补防队友的对手。

（4）交换防守配合。交换防守配合是为了破坏进攻对手的掩护配合，防守队员之间及时地配合，通过交换自己所防守的对手而扩大防守面积、减少防守漏洞的一种防守基础配合。

3. 快攻

快攻是队伍在防守中获得球权，转入进攻时，趁对手没做好防守准备，以最快的速度、最短的时间，进行攻击的一种进攻战术。发动快攻的时机是在抢获后场篮板球、抢球、断球和跳球获球后。快攻的形式有长传快攻、短传和运球快攻，也可结合多种方式展开快攻。

4. 防快攻

作为防守方，就需要防守对方的快攻战术，应对快攻，防守方需要注意以下3点。

（1）有组织、积极地堵截对方发动快攻的第一传，是防守快攻的关键。

（2）防守快速突进对手。快速突进对手是对方长传快攻的主要成员，如果快速突进对手接到球，将给防守造成极大的困难。因此，当对方抢获篮板球时，外线队员要迅速退守，在退守过程中，控制好中路，堵截快下路线，紧逼沿边线对方的进攻球员，切断对方长传球的路线。

（3）提高以少防多的能力。当对方发动快攻并迅速地向前场推进时，防守方往往来不及全部退防，出现以少防多的局面。若队员具备一防二、二防三的能力，重点防篮下，就能为同伴回防赢得时间。这就要求提高队员个人防守能力，以及队友之间的相互补防能力。

5. 人盯人防守

人盯人防守战术是在由攻转守时，放弃前场的防守，全队迅速退回后场，每人盯住自己对手的配合方法。它以个人防守为基础，综合运用"关门"、夹击、补防、交换等多人之间的防守基础配合所组成的全队战术。

（1）防守要点。人盯人防守要从由攻转守时开始。此时，每个队员都要快速退向自己的后场，立即找到对手，形成集体防守；要根据对手、球、球篮选择有利位置，做到球、人、区兼顾，与同伴协同防守。

（2）防守原则。队员要遵循"以球为主，人球兼顾""有球紧，无球松""近球紧，远球松"的原则，积极移动，抢占有利位置。

（3）运用时机。扩大到整个半场的人盯人防守，常用于对付外围远投较难、突破与篮下进攻能力和后卫控球能力相对较弱的队；范围缩小到罚球线附近的人盯人防守，用于对付中远距离投篮不准、突破和篮下攻击能力较强的队，本队得分已占优势，保持体力再扩大战果时。

6. 进攻人盯人防守

进攻人盯人防守战术是根据人盯人防守战术的特点，从每个队员的实际出发，综合运用传接球、投篮、运球、突破等个人技术动作和传切、掩护、策应等多人之间的战术基础配合所组成的一种全队进攻战术。进攻人盯人防守战术的要点为：由守转攻后，要迅速到位。

7. 区域联防与进攻区域联防

区域联防是将区域与人和球联系在一起而进行整体防守的战术，具有鲜明的协同性特点，常用"2-1-2""2-3""3-2"联防站位，通常会根据队员的身体条件和技术特长进行防守区域的分配，发挥队员在各自防区的作用。

进行区域联防时，队员要积极阻止对手的进攻，有组织地快速退守，及早按照预先设定站位进行区域联防。所有防守队员要协同一致，随球积极移动，并张开和挥动双臂，相互照应，形成整体防守。

进攻区域联防是针对对方队员防守而设计的攻击方法。

四、篮球运动比赛规则

世界通行的篮球竞技规则由国际篮球联合会（Fédération Internationale de Basketball，FIBA，简称国际篮联）修改和发布，篮球运动竞技的主要规则如下。

篮球运动比赛规则

1. 场地规范

篮球比赛场地应是一个长方形的坚实平面，无障碍物，有土质、水泥、沥青和木质等。奥运会篮球比赛和世界篮球锦标赛的比赛场地长度为28m，宽15m，其他比赛中其长度最多可减少4m，宽度最多可减少2m，要求其变动互相成比例。球场长边的界线称边线，短边的界线称端线。球场上各线都必须十分清晰，线宽均为0.05m。篮球比赛场地如图6-20所示。

篮球比赛场地用线标明，从边线的中点画一平行于端线的横线，称中线。中线应向两侧边线外各延长0.15m。中圈应画在比赛场地的中心，从圆周的外沿丈量，其半径为1.8m，此区域为比赛开始时，跳球争夺球权的区域。3分线是以球篮中心正下方地面的点为圆心，画一条半径为6.75m的半圆弧，此圆心距离端线内沿的中点1.57m。进攻方在3分线外投篮命中后得3分。根据比赛的赛别不

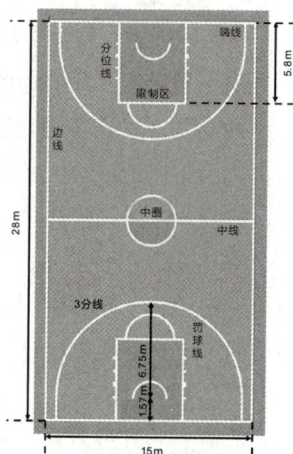

图6-20　篮球比赛场地

同，3分线的位置也会有所不同。罚球线是距离球篮5.8m且与端线平行的一条线，进攻投篮被犯规后，球员会站在罚球线上进行罚篮，罚中一次篮得一分。限制区是画在比赛场地上的一个长方形区域，它由端线、延长的罚球线和超自端线终于延长的罚球线沿的线所限定。这个区域又称"3秒区"，在进攻时进攻球员在里面不能停留超过3s。分位线是限制区两侧的短线，是球员罚球时界定抢篮板球球员位置的线。

2. 篮球竞赛的器材规范

篮球竞赛需要使用符合标准的篮球及规范的篮球架和篮圈。

（1）比赛用球

所有男子比赛用球为7号球，质量为600～650g，圆周75～76cm；所有女子比赛用球为6号球，质量为510～550g，圆周70～71cm；青少年比赛使用5号球，质量为470～500g，圆周69～71cm。

（2）篮球架和篮圈

篮球架的支柱距端线外沿至少1m。篮板应横宽1.8m，竖高1.05m，下沿距离地面2.9m（原1.8m×1.2m尺寸的篮板仍可使用）。篮板的底部、边沿和支柱应做适当包扎。篮圈的上沿距地面3.05m，篮圈的圈条直径为1.7～2cm。篮圈应用实心钢材制成，其内沿直径最小为450mm，最大为459mm，每个篮圈的顶沿应水平放置，距地面3.05m（误差±6mm），与篮板的两条竖边等距离。

3. 比赛时间

正式的篮球比赛由4节组成，每节10min。在第1节和第2节（第一半时）之间，第3节和第4节（第二半时）之间及每一决胜期之前有2min的比赛休息时间；两个半时之间的比赛休息时间为15min，以全场得分多者为胜。如果在第4节比赛时间终了时比分相等，需要一个或多个5min的决胜期来继续比赛，直至决出胜负。

4. 队员

篮球比赛由两个队参加，每队上场5人，其中1人为队长，替补球员有7人。在比赛时间内，当一名球队成员在比赛场地上，并且有资格参赛时，他是一名队员；当一名球队成员不在比赛场地上，但是有资格参赛时，他是一名替补队员。比赛中每队的换人次数不限。但是，要登记的暂停在第一半时的任何时间每队可准予2次，在第二半时任何时间可准予3次，每一决胜期的任何时间每队可准予1次。

5. 裁判员

整个比赛过程由裁判员（三人制包括主裁判员、第一副裁判员和第二副裁判员，二人制包括主裁判员和副裁判员）、记录台人员（包括记录员、助理记录员、计时员和24s计时员）和技术代表管理。

6. 跳球和争球

（1）跳球。在第1节开始时，一名裁判员位于中圈，在任何两名互为对方队的队员之间将球抛起，即一次跳球发生。

（2）争球。当双方球队各有一名或多名队员有一只手或双手紧握在球上，以至于不采用粗野的动作任一队员都不能控制球时，即一次争球发生。

7. 活球和死球

活球情况：跳球中，球离开主裁判员抛球的手时；罚球中，罚球队员可处理球时；掷球入界中，掷球入界的队员可处理球时。死球情况：在任何投篮或罚球中篮时；活球中，裁判员鸣哨时；比赛计时器信号响起以结束每节比赛时；球队控制球过程中，24秒计时器信号响时。

8. 计胜方法

将球投入对方球篮得2分，在3分线外投入对方球篮得3分，罚球中1次得1分。比赛时间到后，双方比分多的获胜。

9. 违例行为

违例即违反规则。违例的判罚规则是将球权判给对方队在靠近发生违例的地点掷球入界（正好位于篮板后面的地点除外）。

（1）带球走。其也被称为走步违例，当持活球的队员用同一只脚向任何方向踏出一次或多次，其另一只脚（称为中枢脚）不得离开与地面的接触点，如果中枢脚离开了这个接触点就构成带球走违例。当持球队员跌倒并在地面上滑行，或躺或坐在地面获得控球权，如果该队员持球滚动或站起来，也属于带球走违例。

（2）非法运球。队员在运球后，用双手同时触及球或允许球在一只手或双手中停留时，运球即完毕。运球结束后，除非失去控球权后又重新控制球，否则队员不得再次运球，如果再次运球，则为非法运球违例。

（3）拳击球或脚踢球。比赛中队员不得故意用拳击球或用腿的任何部分去阻挡球，否则将判违例。如果球偶然地接触到腿的任何部分，或腿的任何部分无意碰到球，则不算违例。

（4）球回后场。在比赛中，前场控制球的队，不得使球再回到后场（即回到中线之后），否则为球回后场违例。具体判定球回后场有3个条件：一是该队必须控制球；二是球进入前场后，在球又回到后场前该队队员（或裁判员）最后触及球；三是球回后场后，该队队员在后场最先触及球。这3个条件必须依次连续发生。

（5）干涉得分和干扰。投篮（罚球）的球在飞行下落并完全在篮圈水平面之上时，双方队员不可触及球。当投篮的球触及篮圈时，双方队员都不得触及球篮或篮板，不得从下方伸手穿过球篮并触及球，不得使篮板和篮圈摇动。如果进攻队员违犯这一规定，中篮无效，将球判给对方，对方在罚球线延长部分的界外掷球入界；如果防守队员违犯这一规定，不论是否投中，均判投篮（罚球）队员得分。

（6）3s违例。当某队在前场控制活球并且比赛计时钟正在运行时，该队队员在对方的限制区内持续停留的时间超过3s将判违例。

（7）5s违例。进攻球员必须在5s之内掷出界外球；或在被严密防守时，必须在5s之内传、投或运球；当裁判员将球递给罚球队员并表示可处罚时，该队员必须在5s内出手。否则，便是违例。

（8）8s违例。一个球队从后场控制活球开始，必须在8s内使球进入前场（对方的半场）。否则，便是违例。

（9）24s违例。每当一名队员在场上控制活球时，该队必须在24s内尝试投篮。否则，便是违例。

（10）跳球违例。跳球的球在上升阶段时，以下3种情况应判跳球违例：跳球队员触及球；跳球队员未触及球时，其他队员进入中圈或移动位置；跳球队员直接接住球。

10. 犯规行为

犯规是对规则的违犯，含有与对方队员的非法身体接触或违反体育道德的举止。裁判员对违犯者登记犯规并随后按规则予以处罚。

（1）侵人犯规

侵人犯规是一种队员与对方队员的接触犯规方式。具体表现为无论球是活球还是死球，场上队员通过伸展其手、臂、肘、肩、髋、腿、膝、脚或将身体弯曲成"不正常的姿势"（超出他的圆柱体），甚至是任何粗野或猛烈的动作来拉、推、撞、绊、阻止对方队员行进。对于侵人犯规，有以下3种判罚规则。

① 在所有情况下都要给犯规队员登记一次侵人犯规。如果侵人犯规对象为未做投篮动作的队员，由非犯规队在靠近犯规地点的界外掷球入界重新开始比赛。

② 如果犯规队处于全队犯规处罚状态，且犯规对象为未做投篮动作的队员时，应判给被侵队员2次罚球，代替掷球入界。

③ 对正在做投篮动作的队员犯规：如果投篮成功，应计得分并判给1次追加罚球；如果投篮未中，则要根据投篮的地点，判给2次或3次（3分投篮时被犯规）罚球。

（2）技术犯规

技术犯规是指所有（不包括与对方队员接触）的队员犯规，包括：不顾裁判员警告；没有礼貌地冒犯裁判员、技术代表、记录台人员或球队席人员；使用冒犯或煽动观众的语言和举止；戏弄对方队员或在对方队员的眼睛附近摇手妨碍其视觉；在球穿过球篮后，故意触及球以延误比赛；阻碍对方队员执行掷球入界以延误比赛；假摔以伪造一次犯规等。对于技术犯规，有以下判罚规则。

① 队员技术犯规，应给其登记一次技术犯规，作为全队犯规之一计数。教练员、替补队员和随队人员的技术犯规，对每一起违犯行为都要登记教练员一次技术犯规，但不作为全队犯规之一计数。

② 技术犯规的处罚是判给对方2次罚球，以及随后在记录台对面的中线延长部分掷球入界，如果技术犯规发生在比赛开始前或休息期间，罚球完毕后，比赛要在中圈跳球开始或重新开始。

（3）违反体育道德的犯规

根据裁判员的判断，一名队员不是在规则规定的范围内合法地试图去直接抢球，发生的接触犯规是违反体育道德的犯规。应给犯规队员登记1次违反体育道德的犯规。发生违反体育道德犯规时，有以下判罚规则。

① 登记犯规队员一次违反体育道德的犯规，判给对方两次罚球，再追加一次中场掷界外球权。

② 如果被犯规队员正在做投篮动作，投中有效，再判给1次罚球和1次掷界外球权；如果未投中，应判给2次罚球（投3分球时罚3次）和1次掷界外球权。

（4）取消比赛资格的犯规

凡属十分恶劣的不道德行为，可判为取消比赛资格的犯规。对于取消比赛资格犯规，判罚规则是登记犯规队员一次取消比赛资格的犯规，并令其离开比赛场地，余下判罚同违反体育道德的犯规罚则。

第二节　排球

案例导入

中国国家女子排球队（以下简称中国女排）一直是世界排坛的一支重要力量，从1981年到1986年，中国女排在世界杯、世界锦标赛和奥运会三大世界级赛事上，完成了史无前例的"五连冠"壮举。经过一段时间的低迷期后，2016年里约热内卢奥运会上，中国女排再次捧杯。2019年，中国女排更是以11连胜的战绩夺得第十三届女排世界杯冠军。中国女排的影响力，已经超越体育领域，"女排精神"成为我国人民永恒的精神财富。

一、排球运动简介

排球运动的创始人是美国马萨诸塞州霍利沃克城的基督教青年会干事威廉·摩根（William Morgan）。排球运动始于1895年，最初的排球比赛没有严格的人数规定，而是在赛前由双方临时商定，只要双方人数相等即可。排球比赛的最初规则发表在1896年7月出版的美国《体育》杂志上。美国从1896年开始举行排球比赛，使其迅速风靡全球。

排球运动的起源与发展

从1921年开始，为适应排球技术的飞速发展，人们对排球规则进行了一系列的修改和完善。1947年国际排球联合会成立；第1届世界男子排球锦标赛于1949年举行；1964年，排球运动被列为第18届奥运会正式比赛项目。

排球运动于1905年传入我国，当时仅在广东等地开展。自20世纪50年代起，我国排球运动得到了较快的发展，形成了一套以快球为中心的快攻掩护战术，此后男排在掌握"盖帽"拦网技

术的基础上，创造了"平拉开"扣球新技术，发展了我国排球快攻打法的特点。20世纪70年代中期，我国首创了"时间差"打法。男排创造的前飞、背飞、拉三和拉四等技术，丰富了快中有变的自我掩护打法，在世界级比赛中取得了良好的效果。1979年，中国男排、女排分别夺得了亚洲排球锦标赛男子组和女子组的冠军，并获得了奥运会参赛资格，实现了冲出亚洲的愿望。1981年—1986年，中国女排连续5次获得世界冠军，在世界排球史上书写下了辉煌的纪录。

1996年，我国举办了第一届全国排球联赛，标志着我国排球运动正式进入职业化发展的道路。虽然我国排球运动在发展过程中也遇到过低潮和曲折期，但整体上是进步和发展的，我国的排球水平也一直处于世界强队的阵营之中，这都是值得国人骄傲的成就。

二、排球运动基本技术

排球运动攻防兼重，触球时间极短，大学生必须要掌握合理的击球动作和配合动作才能参与排球运动。排球运动的基本技术主要包括准备姿势、移动、发球、垫球、传球、扣球和拦网。

1. 准备姿势

准备姿势是在排球运动中完成各种技术动作而采取的合理的身体姿势，良好的准备姿势能够使身体重心处于相对稳定的状态，便于移动和完成各种击球动作，为迅速起动、快速移动及击球创造有利条件。准备姿势按照身体重心的高低划分为稍蹲、半蹲和低蹲3种。

准备姿势和移动

（1）稍蹲准备姿势。双脚左右开立，与肩同宽，一只脚在前，双膝微屈，身体重心位于双脚之间，并稍靠近前脚，后脚跟稍提起，上体稍前倾，双臂放松，自然弯曲置于腹前，双眼注视球并兼顾场上各种情况，双脚保持微动状态，如图6-21所示。

（2）半蹲准备姿势。双脚开立略比肩宽，双膝弯曲，上体前倾，重心靠前，膝部的垂直线落于脚尖前，双臂放松，自然弯曲置于腹前，双眼平视，注意来球，双脚始终保持微动，如图6-22所示。

（3）低蹲准备姿势。身体重心比半蹲准备姿势更低、更靠前，双脚间距更宽，膝关节弯曲的程度大于半蹲准备姿势，肩部垂直线过膝，膝部垂直线超过脚尖，双臂弯曲置于胸腹之间，如图6-23所示。

图6-21 稍蹲 准备姿势　　图6-22 半蹲 准备姿势　　图6-23 低蹲 准备姿势

2. 移动

在排球运动中，从起动到制动的过程称为移动，并由起动、移动步法和制动3个环节组成。运用移动技术的目的是及时接近球，然后占据场上的有利位置，保持好球与人之间的位置，为后续处理来球争取时间和空间。

（1）起动

起动是移动发力的开始，其快慢是移动效果的关键。起动的速度取决于准备姿势、反应能力和腰腿部的速度力量。

（2）移动步法

队员起动后应根据临场战术的需要，灵活地采用各种移动步法进行移动。

① 并步与滑步。并步如向前移动，则后腿蹬地，前脚向来球方向跨出一步，后腿迅速跟上做

好击球准备，如图6-24所示。连续并步就是滑步。

② 跨步与跨跳步。跨步如向前移动，则后腿用力蹬地，前脚向来球方向跨出一大步，膝关节弯曲，上体前倾，身体重心移至前腿，如图6-25所示。跨步过程中有跳跃腾空即跨跳步。

③ 交叉步。以向右交叉步为例，上体稍向右转，左脚从右脚前面向右交叉迈出一步，然后右脚再向右跨出一大步，同时身体转向来球方向，保持击球前的姿势，如图6-26所示。

图6-24　并步　　　　　　图6-25　跨步　　　　　　图6-26　交叉步

（3）制动

在快速移动之后，为保持稳定的击球姿势和克服身体惯性的冲力，队员必须运用制动技术。排球中的制动通常为一到两步。

① 一步制动法。一步制动时，在移动的最后跨出一大步，同时降低重心，膝和脚尖适当内转，全脚掌横向蹬地，抵住身体重心继续移动的趋势，并用腰腹力量控制上体，使身体重心的投影落在双脚所构成的支撑面内。

② 两步制动法。两步制动时，以倒数第二步做第一次制动，接着跨出最后一步做第二次制动；同时身体后仰，重心下降，双脚用力蹬地，使身体处于做下个动作的有利姿势。

3. 发球

发球要求处在1号位的队员在发球区内自己抛球后，用一只手将球直接击入对方场区。排球运动中，每一回合都由一方发球开始，发球可以直接得分，也可以破坏对方的进攻战术，是一项非常重要的技术。

发球

（1）正面上手发球。队员面对球网，双脚前后自然开立，左脚在前，用左手托球于身前，抬高手臂，手掌平托上送，将球平稳地垂直抛于右肩前上方，高度适中。在左手抛球的同时，右臂抬起，屈肘后引，肘与肩平，上体稍向右转。击球时，利用蹬地、转体和收腹带动手臂挥动，在右肩前上方伸直手臂，以全手掌击球中下部，如图6-27所示。击球时，手指自然张开贴合球，手腕迅速主动地做推压动作，使击出的球呈上旋飞行。为了加强发球的力量和攻击性，队员还可采用一步、两步或多步的助跑发球方法。

（2）正面上手发飘球。正面上手发飘球的准备姿势同正面上手发球，但抛球比正面上手发球稍低、稍靠前。击球前，手臂自后向前做直线挥动。击球时，五指并拢，手腕稍后仰，用掌根平面击球中下部，作用力通过球体中心。击球瞬间手指、手腕紧张，手型固定，不加推压动作，手臂有突停动作。正面上手发飘球如图6-28所示。

（3）正面下手发球。正面下手发球是正面对网，手臂由后下方向前摆动，在腹前将球击入对方场区的发球方法。发球时，发球队员面对球网，双脚前后开立，左脚在前，双膝微屈，上体稍前倾，重心偏后脚。左手持球于腹前，将球轻轻抛起在体前右侧，离手高约20cm。在抛球的同时右臂伸直，以肩为轴向后摆动，借右腿蹬地力量，身体重心随着右手向前摆动击球而移至前脚。在腹前以全手掌、掌根或虎口击球后下方。正面下手发球如图6-29所示。

图6-27　正面上手发球　　图6-28　正面上手发飘球　　图6-29　正面下手发球

（4）勾手飘球。勾手飘球采用侧面对网站位，发球队员可利用身体转动和腰部力量带动手臂快速挥动击球。发球队员应左肩对网，左手将球抛向左肩前上方，抛至相当于击球点的高度。在抛球的同时，右臂伸直向身体右侧后下方摆动，身体重心移至右脚。当球上升到最高点时，右脚蹬地，身体向左侧转动，带动手臂沿弧线挥动，在右肩前上方以掌根或半握拳拇指根部坚硬平面击球后中下部，击球一瞬间，手腕稍后仰并保持紧张，用力集中，作用力通过球体的中心。击球后，可做突停或下拖动作，但不能有推压的动作。勾手飘球如图6-30所示。

（5）跳发飘球。跳发飘球需要队员面向球网站在距端线2～4m处，利用单手或双手将球抛向前上方，随着抛球离手向前助跑起跳。击球前，手臂自后向前做直线挥动。击球时，五指并拢，手腕稍后仰，用掌根平面击球的中下部，作用力通过球体中心。击球瞬间手指、手腕紧张，手型固定，不加推压动作，手臂有突停动作。跳发飘球如图6-31所示。

图6-30　勾手飘球　　　　　　　图6-31　跳发飘球

（6）跳发球。跳发球需要队员面向球网站在距端线2～4m处，利用单手或双手将球抛向前上方，随着抛球离手向前助跑起跳。起跳时，双臂协调摆动，摆幅要大。击球时，利用收腹和转体动作带动手臂挥动，在身体升至最高点时以全手掌击球的中下部。击球时，手腕要有推压的动作。跳发球如图6-32所示。

图6-32　跳发球

4. 垫球

垫球是在全身协调用力的基础上通过手臂的迎击动作，使来球从垫击面上反弹出去的一项击球技术，常用于接发球、接扣球、接拦回球及防守和处理各种困难球。

（1）正面双手垫球。正面双手垫球是双手在腹前垫击来球的一种垫球方法，是各种垫球技术的基础，是最基本的垫球方法，适用于接各种发球、扣球和拦回球，也可以用来组织进攻。图6-33所示为正面双手垫球的基本手型。

① 垫轻球。采用半蹲准备姿势，双手成垫球手型，手腕下压，双臂外翻形成一个平面。当球飞到腹前一臂距离时，双臂夹紧前伸，插到球下，向前上方蹬地抬臂，迎击来球，利用腕关节以

上10cm左右处的桡骨内侧平面击球的后下部，身体重心随击球动作前移，如图6-34所示。

图6-33　正面双手垫球手型

图6-34　垫轻球

② 垫中等力量球。动作方法与垫轻球相同，由于来球有一定力量，因此击球动作要小，速度要慢，手臂适当放松。

③ 垫重球。根据来球的高低和角度，采用半蹲或低蹲准备姿势，击球时要含胸、收腹，手臂要随球屈肘后撤，适当放松，以缓冲来球力量。在撤臂缓冲的同时，用微小的前臂和手腕动作控制垫球方向和角度。

（2）体侧垫球。其简称侧垫，是在身体侧面垫球的一种垫球方法。其特点是控制来球面宽，但较难把握垫球的方向、弧度和落点。右侧垫球时，队员以左脚前脚掌内侧蹬地，右脚向右跨出一步，身体重心随即移至右脚，并保持右膝弯曲。双臂夹紧向右侧伸出，右臂高于左臂，左肩向下倾斜，再向左转腰和收腹，配合双臂在体侧截击球的后下部。体侧垫球如图6-35所示。

（3）跨步垫球。向前或向一侧跨出一步的垫球方法称为跨步垫球。当来球的速度较快、弧线低、距身体1m左右时，队员可采用跨步垫球的方法。跨步垫球时，在判断来球的落点后，队员要迅速向来球方向跨出一大步，屈膝深蹲，臀部下降，双臂夹紧伸直插入球下，用两前臂的内侧平面击球的后下部，对准垫出方向，将球平稳垫起，如图6-36所示。

（4）单手垫球。当来球较远、速度快以致来不及或不便用双手垫球时，队员可采用单手垫球。单手垫球动作快、垫击范围大，但触球面积小，不易控制球的方向和轨迹。单手垫球可采用各种步法接近球，可采用虎口、半握拳、掌根、手背，以及前臂内侧击球。单手垫球如图6-37所示。

（5）背垫球。背垫球是指背对出球方向的垫球，背垫球大多用于接应同伴垫飞的球或将球处理过网。背垫球的垫击点通常较高，垫球时队员首先要判断来球的轨迹、方向和离网的距离，迅速移动到球的下落处，背对来球方向，双臂夹紧伸直，插到球下，如图6-38所示。

图6-35　体侧垫球

图6-36　跨步垫球

图6-37　单手垫球

图6-38　背垫球

5. 传球

传球是将来球击出，传递给队友的技术。按照传球的方向，传球动作分为正面传球、背传球和侧传球，此外还有跳起在空中完成传球的动作，即跳传。

（1）正面传球。面对出球方向的传球动作，称为正面传球。正面传球是最基本的传球方法，是其他传球技术的基础。队员采用稍蹲准备姿势，当来球接近额头时，开始蹬地、伸膝、伸臂，双手微张，经脸前向前上方迎球，如图6-39所示。击球点在额头前上方约一球距离处。当手触球时，双手自然张开呈半球形，手腕稍后仰，拇指相对呈一字或八字形，双手间有一定距离，用拇指内侧，食指全部，中指的二、三指节触球的后下部，无名指和小指在球两侧辅助控制传球方向。两肘适当分开，两前臂之间约呈90°。传球时主要依靠腿、臂、手指、手腕力量，以及球的反弹力将球传出。

（2）背传球。背对传球目标的传球动作叫背传球。背传球时，队员身体背面要正对传球目标，上体保持正直或稍后仰，身体重心在双脚之间，双手自然抬起，放松置于脸前。迎球时，抬上臂、挺胸、上体后仰。击球点保持在额上方，比正面传球稍高、稍后。触球时，手腕后仰并适当放松，掌心向上，击球的下部，手型与正面传球相同。背传球动作要领是蹬地、展腹、抬臂、伸肘，依靠手指、手腕的力量，将球向后上方传出。背传球如图6-40所示。

（3）侧传球。侧传球是指身体侧对传球目标并向体侧传出球的传球动作。以向右侧传球的侧传球为例，队员采用稍蹲准备姿势，迎球时蹬地抬臂，重心稍右移。击球点在额右前上方，传球手型同正面传球，全身协调用力，上体和手臂向右侧伸展，左侧手臂动作比右侧速度更快、幅度更大、用力的距离更长。侧传球如图6-41所示。

（4）跳传。跳传是当来球弧线较高而又接近球网时，所采用的跳起传球技术，通常多用于二传。跳传可起到加快进攻速度和迷惑对方的作用，并且可使进攻战术多样化、扩大进攻的范围。起跳时，队员首先选好起跳点和掌握好起跳时间。起跳后，双臂屈肘抬起，双手置于脸前，击球点保持在额上方，在身体跳至最高点时，做伸臂动作，用手指、手腕的弹力将球传出，如图6-42所示。由于人在空中，无法用腿蹬地的力量，因此要加大伸臂的幅度和提高速度。

图6-39 正面传球   图6-40 背传球   图6-41 侧传球   图6-42 跳传

6. 扣球

扣球是排球比赛中攻击性最强、最有效和最常用的进攻技术之一，队员需要助跑起跳，在空中快速挥臂击球。扣球居高临下、力量大、速度快，使对方难以防守和组织反击。

（1）正面扣球。正面扣球是扣球技术中的一种重要方法，是比赛中运用较多的一项进攻性技术，适用于近网和远网扣球，如图6-43所示。正面扣球技术可分解为以下5个动作。

扣球

① 准备姿势。队员扣球助跑前采用稍蹲姿势，双臂自然下垂，站在离网3m左右处，身体转向来球方向，观察来球，做好向各个方向助跑起跳的准备。

② 助跑。助跑开始时，队员左脚先向前迈出一步，紧接着右脚再快速跨出一大步，左脚及时并上，踏在右脚之前，双脚尖稍向右转。双臂绕体侧向上引摆。

图6-43 正面扣球

③ 起跳。在助跑跨出最后一步（即第二步），左脚并上踏地制动的同时，双臂自后积极向前摆动，随着双腿蹬地向上起跳，双臂配合起跳有力地向上摆动。

④ 空中击球。队员起跳后，挺胸展腹，上体稍向右转，右臂向后上方抬起，身体呈反弓形。挥臂时，队员迅速转体、收腹发力，依次带动肩、肘、腕各关节向前上方以鞭甩动作挥动。击球时，五指微张，以掌心为主，全掌包满球，在手臂伸直的最高点的前上方击球的后中部，同时主动用力屈腕屈指向前推压球，使扣出的球呈上旋状态。

⑤ 落地。落地时，队员以双脚前脚掌先着地再迅速过渡到全脚掌着地，同时顺势屈膝、收腹，以缓冲下落的力量，立即做好下一个动作的准备。

（2）调整扣球。调整扣球是指在接发球或后排防守垫球不到位时，二传队员从后场区将球传到网前所进行的扣球。调整扣球技术动作与正面扣球相同，但由于二传球来自后场区，有近网球，也有远网球，还有拉开球和集中球，与球网有一定的角度并且弧线不固定，扣球队员难以判断，因此扣这种球难度较大。调整扣球时，扣球队员要准确判断来球的方向、弧线、速度和落点。调整好人和球的关系，选择好起跳点，掌握好起跳时间。根据人和球网的距离，合理地采用不同的扣球方法，控制好扣球的力量、速度、方向、路线和落点。

（3）单脚起跳扣球。单脚起跳扣球需要采用与球网成小夹角或顺网的一步、两步或多步助跑。助跑后，队员左脚跨出一大步，上体后倾，在右腿向前上方摆动的同时，左腿迅速蹬地跳起，双臂配合摆动，帮助起跳，起跳后扣球动作与正面扣球动作一致。

（4）扣半高球。扣半高球的技术动作和正面扣球基本相同，但在传球的高度上有所区别。半高球的高度一般在网上1m左右，需要二传队员和扣球队员密切配合，扣球队员需要预判球的轨迹，快速上步，将球击出。

（5）扣快球。扣快球是扣球队员在二传队员传球前或传球的同时起跳，并迅速将二传队员传出的球，击入对方场区的扣球。这种扣球的特点是速度快、力量大、时间短、落点近、突然性强、牵制能力强。扣快球技术动作方法较多，有扣近体快球、扣半快球、扣短平快球、扣平拉开快球、扣背快球、扣背平快球、扣调整快球等。常见的是扣近体快球，这种球是在二传队员体前或体侧50cm左右扣出的快球。扣近体快球时，扣球队员应随一传队员助跑到网前，当二传队员传球时，扣球队员在其体前或体侧近网处迅速起跳，起跳后要快速挥臂，将刚刚传出网带的球扣入对方场区。击球时，扣球队员利用收胸动作，带动前臂和手腕迅速鞭甩挥出，以全手掌击球的后上部。

7. 拦网

拦网是排球运动的重要防守战术，防守队员用身体的有效部位拦截对方来球，使来球减速、减力和变向，让队员能够更好地处理球。拦网也可以将

拦网

球拦回对方半场，甚至直接得分。拦网动作分为准备姿势、移动、起跳、空中动作和落地5个互相衔接的部分。

（1）准备姿势。队员面对球网，双脚左右开立，约与肩同宽，距网30～40cm。双膝微屈，双臂屈肘置于胸前。

（2）移动。常用步法有一步、并步、交叉步、跑步等。无论采用哪种移动步法，队员都要做好制动动作，以保证向上起跳，避免触网和冲撞同队队员。

（3）起跳。原地起跳时，双腿屈膝，重心降低，随即用力蹬地，双臂以肩发力，于体侧近身处，做画弧或前后摆动，帮助身体迅速跳起。移动后的起跳，起跳动作与原地起跳一样，但要注意制动并使移动与起跳动作紧密衔接。

（4）空中动作。起跳时，队员双手从额前沿球网向上方伸出，双臂伸直并保持平行，两肩上提。拦网时，双臂应伸过网去接近球。双手自然张开，屈指屈腕呈半球状，如图6-44所示。当手触球时，双手要突然收紧，手腕下压盖在球的前上方。

（5）落地。拦球后，队员要做含胸动作，以保持身体平衡。手臂要先后摆或上提，从网上收回到本方上空，再屈肘向下收臂，以保持身体平衡。与此同时屈膝缓冲，双脚落地，随即转身面向后场，准备接应来球或做下一个动作准备。

图6-44　拦网空中动作

三、排球运动主要战术

排球运动战术是指队员在比赛中，根据排球运动的规则要求和规律，以及对阵双方当时的情况，合理运用技术所采用的有意识、有目的地进行阵容配备、位置交换，以及个人和集体在进攻和防守行为上的配合行动。

1. 阵容配备

排球场的一方区域可以划分为6个区，其中2、3、4号位为前排，1、5、6号位为后排（见图6-45），每个区中有一名队员。球员常见的角色分配包含攻手（分为主攻手和副攻手）、二传手和自由人（专职防守的球员）3种。阵容配备是指分配不同数量的进攻队员和二传队员。

（1）"三三"配备。其由3名进攻队员和3名二传队员组成。站位时，一名进攻队员间隔一名二传队员。"三三"配备适合初学者在进行排球比赛时使用。

（2）"四二"配备。其由4名进攻队员（主攻和副攻队员各两名）和两名二传队员组成，进攻队员分别站在对角的位置上。"四二"配备的优点是每一轮次前排都有一名二传队员和两名进攻队员，便于组织进攻，战术配合有一定的稳定性；缺点是前排进攻点相对较少，隐蔽性差。

（3）"五一"配备。其由5名进攻队员和一名二传队员组成。位置的安排与"四二"配备基本相同，只是由一名进攻队员站在与二传对角的位置上作为接应二传，其目的是挽救在二传队员来不及到位传球时所

阵容配备和进攻战术

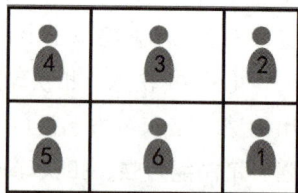

图6-45　排球队员的位置

图6-46　"五一"配备站位

出现的被动局面，但主要还是承担进攻任务，如图6-46所示。"五一"配备的优点是加强了拦网和前排进攻力量，能够更好地控制比赛的节奏，使进攻战术富于变化；缺点是当二传队员轮转到前排时，有3轮前排只有两名进攻队员，影响了前排整体进攻的威力。

2. 位置交换

位置交换是指根据发球后可以任意交换位置的规则，在比赛中通过换位来加强进攻和防守的战术，主要分为前排和后排两个部分。

（1）前排。前排的位置交换主要是将主攻队员交换到4号位，将拦网好、移动快、弹跳强的副攻队员交换到3号位，将二传队员交换到2号位。

（2）后排。后排的位置交换主要是将防守灵活的队员交换到5号位或6号位，将二传队员交换到1号位负责防守反击时插上传球、组织进攻，将后排进攻能力强的队员交换到1号位或6号位。

3. 进攻战术

排球运动非常注重队员的集体配合，进攻战术是通过位置交换和队员配合来实现的。

（1）"中一二"。"中一二"进攻是由前排中间的3号位队员作为二传队员，其他5名队员将来球垫传给二传队员，再由二传队员将球传给4号位、2号位队员扣球进攻的战术形式。其特点是容易组织，但战术变化少，只能两点进攻，战术意图容易被识破，战术的突然性和攻击性弱。其变化形式有扣球队员通过二传队员传出的集中、拉开、背传和平快等各种球，采用斜线助跑、直线助跑和跑动中变步起跳扣球等。

（2）"边一二"。"边一二"进攻也是基本战术形式之一，是由前排2号位队员担任二传，其他5名队员将来球垫传给二传队员，再由二传队员将球传给4号位、3号位队员进攻的战术形式。其特点是形式简单，容易掌握。其变化形式除"中一二"战术形式变化外，还可组织"快球掩护拉开""前交叉""围绕""快球掩护夹塞""梯次""短平快掩护拉开""掩护活点进攻"等战术变化。

（3）"插上"。"插上"进攻是在对方发球后，由后排一名队员插上到前排担任二传，把球传给前排4号位、3号位、2号位队员进攻的战术形式。其特点是保持前排3人进攻，充分利用网的全长，发挥每个队员的特点，组成快速多变的战术。其进攻的突破点多，突然性强，使对方难以有效地组织集体拦网和防守。

4. 防守战术

排球的防守战术是以移动、垫球和拦网等技术动作为基础，积极从为进攻和反攻创造条件的角度考虑和设计的。

（1）接发球防守。接好发球是防守的基础，所以防守站位的阵型很重要。以5人接发球为例，除一名二传队员不接发球，站在网前或从后排插上准备二传外，其余5名队员都担负一传任务的接发球站位阵型。

（2）接扣球防守。接扣球的防守战术是前排拦网与后排防守的整体配合。判断对方扣球威胁不大时，通常前排一人拦网，其他队员形成阵型。拦网队员拦扣球对手的主要进攻路线，不拦网队员后撤防守前区或保护拦网队员，后排队员后撤加强后场防守。当对方进攻力量较强且路线变化较多时，可以安排2～3人拦网，其余队员居后保护。

（3）接拦回球防守。接拦回球防守是指防守本方在扣球时，其他队员被拦回来的球，并及时组织继续进攻。通常拦回的球速度快、角度小，所以接拦回球防守的保护阵型应形成多道弧形状防线，且第一道防线紧跟在扣球人身后。例如，4号位队员进攻时，5号位队员则向前移动，3号位队员向左后方移动，形成第一道防线，1号位队员保护后场，为第三道防线。

（4）接传、垫球防守。接传、垫球防守是指对方无法组织进攻，被迫用传、垫球将球击回本方区域时，通常在初学者比赛中较多出现。由于这种来球的攻击性弱，防守时除二传队员外，其他队员都可以迅速后撤到后排各自的位置，准备接球后组织进攻。

四、排球运动比赛规则

世界通行的排球竞技规则由国际排球联合会（Fédération Internationale de Volleyball，FIVB，简称国际排联）修改和发布，现行的排球运动竞技的主要规则如下。

1. 比赛场地

排球比赛场地为18m×9m的长方形，场中间横画一条线（即中线）把球场分为相等的两个场区。中线与进攻线构成前场区，前场区被认为是向边线外延长的，直至无障碍区的边沿，进攻线与端线构成后场区。所有界线的宽均为5cm，线的宽度均包括在场区内。排球比赛场地如图6-47所示。在比赛场地的两条边线后还有一条长15cm，垂直并距离端线20cm的短线，两条短线之间的区域为发球区。

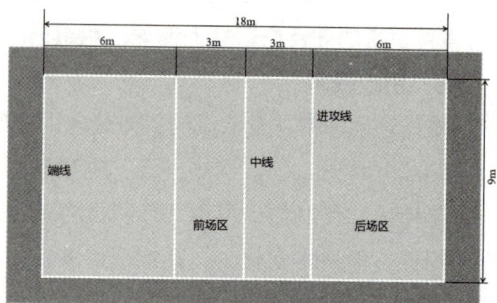

图6-47 排球比赛场地

2. 比赛器材

排球比赛所需的器材包括比赛用球、排球网和网柱等。

（1）比赛用球。正式比赛使用的排球都是国际排球联合会批准的比赛用球，为一色的浅色球或多色球，球的圆周为65~67cm，质量为260~280g，气压为0.30~0.325kg/cm^2。

（2）排球网和网柱。排球场地中线上空架有球网，网宽1m，长9.5m，挂在场外两根圆柱上，圆柱高2.55m。球网的高度，男子为2.43m，女子为2.24m。球网两端垂直于边线和中线的交界处各有5cm宽的标志带，在其外侧各连接一根长1.8m的标志杆。

3. 队员

排球比赛由两队共12名队员组成，两队各派6名队员在由球网分开的场地上进行比赛。排球站位是轮换的，没有规定某个位置必须要站某个角色的队员，但同类型的队员一般站对角。换位依据轮次来，首先由1号位队员发球，下轮则该队员转到6号位，由上轮在2号位的队员，转到1号位发球，依次顺时针转。如该我方发球被对方得分，我方轮次不变，直到我得分，换人发球，则轮次转一轮。

4. 自由人的规则

排球比赛的各队可以在最后确认的6名队员中选择1名作为自由人。自由人身着区别于其他队员颜色的服装。比赛前，自由人必须登记在记分表上，并在旁边注明"L"字样，其号码必须登记在第一局上场阵容位置表上。自由人仅作为特殊的后排队员参加比赛，在任何位置上（包括比赛场区和无障碍区）都不得将高于球网的球直接击入对方场区完成进攻性击球。自由人不得发球、拦网或试图拦网。自由人在前场区进行上手传球且所传球的整体高于球网上沿时，其同伴不得在高于球网处完成对该球的进攻性击球。

5. 比赛开始

比赛由发球开始，发球队员击球使其从网上飞至对方场区，比赛由此连续进行，直至球落地、出界或某一队不能合法地将球击回对方场区。

6. 暂停和换人

在比赛中，每队最多可以请求2次暂停和6次换人。暂停时间限制为30s。第1局～第4局，每局另外有2次时间为60s的技术暂停，每当领先队达到8分和16分时自动执行。决胜局（第5局），没有技术暂停，每队在该局中可请求2次30s的普通暂停。

7. 计胜方法

排球比赛采用五局三胜制，胜三局的队胜一场。局与局相隔3min，每次响哨到发球，预备时间是8s。比赛中，某队胜1球，即得1分（每球得分制）。接发球队胜1球时得1分，同时获得发球权，队员按顺时针方向轮转一个位置。每局比赛（决胜局第五局除外）先得25分并同时领先对手至少2分的队胜一局。当比分为24∶24时，比赛继续进行至某队领先2分（26∶24、27∶25、…）为止。决胜局先得15分并同时至少领先对手2分的队获胜。当比分为14∶14时，比赛继续进行至某队领先2分（16∶14、17∶15、…）为止。

8. 发球犯规

排球比赛的发球犯规包含发球击球时的犯规和发球击球后的犯规两种情况。

（1）发球击球时的犯规包含：发球次序错误；发球队员在击球或击球起跳时，踏及场区（包括端线）或发球区以外地面；发球队员在第一裁判员鸣哨允许发球后8s内未将球击出；球未被抛起或持球手未清楚撤离（明显离开球）就击球；双手击球或单手将球抛出、推出；将球抛起准备发球却未击球等多种情况。

（2）发球击球后的犯规包含：球触及发球队其他队员或球的整体没有从过网区内通过球网的垂直平面；界外球；球越过发球掩护的个人或集体（发球时，某一队员或两名以上队员密集站位或挥臂跳跃、移动遮挡接发球队员视线，且发出的球从他或他们上空飞过，则构成个人或集体发球掩护犯规）等多种情况。

9. 位置错误犯规

排球比赛规则规定，当发球队员击球时，如果场上队员不在其正确位置上，则构成位置错误犯规。下列情况均为位置错误犯规。

（1）发球队员击球时，场上其他队员未完全站在本场区内。

（2）发球队员击球时，场上队员未按"每一名前排队员至少有一只脚的一部分比同列后排队员的双脚距中线更近"的规定站位。

（3）发球队员击球时，场上队员未按"每一名左边（右边）队员至少有一只脚的一部分比同排中间队员的双脚距左（右）边线更近"的规定站位。

10. 击球犯规

击球犯规是排球比赛中特别容易出现的犯规行为，包括以下7种具体情况。

（1）连击犯规。排球比赛中，运动员身体任何部分均可触球，但一名队员（拦网队员除外）连续击球两次或球连续触及身体的不同部位即构成连击犯规。但在第一次击球时，允许队员在同一击球动作中，球连续触及身体的不同部位。

（2）持球犯规。排球运动员在比赛中，身体任何部分均可触球，但球必须被击出，不得接住或抛出，否则即构成持球犯规。

发球犯规

（3）4次击球犯规。每队可击球3次（拦网触球除外），将球击回对方场区。连续触球4次（拦网除外）为4次击球犯规，队员不论是主动击球还是被动触及，均算该队员击球一次。

（4）借助击球犯规。队员在比赛场地内借助同伴或任何物体的支持击球。

（5）队员在球网附近的犯规。比赛过程中，队员在球网附近的犯规包含对方进攻性击球前或击球时，在对方空间触及球的过网击球犯规；队员整只脚、手或身体其他部分越过中线并接触对方场区的过中线犯规；队员触网或触标志杆不犯规，但队员在击球时或干扰比赛情况下的触网或触标志杆的触网犯规；网下穿越进入对方空间的队员妨碍了对方比赛则为网下穿越进入对方空间的妨碍对方比赛犯规等多种情况。

（6）拦网犯规。拦网犯规包含：在对方进攻性击球前或击球时，在对方空间拦网触球的过网拦网犯规，判断过网拦网的依据是进攻队员与拦网队员触球时间的先后；后排队员或后排自由人完成拦网或参与完成集体拦网的后排队员拦网犯规；拦对方发过来的球的拦发球犯规；从标志杆外伸入对方空间拦网并触球的拦网犯规等多种情况。

（7）后排队员进攻性击球犯规。后排队员在前场区内或踏及进攻线或其延长线，将整体高于球网上沿的球，击过球网垂直面或触及对方拦网队员，则为后排队员进攻性击球犯规。

第三节　足球

案例导入

1999年，美国女足世界杯上，中国国家女子足球队（以下简称中国女足）在小组赛上三战全胜，以小组第一名的成绩出线；接着，又在淘汰赛上2：0战胜俄罗斯，5：0战胜挪威，挺进决赛，震惊体坛。决赛面对东道主美国队时，虽然美国队在身体素质、个人技术上都占据优势，并采用全场紧逼的战术，掌握着场上的主动权。但是中国队防守得异常坚决，两队互交白卷，比赛进入加时赛。加时赛上，中国队制造了3次得分的机会，可惜都被解围，比赛进入"点球大战"。在紧张的"点球大战"中，中国队以4：5遗憾落败，获得亚军。

虽然落败，但中国女足被认为是本届世界杯上最出色的后防球队。女足世界杯亚军也成为中国足球在国际赛场上的最佳成绩。

一、足球运动简介

足球运动起源于我国，最早可追溯到中国古代的球类游戏蹴鞠。据史料记载，早在战国时期，民间就流行娱乐性的蹴鞠游戏，一直到明清，经久不衰。

现代足球运动起源于英国。1863年10月26日，剑桥大学、牛津大学和凯尔波里特专科学校与伦敦周围地区11个主要的俱乐部和学校举行联席会议，创立了英格兰足球协会，这一天也成为人们公认的现代足球诞生日。两个月后，英格兰足球协会制定出世界上第一个统一的足球规则。1872年，足球运动史上第一次协会间的正式比赛在英格兰和苏格兰之间进行。所以，通常人们认为现代足球运动

现代足球的起源与发展

诞生于英国。1896年，足球作为表演项目出现在希腊举办的第一届奥运会上。1908年后，足球被批准成为奥运会的一个正式比赛项目。1930年，乌拉圭成功举办了第1届国际足联世界杯，此后，足球运动在更加广泛的范围内开展起来，影响力也越来越大。

现代足球运动最初于19世纪末至20世纪初由英国传入我国，并在我国开展得如火如荼，中国足球的水平也是当年亚洲足球的最高水准。1913—1934年，我国共参加过10届远东运动会，获得了8次足球比赛的冠军。

中华人民共和国成立后，我国积极推进足球运动的发展，不仅举办了全国足球比赛大会、全国青少年足球锦标赛等足球赛事，还积极探索联赛和职业化道路。中国足球甲级A组联赛于1989年成立，并于1994年开始职业化；中国足球协会超级联赛于2004年开始举办，标志着我国4级足球体系建立。2002年，我国首次闯入世界杯决赛阶段。

二、足球运动基本技术

在"三大球"中，足球是唯一不用手，而主要以脚触球的运动，而脚相较于手在控制能力上要弱很多，这也成为足球运动的主要难点。只有拥有纯熟的技术，才能随心所欲地控制足球。

1. 踢球

踢球指运动员有目的地用脚把球击向预定目标的技术。运动员可以使用脚内侧、脚背正面、脚背内侧、脚背外侧等部位触球。

（1）脚内侧踢球。脚内侧踢球又称脚弓踢球，直线助跑，最后一步稍大些，支撑脚站在球的侧面约15cm处，脚尖正对出球方向，支撑腿膝关节微屈。在支撑脚着地时，踢球腿的大腿带动小腿由后向前摆动，在前摆的过程中大腿外展，当膝关节摆动至接近球的正上方时，小腿做爆发式摆动，在触球前将脚跟送出使得脚内侧部位所形成的平面与出球方向垂直，踢球脚脚尖微微翘起，脚底与地面平行，踝关节功能性地紧张使脚型固定，触（击）球后身体跟随向前移动，如图6-48所示。

（2）脚背正面踢球。脚背正面踢球又称正脚背踢球，直线助跑，最后一步稍大些，支撑脚积极着地支撑，在球的侧面10~12cm处，脚尖正对出球方向，膝关节微屈，踢球腿随跑动向后摆动，小腿弯曲，以髋关节为轴，大腿带动小腿由后向前摆动。当膝关节摆至接近球的正上方时，小腿做爆发式摆动，脚趾屈曲，以脚背正面击球的后中部。脚背正面踢球如图6-49所示。击球后身体及踢球腿随球前移。

图6-48　脚内侧踢球　　　　图6-49　脚背正面踢球

（3）脚背内侧踢球。脚背内侧踢球又称内脚背踢球，斜线助跑，助跑方向与出球方向约45°，最后一步稍大，支撑脚积极着地，脚尖指向出球方向，距球内侧后方20~25cm，膝关节微屈。在支撑脚支撑同时，踢球腿已完成后摆，并开始以髋关节为轴，大腿带动小腿由后向前摆动，当大腿摆至与支撑腿接近同一平面时，小腿做爆发式摆动，此时脚尖外转、脚背绷直，以脚

背内侧触击球。脚背内侧踢球如图6-50所示。击球后踢球腿及身体继续随球向前。

（4）脚背外侧踢球。脚背外侧踢球又称外脚背踢球，助跑、支撑脚站位及踢球腿摆动均与脚背正面踢球技术的3个环节相同，区别在于是用脚背外侧触击球。此时要求膝关节和脚尖内转，脚背绷直，触（击）球后身体随踢球腿的摆动前移。脚背外侧踢球如图6-51所示。

图6-50　脚背内侧踢球

图6-51　脚背外侧踢球

（5）地滚球。地滚球即在地面滚动中的足球。踢地滚球时，无论来球的方向是正前方、侧前方还是侧后方，踢球的动作、规格要求与踢定位球相同。唯一不同的是支撑脚站位时应考虑足球的滚动速度，以保证在脚触足球的瞬间支撑脚与足球的相对位置符合要求。

（6）空中球。空中球即空中飞来的球。踢空中球时，需要根据来球的速度、运行轨迹，选好击球点，及时移动到位，无论用什么部位踢，都要根据来球的速度、运行轨迹来预测落点，提前把握好站位，将支撑脚踏在球落点的侧面。在击球环节，控制好脚型，在球落到膝盖以下时摆腿击球的中部，并控制小腿的上摆（送髋、膝关节向前平移），出球则不会过高。

（7）反弹球。反弹球是指球落地或击打在运动员身体上弹起的球。踢反弹球的准备工作与踢空中球类似，但需要在足球落地时，踢球腿爆发式前摆，在足球刚弹离地面时，控制好脚型击足球的中部。

2. 带球

带球是运动员在跑动中用脚连续推拨足球，使足球处于自己控制范围内的动作，由选择与准备、跑动中间断触球和准备下一动作3个环节组成。

（1）脚背正面带球。带球时，运动者身体呈正常跑动姿势，上体稍前倾，步幅不宜过大，带球腿提起，膝关节稍屈，髋关节前送，提踵，脚尖下指，在着地前用脚背正面部位触球后中部，将足球推送前进，如图6-52所示。由于脚背正面带球时身体呈正常跑动姿势，可以发挥出较快的速度，因而这种技术多用在带球前方一定距离内无对手阻拦时。

（2）脚背外侧带球。带球时，运动者身体呈正常跑动姿势，上体稍前倾，步幅不宜过大，带球腿提起，膝关节稍屈，髋关节前送，提踵，脚尖绕矢状轴向内旋转，使脚背外侧正对带球方向，在带球脚落地前用脚背外侧推拨足球的后中部，如图6-53所示。脚背外侧带球的身体姿势与正常跑动基本相同，同样可以运用在快速跑动的带球场景中。另外，脚背外侧带球可以通过改变脚背外侧正对方向来改变球的行进方向，所以可以利用带球人的身体将对手与足球隔开，适合运用在掩护足球的场景中。

（3）脚内侧带球。带球前进时，运动者支撑脚位于足球的侧前方，肩部指向带球方向，支撑腿膝关节微屈，重心放在支撑腿上，另一条腿提起，屈膝，用脚内侧推球前进，然后带球脚着地，如图6-54所示。肩部指向带球方向，身体侧转，虽然移动速度较慢，但身体前倾有利于将对手与足球隔开，因而这种技术动作多用在带球中做配合传球，或有对手阻拦需用身体做掩护时。

图6-52　脚背正面带球　　　图6-53　脚背外侧带球　　　图6-54　脚内侧带球

3. 接球

接球是指运动员有目的地用身体的合理部位将运行中的足球停下来，并将足球控制在所需要的范围内。

（1）脚内侧接地滚球

脚内侧接地滚球时，脚触球面积大，动作简单，较易掌握。

① 引撤式。身体正对来球，判断来球的速度和方向，选好支撑脚位置，膝关节微屈。接球脚根据来球的状态相应提起，膝、踝关节旋外，脚趾稍翘，用脚内侧对准来球，触球刹那，接球部位做相应的引撤接球动作，缓冲来球力度，将足球控在需要的位置，如图6-55所示。

② 切挡式。先做好接球准备，将脚提至足球的2/3高度，使脚内侧平面与地面呈锐角，脚在触球的瞬间下切，将来球的动力转换为旋转力，将足球控在需要的位置，如图6-56所示。

接球

图6-55　脚内侧引撤式接地滚球　　　图6-56　脚内侧切挡式接地滚球

（2）脚内侧接反弹球和空中球

接反弹球时，接球腿的小腿应与地面形成一定夹角，并向下做压推动作，此时膝相对小腿要领先。接空中球时，接球腿屈膝抬起，可根据需要采用引撤或切挡动作，接球落地后应随即将足球控制在地面。

（3）脚背正面接球

脚背正面接球多用于接有较大抛物线的来球。

① 提膝式。判断足球的落点并及时移动到位，脚背正面迎下落的足球。当足球与脚背接触的瞬间，接球脚以足球下落的速度同步下撤，此时接球腿的膝关节、踝关节、脚趾均保持适度的紧张，脚尖微翘将足球接到需要的地方，如图6-57所示。

② 勾脚式。微抬脚，脚背适度向上勾起，在足球接触脚背

图6-57　脚背正面提膝式接球

的瞬间踝关节放松，将足球接到身体附近，如图6-58所示。

（4）脚背外侧接球

脚背外侧接球的摆腿方向与接球方向相反，可以与假动作结合起来迷惑对手。

① 接地滚球。判断足球的落点并及时移动到位，支撑腿的膝关节微屈，接球腿抬起屈膝，脚内翻且小腿与地面成锐角，正对接球后运行的方向，脚的高度约为足球的半径，大腿带动小腿，脚背外侧向接球后足球运行的方向推送，身体随足球移动，如图6-59所示。

② 接反弹球。判断足球的落点并及时移动到位，支撑脚站在来球落点的侧后方，触球部位在足球下方，其他与脚背外侧接地滚球相同，如图6-60所示。

图6-58 脚背正面勾脚式接球　　　　图6-59 脚背外侧接地滚球　　　　图6-60 脚背外侧接反弹球

（5）脚底接球

脚底接球便于运动者将球接到合适的位置，常被用来处理各种地滚球和反弹球。

① 脚底接地滚球。身体正对来球方向，移动前迎，支撑脚站在球的侧面（前或后均可），脚尖正对来球方向，膝关节微屈。同时接球腿提起，膝关节微屈，脚背略屈，使脚底与地面夹角小于45°（且脚跟离开地面），一般以前脚掌接触足球的上部为宜，如图6-61所示。在触球瞬间接球脚可轻微趾屈（前脚掌下点）将足球停住，也可根据需要在接球同时将足球推向前方或拉向身后。

② 脚底接反弹球。根据来球落点，及时前移迎球，支撑脚站在落点侧后方，脚尖正对来球方向。足球落地瞬间，用前脚掌触球的中上部，微伸膝，用脚掌将足球接在体前，如图6-62所示。若需接球到身后，则应在触球瞬间继续屈膝，将足球回拉，并以支撑脚前脚掌为轴旋转90°以上。

图6-61 脚底接地滚球　　　　图6-62 脚底接反弹球

（6）大腿接球

大腿正面肌肉相对较软，能有效缓冲来球的力量，常用来处理各种空中球。

① 接抛物线较大的下落球。面对来球方向，根据足球的落点迅速移动到位，接球腿的大腿抬起，当足球与大腿接触的瞬间大腿下撤，将足球接到需要的位置。

② 接低平球。面对来球方向，根据来球高度接球腿的大腿微屈，送髋前迎来球，当足球与大腿接触瞬间收撤大腿，使足球落在需要的位置。

（7）胸部接球

胸部具有面积大、肌肉较饱满等特点，缓冲能力较强，尤其适合处理高球。

① 挺胸式接球。接球时，身体正对来球，双腿自然开立，膝微屈，双臂在体侧自然屈抬，上体稍后仰与来球形成一定的角度。触球瞬间，胸部主动挺送，使足球触胸后向前上方弹起落于体前。挺胸式接球一般用于接有一定弧度的高球。

② 收胸式接球。面对来球，双脚左右或前后开立，双臂自然张开，挺胸迎球，触球瞬间收胸、收腹、臀部后移，将足球接在体前。若需将足球接在体侧，则触球瞬间转体将足球接在转体后相应的一侧。收胸式接球多用于接齐胸高的平直球。

4. 顶球

顶球又称头顶球、头球，指用头部进行传球、射门、抢球和断球等技术动作，是传球、射门、抢球和断球的有效手段，在争抢高空球时尤为重要。

（1）正额正面顶球。运动者面对来球，双脚前后开立，膝微屈，重心放在双脚上。顶球前，上体先后仰，重心移到后脚，双臂自然摆动，维持身体平衡，双眼注视来球。顶球时，双腿用力蹬地，迅速伸直，上体由后向前快速摆动，借助腰、腹和颈部力量，用前额正面将足球顶出。顶球过程中，身体重心从后脚移到前脚，然后再单脚跳起顶球。正额正面顶球如图6-63所示。

（2）正额侧面顶球。运动者面对来球，身体稍侧对来球，双脚自然前后站立，击球一侧的支撑腿在前，身体稍向后微屈，重心落在后腿上，双臂自然张开，眼睛注视来球。顶击球时，后脚向击球方向猛力蹬伸，身体随之向出球方向转动侧摆，同时颈部侧甩发力，用额侧部将足球击出。正额侧面顶球如图6-64所示。

图6-63 正额正面顶球　　　　　　图6-64 正额侧面顶球

5. 抢截球

抢截球又称抢断，指从对方持球队员脚下抢夺足球控制权。

（1）正面抢截。队员双脚前后稍开立，双膝稍屈，身体重心下降，并均匀落在双脚上，面向对手。当对手带球或触球即将着地或刚刚着地时，立即抢球。抢球脚的脚弓正对球，并跨出一步，膝关节弯曲，上体前倾，身体重心移至抢球脚上。如对手已有准备，在双方脚同时触球时，脚触球

抢截球

后要顺势向上提拉，使足球从对手脚背滚过，身体迅速跟上，把足球控制住。双方上体接触时，抢球队员可用合理部位冲撞对手，使之失去平衡，从而将足球控制在自己脚下。正面抢截如图6-65所示。

图6-65 正面抢截

（2）合理冲撞。当队员与对手平行跑动争球时，身体重心要降低，双臂贴近身体。在对手靠近自己的脚离地时，可用肩和上臂做合理的冲撞动作，使对手身体失去平衡，从而把足球抢过来，如图6-66所示。

6. 掷界外球

图6-66 合理冲撞

当球出边线后，需要队员站在界外将球扔回场中，继续比赛，这就是掷界外球。队员要面向比赛场地，然后双脚前后开立，屈膝后仰，双手相对持球的后侧，屈肘置足球于头后，然后脚用力蹬地发力，依次进行摆体收腹、挥臂和甩腕动作，迅速有力地将足球掷向预定目标。

三、足球运动主要战术

足球是11人的团队运动，只有各个队员分工明确、各司其职、紧密合作，才能取得胜利。

1. 阵型配备

足球阵型是指全队队员在场上的位置排列和职责分工，良好的足球阵型应该以球员的差异化能力和配合情况为基础，并适应区域防守、节奏控制、无球跑动的需要。

根据队员的职责和排列的层次，队员角色分为后卫、前卫和前锋。阵型的人数排列原则是从后卫数向前锋（守门员不计算在内）。现代足球运动中的基本阵型有"4-3-3""4-4-2""5-3-2""3-5-2"等（见图6-67）。

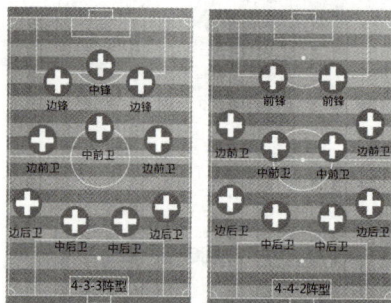

2. 小团体进攻战术

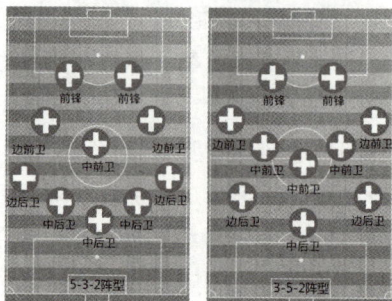

几名队员可以通过传切配合、交叉掩护、"二过一"战术配合、"三过二"战术配合等战术来进行进攻。

（1）传切配合。传切配合是足球运动中较常用的小团体局部进攻战术，运球队员将球传给切入的队友以突破对方防线。传切中的"切"非常重要，因为运球队员通常会受到对方的严密盯防，需要通过传球破坏对方的防守，此时需要队友的跑位向前切入以提供传球的路线。通常在边路进攻时可采取直传斜切和斜传直切的

比赛阵型

图6-67 足球运动的基本阵型

小团体进攻战术

配合方式，在中路进攻则以斜传斜切为主。传球队员和切入队员的传切配合能够起到突破对方封锁线的进攻效果。除了短距离的传切配合外，当一侧进攻受阻时，还可以将足球长传给另一侧无人防守的队员，进行切入进攻。

（2）交叉掩护。交叉掩护是指一名队员用自己的身体掩护队友越过对方防守队员，是小团体局部进攻战术的重要配合方式。交叉掩护需要一名队员用自己的身体挡住两名对方防守队员，且将足球交给队友，并继续跑位，接球队员则必须主动跑向队友，并在接球后快速带球前进。

（3）"二过一"战术配合。"二过一"战术配合是指两个进攻队员在局部地区通过两次或两次以上的连续传球配合，越过一个对方防守队员的战术行为。"二过一"是小团队局部配合的基础，可以在任何场区、位置上运用这种方法摆脱对方的抢断或突破防线。"二过一"传球通常都是短距离传球，多使用脚内侧传球，要求准确、平稳。球传的位置，尽可能是接球人脚下或其前面两三步远的地方。

（4）"三过二"战术配合。"三过二"战术配合是指在比赛场地中的局部地区，通过3个进攻队员的连续配合突破两个防守队员的防守。由于这种配合有两个同队队员可以同时接应传球，因此持球人的传球路线更多，且进攻面也更大。

3. 小团体防守战术

面对对方进攻时，球队中的数名队员也可以选择补位、围抢和造越位等局部配合战术进行防守。

（1）补位。补位是足球运动中小团体队员在局部区域进行配合的一种防守行为。在补位战术中，当一名防守队员被对手突破时，另一名队员应立即上前填补防守位置，并进行封堵。

小团体防守战术

（2）围抢。围抢是在某一局部区域，防守一方利用人数上的相对优势（通常是2~3名队员）同时围堵对方的运球队员，以求在短时间内达到抢截球或破坏对方进攻的目的。

（3）造越位。造越位是利用足球比赛规则而设计的一种防守战术，在专业比赛中是一种比较有效的小团体防守战术。造越位是指在进攻方队员传球前的瞬间，防守队员突然全线压上，使进攻方的接球队员处于越位位置。但由于该战术配合难度较大，一旦运用不好会使整个防线形同虚设，对方则可乘虚而入，甚至进球得分，所以不能随意冒险使用。

4. 集体进攻战术

在进攻上，球队可以采用边路进攻、中路进攻、快速反击等战术。

（1）边路进攻。边路进攻是指进攻的最后阶段发生在罚球区线以外靠近边线的进攻。边路进攻战术的发起和推进通常有两种方式：一种是进攻过程始终沿边路而行，另一种是通过中路转移至边路。边路进攻的主要目的在

集体进攻战术

于充分利用球场宽度，削弱中路的防守力量，从边路发起进攻，经过小团体的局部配合突破防守后，将足球传到球门前的中央位置，由其他队员跑位后抢点射门，创造出中路得分的机会。

（2）中路进攻。中路进攻是指进攻最后阶段发生在罚球区中间区域的进攻，采用这种进攻战术更易得分。中路进攻的发起和推进也有中路直向推进和边中转移两种方式。中路进攻战术要求前锋或前卫队员通过灵活跑位与运球队员拉开距离，以调动和牵制对方的后卫队员，使对方防守区域的中间出现较大空隙，进而使运球队员可以获得远射、突破射门、传切射门或者任意球射门的机会。

（3）快速反击。快速反击是防守方球队获得球权后，迅速把球传给处于有利位置的队员，使得本方迅速从防守状态进入进攻状态的一种战术行为。快速反击战术的实施通常会因为对方还处

于进攻状态，没有完全组织好严密防守，己方便立即反击，辅之准确的配合，从而使己方大概率得到一次较好且有威胁性的进攻机会，甚至最终可能完成射门得分。

5. 集体防守战术

在防守方面，球队则可以采取人盯人防守、区域防守和综合防守战术。

（1）人盯人防守。人盯人防守是每个防守队员各自都有明确的防守对象，防守对象跑到哪个位置，防守队员就到哪个位置防守的一种防守战术。人盯人防守分为全场人盯人、半场人盯人和后场人盯人3种类型。这种防守战术分工明确，防守效果好，但体力消耗大，一旦被突破，很难补位，并且会使后防线出现很大的漏洞。专业足球比赛中已经很少单纯采用人盯人防守战术。

集体防守战术

（2）区域防守。区域防守是指根据场上的位置分布，由每个防守队员负责防守一定的区域，当对方队员进入某个区域时，由负责该区域的队员进行防守，一旦对方队员离开这个区域，该防守队员就不再进行防守的战术。这种防守战术的优点是能够节省防守队员的体力，且基本能完成区域防守任务；缺点是对方队员可以利用跑位造成局部以多打少的情况，从而通过小团体进攻战术获得较好的射门得分机会。所以，专业比赛中也很少单纯采用区域防守战术。

（3）综合防守。综合防守是将人盯人防守与区域防守相结合的防守战术，普遍用于目前的各种比赛中。该战术集成了人盯人防守和区域防守的优点，又在一定程度上弥补了这两种防守战术的不足，从而球队在防守中能根据具体情况进行逼抢、盯人、保护与补位，达到防守的目的。

四、足球运动比赛规则

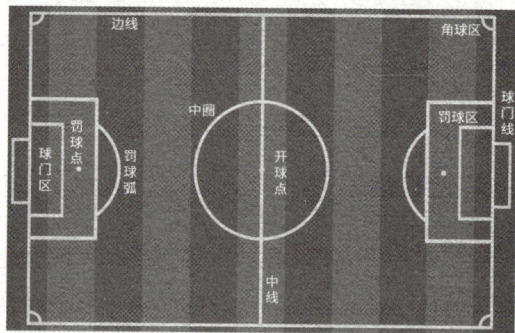

世界通行的足球竞技规则由国际足球联合会（Fédération Internationale de Football Association，FIFA，简称国际足联）修改和发布，现行的足球运动竞技的主要规则如下。

足球运动比赛规则

1. 比赛场地

足球比赛场地必须是长方形（见图6-68），边线的长度必须长于球门线的长度，边线长度为90~120m，宽度为45~90m。国际足球比赛场地的长度为100~110m，宽度为64~75m。世界杯足球比赛场地的边线长度是105m，宽度是68m。

2. 足球竞赛的器材规范

除场地外，足球竞赛还需要使用比赛用球、球门、角旗等器材。

图6-68 足球比赛场地

（1）比赛用球。足球比赛用球应为球体，外壳应用皮革或其他许可的材料制成，且不得使用可能伤害运动员的材料。球的圆周不长于70cm且不短于68cm；比赛开始时球的质量不大于450g且不小于410g。

（2）球门。球门位于球门线中间位置，为长方形，长7.32m，高2.44m，且必须是白色的。两根球门柱和横梁的宽度和厚度必须一致，不超过12cm。

（3）角旗。角旗垂直竖于边线与球门线外沿的交点处，长150cm（不包括插入地下部分），直径约3cm，旗为全红色或对角红白色。

3. 赛制

足球比赛分为上、下两个半场，每半场45min，中间休息不得超过15min。比赛场地的选择是以裁判员掷硬币的方式决定的，猜中者选择上半场比赛的进攻方向，另一方开球开始比赛。

4. 运动员

每队上场队员不得多于11名，其中必须有一名守门员。如果场上一队的队员少于7人，则比赛不能开始（比赛中一队的队员不足7人的，直接按0-3判负并终止比赛）。奥运会足球比赛中，每场比赛最多可以使用3名替补队员；场外和场上队员未经裁判员许可不能擅自进出场地。比赛时，守门员和其他队员的位置不能随意交换，如需交换，须经过裁判员同意。

5. 进球与胜利

当球的整体从球门柱间及横梁下越过球门线，且此前未违反竞赛规则，即进球得分。在比赛中进球数较多的队为胜者，若两队进球数相等或均未进球，则比赛为平局。若比赛结束为平局，可以采用加时赛或点球决胜等国际足球理事会同意的方式决出比赛的胜者。

（1）加时赛。加时赛共30min，上、下半场各15min。在加时赛规定的时间结束后，以进球数较多的队伍为胜者，若两队进球数相等或均未进球，则以点球决胜方式决定比赛的胜者。加时赛也可采用"金球制"，即当一方首先进球时立即获胜。

（2）点球决胜。点球决胜前双方会提交罚球名单，按照名单顺序踢点球，前5轮比较总进球数，之后则变为1球决胜制，即一旦一方罚进点球而另一方罚失，那么罚进点球的一方就胜利。若11轮之后仍然平局，则从名单第一个重新开始，但是变为1球决胜制。

6. 比赛开始

比赛双方通过掷币方式，由猜中的队决定上半场比赛的进攻方向，另一队则在开始比赛时负责开球。下半场由猜中的队负责开球，两队交换比赛场地。除上、下半场比赛开始外，进球得分后和加时赛的两个半场开始时，都需要开球，且开球可以直接射门得分。开球时，所有队员在本方半场内；开球队的对方队员应站在中圈外，直到比赛开始；球应放定在中心标记上；裁判员长音鸣哨，球被踢并移动时比赛开始；某队进球得分后，由另一队开球。

7. 死球

当足球不论从地面还是空中全部越过球门线或边线时，或比赛已被裁判员停止时，就造成死球。如果足球从球门柱、横梁或角旗杆，甚至是从裁判员或助理裁判员身上弹回场内，则比赛继续。全部越过球门线或边线时的死球，有掷界外球、踢球门球、踢角球和开球4种处理方式。

（1）掷界外球。足球从地面或空中全部越过边线时成死球，由最后触球队员的对方球队队员从球越出边线处掷界外球，但掷界外球不能直接得分。

（2）踢球门球。当足球的整体不论从地面还是空中越过球门线，而最后触球队员为进攻方队员，且不是进球得分时，由防守方队员从球门区内的任何一点踢球，且可以直接射门得分。

（3）踢角球。当球的整体不论从地面还是空中越过球门线，而最后触球队员为防守方队员，且不是进球得分时，由进攻方队员将球放在离球出界处最近的角球区内踢球，且可以直接射门得分。

（4）开球。进球得分后死球，由进球方的对方球队进行开球。

8. 伤停补时

足球比赛有时根据场上情况在比赛时间上需要补时，有时是1~2min，最长可达5~6min，时间长短由裁判员决定。补时的原因主要有：处理场上受伤者、拖延时间，以及其他原因。

9. 常见犯规与处罚

足球比赛中，常见的犯规行为和其判罚如下。

（1）直接任意球。裁判员认为，如果队员草率地、鲁莽地或过分地使用力量，踢或企图踢对方队员、绊摔或企图绊摔对方队员、跳向对方队员、冲撞对方队员、打或企图打对方队员、抢截对方队员、推对方队员，都将判给对方球队在犯规发生地点踢直接任意球。如果队员拉扯对方队员、向对方队员吐唾沫，或者故意手球，也判给对方球队在犯规发生地点踢直接任意球。直接任意球直接踢入对方球门即判为得分。

（2）间接任意球。裁判员认为，队员在出现具有危险性动作、阻挡对方守门员从其手中发球或因其他犯规而停止比赛被警告或罚令出场等情况时，将判给对方球队在犯规发生地点踢间接任意球。另外，如果守门员在本方罚球区内用手控制球后在发出球之前持球超过6s、在发球之后未经其他队员触及再次用手触球、用手触及同队队员故意踢给他的球或用手触及同队队员直接掷入的界外球，也将判给对方球队在犯规发生地点踢间接任意球。间接任意球直接踢入对方球门即判为得分。无论直接任意球还是间接任意球，踢球时必须将足球放定，罚球队员不得在其他队员触及球前再次触球。在比赛恢复前，所有对方队员必须距球至少9.15m，除非已经处在本方球门柱之间的球门线上。

（3）点球。在比赛中无论足球在什么位置，如果队员在本方罚球区内具备了判罚直接任意球的任何一种犯规行为，应被判罚对方球队在罚球点踢点球。罚点球时，双方队员不能进入罚球区，在裁判员发出执行点球的信号后，主罚队员向前踢出球，当足球被踢并向前移动时比赛即开始。如果防守方进入罚球区，进球有效，不进则重罚；如进攻方进入罚球区，进球应重踢，如果不进则为防守方球门球。在罚球点球时，守门员可以在球门线上左右移动，但不可以向前移动。

（4）黄牌警告。如果队员犯有非体育道德行为、以语言或行动表示异议、持续违反规则、延误比赛重新开始、当以角球或任意球重新开始比赛时不退出规定的距离、未得到裁判员许可进入或重新进入比赛场地或未得到裁判员许可故意离开比赛场地，都将被裁判员警告并出示黄牌。

（5）红牌出场。如果队员出现严重犯规和暴力行为、向对方或其他任何人吐唾沫、用故意手球破坏对方的进球或明显的进球得分机会、用可判为任意球或点球的犯规破坏对方向本方球门移动着的明显的进球得分机会、使用无礼的或侮辱的或辱骂性的语言及动作、在同一场比赛中得到第二次黄牌警告，将被罚令出场并出示红牌，且该队员必须立即离开比赛场地附近和技术区域内。

10. 关于越位的相关规则

越位是一种经常出现的犯规，也是广大初学者不易理解的犯规行为。

（1）越位位置。越位是足球比赛中常见的一种犯规行为，但队员处于越位位置本身并不是犯规。

① 队员处于越位位置。进攻方队员出球时，其中进攻方有队员比对方倒数第二名队员更接近于对方球门线且接球队员处于对方半场内。

② 队员不处于越位位置包括：踢角球和掷界外球时，在本方半场内，齐平于倒数第二名对方队员，齐平于最后两名对方队员。

（2）越位犯规。处于越位位置的队员，在同队队员踢或触及足球的一瞬间，裁判员认为越位位置的队员存在干扰比赛、干扰对方队员或利用越位位置获得利益的情况，才会将越位位置的队员判为越位犯规。另外，处于越位位置的队员接到的是球门球、界外球或角球，则没有越位犯规。

（3）犯规判罚。对于任何越位犯规，裁判员应判给对方球队在犯规发生地点踢间接任意球。

（4）以下情况不属于越位。

① 在投掷边线球的时候，进攻队员接球时处于对方倒数第二名防守队员（含门将）前面。

② 当除门将以外的所有进攻队员处于对方半场进攻时，防守队员在本方半场发动反击，防守方的反击队员在本方半场处于进攻方倒数第二名防守队员的前面。

③ 当防守方的倒数第二名防守队员（含门将），没有得到裁判员的允许而离开球场，身处边线外。

拓展训练

一、篮球运动训练

1. 双人传接球练习

两人相距4米相对站立，练习双手胸前传球。熟练后，练习其他传接球技术。熟练后，两人可以拉开距离，然后练习移动中传接球。

2. 单人投篮练习

站在球场罚球点的位置，练习投篮，在达到70%的命中率后，尝试站在更远处或者站在三分线上的其他位置练习投篮。

3. 单人运球练习

单人练习原地高低运球，熟练后练习前后、左右运球及运球变向。熟练后练习行进间运球。有条件的话，可以让其他同学做防守方，练习持球突破。

二、排球运动训练

1. 单人发球练习

从离网2m开始发球，要求将球发入对方场区。成功后逐渐加长发球距离，最后在发球区发球。熟练后练习不同的发球方式。

2. 双人垫球练习

两人相距6m相对站立，相互使用正面双手垫球技术将球垫向对方，连续10次不落。熟练后可拉开距离。

3. 双人抛扣球练习

一人将球抛起，另一人扣球，抛球者根据同伴不同高度与角度抛球，扣球者使用不同的扣球技术将球扣向对面场区。

三、足球运动训练

1. 单人踢球射门练习

将球置于罚球点，使用各种踢球技术将球直接踢进球门。在熟练后，可以将球置于罚球弧上，进行练习。

2. 双人传接球练习

两人相距8m相对站立，一人运用各种踢球技术，向对方所在位置踢出各种空中球、地滚球和反弹球，另一人在所在位置踢出各种空中球、地滚球和反弹球。

3. 单人带球练习

在宽3m的直线场地每隔3m摆放一个锥形桶，学生运球绕锥形桶呈S形轨迹前进。人和球都不出场地。熟练后可缩小锥形桶的间距。

第七章

小球类运动

和"大球"相对，体积较小的球类被称为"小球"，使用小球的运动项目自然被称作"小球类运动"。乒乓球、羽毛球、网球被合称为"三小球"，是世界上开展最普遍、受众非常广泛的运动之一。

第一节 乒乓球

案例导入

> 中国国家乒乓球队是乒乓球赛场的常胜之师。自容国团1959年赢得第一个世界冠军至2022年，中国国家乒乓球队几十年来共为祖国夺取100多个世界冠军。2022年10月8日，在第56届世界乒乓球团体锦标赛女团决赛中，中国队3：0击败日本队，从而以八战全胜的战绩夺得冠军。2022年10月9日，在第56届世界乒乓球团体锦标赛男子决赛中，中国队3：0战胜德国队，成就十连冠，继续书写中国乒乓球的传奇。

一、乒乓球运动简介

乒乓球运动是由网球派生和发展起来的，最早在19世纪末，欧洲盛行网球运动，由于场地和天气的限制，英国大学生便把网球移到室内，以餐桌为球台，以书为球网，以羊皮纸为球拍，在餐桌上打球。大约在1890年，英格兰人詹姆斯·吉布从美国带回了一种空心玩具球，并逐步用于"桌上网球"运动，这就形成了乒乓球的雏形。1926年12月，国际乒乓球联合会

乒乓球运动简介

（International Table Tennis Federation，ITTF，简称国际乒联）在德国柏林成立，举行了第1届世界乒乓球锦标赛。此后，乒乓球运动就在全世界范围内传播和发展起来。乒乓球运动的发展经历了5个重要的阶段：第一阶段，欧洲乒乓球运动的全盛期（1926—1951年）；第二阶段，日本称雄世界乒坛时期（1952—1959年）；第三阶段，中国乒乓球运动的崛起时期（1960—1969年）；第四阶段，欧洲乒乓球运动的复兴和欧亚乒乓球运动对抗时期（1971—1987年）；第五阶段，奥运时代（1988年至今）。

1904年，乒乓球运动由日本传入我国上海。1935年，中华全国乒乓球协会在上海成立。20世纪50年代，我国在全国范围内开展了群众性的乒乓球运动，我国乒乓球运动开始迅速发展，技术水平迅速提高。1959年，我国优秀运动员容国团在第25届世界乒乓球锦标赛中获得第1个男子单打世界冠军，这标志着我国乒乓球运动在世界乒坛的崛起。1981年，中国队在第36届世界乒乓球锦标赛上获

得了全部7项正式比赛的冠军。1999年，第一届中国乒乓球超级联赛开赛，标志着我国乒乓球职业化的开始。我国乒乓球队近几十年来在世界三大赛事中共为祖国夺取了100多个世界冠军，创造了世界体坛罕见的长盛不衰的历史。一代又一代乒乓球运动员勇于拼搏、为国争光，取得了无比辉煌的成就，乒乓球运动也深受我国人民的喜爱，人们甚至把乒乓球称为我国的"国球"。

二、乒乓球运动基本技术

乒乓球运动基本技术是乒乓球运动员需要学习和掌握的基础技术动作，主要包括握拍、基本站位与姿势、发球、接发球、攻球、推拨球、搓球和弧圈球。

1. 握拍

乒乓球运动中的握拍技术主要有直拍和横拍两种。

（1）直拍握法。用拇指和食指握住球拍拍柄与拍面的结合部位。食指的第三关节内侧贴在拍柄右侧。食指的第二关节压住球拍的右肩，第一关节自然弯曲。拇指的第一关节压住球拍的左肩。其他三指自然弯曲斜形重叠，并以中指第一关节贴于球拍的1/3上端，如图7-1所示。直拍握法正反手都用球拍

握拍

的同一拍面击球，一般情况下不需要两面转换，出手较快；正手攻球快速有力，攻斜线、直线球时拍形变化不大，对手不易判断，便于从速度、球路和力量上取得主动权；手腕动作灵活，发球可做较多变化；反手攻球时，因受身体阻碍较难掌握，不易起重板；攻削交替时手法变化大，影响击球速度和准确性；防守时照顾面积较小。

（2）横拍握法。以中指、无名指、小指自然地握住拍柄，拇指在球拍正面轻贴在中指旁边，食指自然伸直斜于球拍的背面，虎口轻微贴拍，如图7-2所示。横拍握法照顾面比直拍大，攻球和削球时握拍的手法变化不大；反手攻球不受身体阻碍，便于发力；削球时用力方便，易于发挥手臂的力量和掌握旋转变化。但在还击左右两面来球时，需变换击球拍面；攻斜线、直线球时调节拍形的幅度大、动作明显，易被对方识破；台内正手攻球也较难掌握。

图7-1 直拍握法

图7-2 横拍握法

2. 基本站位与姿势

在乒乓球运动中，站位和姿势也属于基本技术的范畴。在进行乒乓球运动时，运动者可以通过不同的站位和姿势来配合不同的乒乓球打法，从而发挥其运动特长。

基本站位

（1）基本站位

乒乓球运动者应根据不同类型的打法、个人技术特点和身体特点确定站位方式。基本站位的一般形式如下（以右手持拍为例）。

① 左推右攻打法的站位在近台偏左，距球台30～40cm。

② 两面攻打法的站位在近台中间偏左，距球台40～50cm。

③ 弧圈球打法的站位在中台偏左，距球台约50cm。两面拉弧圈球的站位在中间略偏左。

④ 横板攻削结合打法的站位在中台附近；削球打法的站位则在中远台附近

（2）基本姿势

基本姿势是进行乒乓球运动的基础，是打乒乓球的准备动作。击球前身体的基本姿势（见图7-3）应该是双脚平行站立，距离略比肩宽，保持身体平稳，重心置于双脚之间；双脚稍微提踵，前脚掌内侧着地，双膝微屈内扣，上体含胸略前倾；右手握拍于腹前，手臂自然弯曲，持拍手腕放松，左手协调平衡；下颌稍向内收，双眼注视来球；形如箭在弦上，视球以外为无物。

图7-3　基本姿势

3. 发球

乒乓球比赛中的发球技术将直接影响得分和失分，发球是力争主动、先发制人的第一个环节。

（1）平击发球

平击发球速度慢、力量轻，几乎不带旋转，易掌握，是初学者的入门技术，也是掌握其他发球技术的基础。平击发球分为正手平击发球和反手平击发球两种。

发球

① 正手平击发球时，站位近台，抛球的同时，向右后方引拍。当球下降至稍高于网时，上臂带动前臂向前平行挥动，拍形稍前倾，或接近垂直，击球的中上部，如图7-4所示。击球后，手臂继续向左前上方顺势挥动，并迅速还原。

② 反手平击发球时，站位近台，抛球的同时，向左后方引拍。当球下降至稍高于网时，上臂带动前臂向前平行挥动，拍形稍前倾，或接近垂直，击球的中上部，如图7-5所示。击球后，手臂继续向右前上方顺势挥动，并迅速还原。

图7-4　正手平击发球

图7-5　反手平击发球

（2）发转和不转的球

发转和不转的球分正手和反手两种方式，其中正手发转和不转的球是用相似的动作迷惑对方，发出旋转差异较大的球。

① 正手发。其准备姿势与正手平击发球相似，左手将球抛起，拍面后仰，同时握拍手略向外展，向身体右后方引拍，右臂从身体右后上方向左前下方挥动，触球瞬间手腕放松，摩擦球的中下部，如图7-6所示。发转球时，用球拍下半部靠左的一侧去摩擦球的底部；发不转的球时，拍面的后仰角度较小，用球拍上半部偏右的一侧碰击球的中下部，将球向前推出。

② 反手发。其准备姿势与反手平击发球相似，左手将球抛起，拍面后仰，同时握拍手略向外展，向身体左后方引拍，右臂从身体左后上方向右前下方挥动，触球瞬间手腕放松，摩擦球的中下部，如图7-7所示。反手发转球和不转的球的击球位置与正手一致。

（3）发短球

发短球是指发至对方距球网约40cm范围内的球，且球的第二跳不出台。短球具有发球动作小、出手快、落点短的特点。正反手均可发短球。

图7-6　正手发转和不转的球　　　　　图7-7　反手发转和不转的球

在抛球时，向身体右后方引拍，手腕放松。当球从高点下降至稍高于网时，前臂向前下方稍用力，拍面后仰，击球瞬间手腕发力为主，触球中上部并向底部摩擦。

（4）发侧上、侧下旋球

正反手发侧上、侧下旋球是指用近似的发球方法发出两种旋转方向完全不同的球，极易迷惑对手，并具有较大的威胁性，是常用的发球技术。正手发侧上、侧下旋球所发出的球均具有较强烈的左侧旋，反手发侧上、侧下旋球所发出的球均具有较强烈的右侧旋。

① 正手发。发侧上旋球时，通常右脚在后，抛球时，持拍手向右上方引拍，手腕略向外展。当球下落时，手臂迅速向左前下方挥动，在球与网同高时触球，触球瞬间拍面略微立起，手腕快速内收向左上方挥动，使球拍从球的中部略偏下向左上方摩擦。发侧下旋球时，手腕快速向左下方转动，使球拍从球的中下部向左下方摩擦。正手发侧上、侧下旋球如图7-8所示。

② 反手发。发侧上旋球时，通常左脚在后，抛球时，持拍手向左后上方引拍，手腕略向外展。当球下落时，手臂迅速向右前下方挥动，在球与网同高时触球，触球瞬间拍面略微立起，手腕快速内收并向右前下方挥动，使球拍从球的中部略偏下向右上方摩擦。发侧下旋球时，手腕快速向右前下方转动，使球拍从球的中下部向右侧下部摩擦。反手发侧上、侧下旋球如图7-9所示。

图7-8　正手发侧上、侧下旋球　　　　图7-9　反手发侧上、侧下旋球

4. 接发球

接发球的基本方法由点、拨、带、拉、攻、推、搓、削、摆短等组成。运用这些方法接发球时，存在一般规律，即用某单一接发球方法可以接稳对方某种类型的发球。

（1）接正手短上旋球

正手短上旋球一般用正手台内攻回接，接球时拍面应前倾，右脚在前，左脚在后，用较小动作往持拍手的同侧后方引拍。球拍在高点期间触球的中上部，往左前上方用力挥拍，如图7-10所示。

（2）接正手长上旋球

正手长上旋球一般用正手拉回接，接球时拍面应前倾，左脚在前，右脚在后，用较大动作往持拍手的同侧后方引拍。球拍在上升期间触球的中上部，往左前上方用力挥拍，如图7-11所示。

图7-10 接正手短上旋球　　　　　图7-11 接正手长上旋球

（3）接反手短下旋球

反手短下旋球一般用搓球回接，接球时拍面应后仰，右脚在前，左脚在后，持拍手用较小动作往腹部位置引拍。球拍在上升或下降期间触球的中下部，往前下方挥拍，如图7-12所示。

（4）接反手长下旋球

反手长下旋球一般用拉球回接，接球时左脚在前，右脚在后，用较大动作往持拍手的异侧后下方引拍。球拍在高点或下降期间触球的中上部，往右前下方用力挥拍，如图7-13所示。

图7-12 接反手短下旋球　　　图7-13 接反手长下旋球

（5）接旋转不明发球

当发球旋转判断不明时，站位应稍远，运用慢搓，在球下降中期接球，这样有利于增加判断时间，降低来球旋转强度，赢得接球的技术选择时间。

（6）接短球

回接近网短球要注意及时上前，以获得适合的击球位置。同时要控制好身体的前冲力量。接发球后要迅速还原，准备回接下一拍来球。无论采用搓、削、挑、带哪一种方法回接短球，都应特别注意，来球是在台内，台面会影响引拍，因此要充分依靠前臂和手腕发力。同时要根据来球的旋转性能调节拍面角度、击球部位、击球时间和用力方向。

5. 攻球

攻球是争取主动得分的主要手段之一，具有力量大、速度快等特点。

（1）正手攻球

正手攻球具有站位近、动作小、速度快、攻击性强的特点。

① 正手快攻球。左脚稍前，身体站球台中间，呈基本姿势站立。以前臂为主引拍至身体右侧下方，球拍呈半横状，且不得低于球台。击球时，在上臂带动下，前臂和手腕由右侧方向左前上方挥动，拇指压拍，食指放松，拍面稍前倾，在来球弹起上升期，击球的中上部。击球后，手臂随势向前挥摆，迅速还原成击球前的准备姿势。正手快攻球如图7-14所示。

② 正手台内攻球。站位近台，右方大角度来球时右脚上步，中间或偏左方向来球时左脚上步。上步时上臂和肘部前移，前臂伸进台内迎球。当来球跳至高点期，下旋强时，拍

攻球

图7-14 正手快攻球

面稍后仰，前臂和手腕向前上方发力，击球的中下部；下旋弱时，拍面接近垂直，前臂和手腕以向前发力为主击球的中部；攻上旋球时，拍面稍前倾，前臂和手腕向前发力击球的中上部。

③ 正手中远台攻球。左脚稍前，身体离球台较远。持拍手臂较大幅度向右后方引拍，拍面接近垂直。击球时，右脚蹬地、向左转体的同时，上臂带动前臂由右后方加速向左前上方发力挥动，手腕边挥边转使拍形逐渐前倾，在来球弹起至下降前期，击球中部或中上部。

④ 正手扣杀攻球。正手扣杀攻球具有非常强的攻击性，攻球时，前臂内旋使拍面稍前倾，身体向右转动的同时，持拍手臂引拍于身体右后方。随着右脚蹬地，身体左转的同时，持拍手上臂带动前臂加速向左前上方发力挥动，拍面稍前倾，在来球弹起至高点期，击球的中上部。正手扣杀攻球的击球点通常在胸前50cm为宜。

（2）反手攻球

反手攻球具有站位近、动作小、速度快、变化多的特点，主要用于应对反手攻球、拉球和推挡球，是两面攻击选手的常用技术。

① 反手快攻球。左脚稍后，身体离球台较近。持拍手臂自然弯曲并外旋使拍面前倾，上臂与肘关节自然靠近身体，引拍至腹前偏左的位置。击球时，在上臂带动下，前臂和手腕向右前上方挥动，同时配合外旋转腕动作，使拍面稍前倾，在来球弹起上升期，击球中上部。反手快攻球如图7-15所示。

图7-15 反手快攻球

② 反手中远台攻球。右脚稍前，身体离球台较远。身体左转的同时，持拍手的上臂和肘关节靠近身体，前臂向左下方移动，引拍至身体左侧下方，拍面稍前倾。击球时，身体右转的同时，持拍手臂由左后方向前挥动，前臂在上臂带动下，向前上方用力，并配合向外转腕，使拍面稍倾，在来球弹起下降期，击球中下部。

（3）正手拉球

正手拉球的力量较大且旋转较快，是一种进攻性较强的攻球技术。正手拉球通常左脚在前，右脚在后，降低重心，然后身体向右转动，增大向右下方引拍的幅度，球拍低于球台，右肩下沉，重心在右脚上。击球时蹬右脚，随着转髋转腰，快速收前臂。当球落到身体的右前方时，往左前上方挥拍击球，击球点离身体稍远，在来球下降期击球的中部或偏下部。击球后，手臂顺势挥动，重心快速移到左脚。正手拉球如图7-16所示。

（4）反手拉球

反手拉球技术具有出手快、动作小、落点变化多等特点。反手拉球时通常左右脚平行（或右脚稍靠前），降低重心的同时右肩略下沉，身体向左转动，增大向左下方引拍的幅度。右肩下沉，将球拍引至腹前偏左处，球拍可低于球台，肘关节略向前顶出。在球位于高点期时向前上方挥动球拍，以肘关节为轴，击球的中上部。反手拉球如图7-17所示。

图7-16 正手拉球

图7-17 反手拉球

6. 推拨球

推拨球是直拍和横拍反手的主要技术之一，包括直拍推挡、直拍快推、直拍加力推、直拍横打和横拍拨球。其中，直拍推挡技术中的"挡"着重防守，强调借力，如在接重板或速度较快的球时，多采用"挡"，其主要有平挡、减力挡、侧挡等技术；"推"主进攻，强调主动加力，加快球速。

推拨球

（1）直拍推挡（挡球）

双脚平行站位，身体靠近球台。击球前，上臂贴近身体，前臂约与台面平行，球拍置于腹前，略高于台面呈半横状，拍面近乎垂直，如图7-18所示。击球时，调整好拍形，在来球上升前期触球中部或中上部，借来球的反弹力将球挡回。

（2）直拍快推

近台中偏左站位，右脚稍前，上臂和肘关节靠近右侧身旁。拍面垂直，当球弹起至上升前或中期时，拍面略前倾，上臂带动前臂向前或前上方加速推出，击球中上部。

（3）直拍加力推

该技术动作较大，回球力量大，球速快，主要用于对付反手位速度较慢、反弹偏高的球。当来球弹至上升后期或高点期时，拍面前倾，上臂带动前臂，前臂带动手腕向前或前下方加速发力推出，击球中上部或上中部。加力推时，可以配合髋、腰及身体前移共同发力。

（4）直拍横打

反手直拍横打的攻击力强，右脚在前，左脚在后，以肘关节为轴，身体向左下方转动，手腕向内，球拍前倾，如图7-19所示。在球的下降前期击球，摩擦球的中上部，重心从左脚移至右脚，击球后迅速还原。

（5）横拍拨球

横拍拨球通常左脚在前，右脚在后，球拍前倾，球拍引向后下方，肘关节略前伸，右肩略下沉，如图7-20所示。击球时以肘关节为轴，向前上方挥拍，摩擦球的中上部，击球后迅速还原。

图7-18　直拍推挡　　　　图7-19　直拍横打　　　　图7-20　横拍拨球

7. 搓球

搓球分为快搓、慢搓、搓转与不转球。快搓动作幅度较小，回球速度较快，能借助来球的前进力回击，是对付削球和搓球的方法。慢搓动作幅度较大，回球速度较慢，靠主动发力回击，回球有一定的旋转强度。

搓球

（1）快搓

右脚稍前，身体靠近球台。来球在身体左侧时，可运用反手搓球。击球时，上臂迅速前伸，前臂跟随向前，拍形稍后仰，利用上臂前送力量，在球上升期击球中下部。来球在身体右侧，可以运用正手搓球。搓球时，身体稍向右转，手臂向右前上引拍，然后前臂和手腕向前下方用力，在球的上升期击球中下部。

（2）反手慢搓

向左上方引拍，前臂以肘关节为轴，快速向前下方用力挥摆，伸手腕辅助用力，手指配合使拍面后仰，在球的下降前期切击球的中下部。反手慢搓如图7-21所示。

（3）正手慢搓

手臂外旋使拍面后仰，前臂提起，球拍后仰，转体向后上方引拍。当来球至下降前期，手臂快速向左前下方挥摆，屈手腕辅助用力，切击球的中下部。正手慢搓如图7-22所示。

图7-21　反手慢搓　　图7-22　正手慢搓

（4）搓转与不转球

其动作与快搓的动作相同。决定转与不转要看击球作用力是偏离球心还是通过球心。搓转球时，除击球速度加快、击球力量和拍面后仰角度要加大以外，还要在球拍切击球时切薄一些，使其作用力远离球心，形成旋转较强的下旋球。而搓不转球时，减小拍面后仰角度，击球中下部并向前上推，使击球力量接近或通过球心，这样就形成相对的不转球。

8．弧圈球

弧圈球是乒乓球运动中攻击力和旋转性较强、力量和威力较大的进攻技术。正手或反手弧圈球通常都需要根据来球的长短、力度和落点选择站位。

（1）正手弧圈球

左脚在前，右脚在后，降低重心。身体向右转动，球拍引向右下后方，快速收前臂，如图7-23所示。需要在球移动到身体右前方时击球，击球时向左前上方挥拍，在球的高点期摩擦球的中上部。

（2）反手弧圈球

左右脚平行，降低重心。右肩略下沉，将球拍从右下后方引至腹下，球拍低于球台，肘关节向前略突出，如图7-24所示。击球时向前上方挥拍，摩擦球的中上部。

图7-23　正手弧圈球　图7-24　反手弧圈球

三、乒乓球运动主要战术

乒乓球体积较小，运动速度较快，进攻比防守更容易，所以，乒乓球运动的基本战术都以进攻性战术为主。

1．单打战术

单打战术是乒乓球运动战术的基础，双打比赛中的运动员个人击球也可以运用单打战术。

（1）发球抢攻

发球抢攻战术是乒乓球所有打法，特别是进攻型打法的主要战术及得分手段。发球抢攻战术以发球的旋转、速度、落点等灵活变化为主要技术特征，常用的有正手发转与不转的球后抢攻，正手发左侧上、下旋球后抢攻和反手发右侧上、下旋球后抢攻3种战术。发球抢攻应注意：发球要有线路和落点变化，使对方在走动中接发球；发球后要有抢攻准备，以便抓住抢攻的机会；自己发什么球，对方可能以什么技术回击，都要在发球前进行判断，这样才能较好地做好抢攻的准备。

发球抢攻

（2）接发球抢攻

接发球抢攻战术是对付发球抢攻战术的一种战术。接发球抢攻战术一方面要抑制、扰乱或破

坏对方的发球抢攻战术，降低发球抢攻的质量，形成相持状态；另一方面要在被动中求主动，通过过渡性接发球战术力争在第4板抢先上手，转入对己方有利的战局，同时抓住机会采用接发球抢攻战术直接得分或设法取得明显的优势。

① 正手快攻接发球抢攻战术用于应对上旋球，抢攻时需要判断来球的落点和路线，发力不可过猛，回球时应该利用落点调动对方以抢占主动权。

② 正手快拉接发球抢攻战术用于应对下旋球，抢攻时的引拍动作幅度不宜过大，来球若下旋强度较大，应增加摩擦避免回球下网。

③ 反手快攻接发球抢攻战术需要注意控制攻球的力量，回球应该利用落点调动对方。

④ 反手快拉接发球抢攻战术需要根据来球旋转的强弱，调节击球的部位和方向。

（3）搓攻

搓攻战术主要运用"转、低、快、变"的搓球控制对方，以寻找时机，然后采用低突、快点或快拉等技术展开攻势并进入连续攻；在搓球中遇到机会球时进行扣杀，让对手措手不及，更容易直接得分。搓攻战术是乒乓球打法不可缺少的辅助战术。其方法有：正、反手搓球结合正手快拉、快点、突击或扣杀，正、反手搓球结合反手快拉、快点、突击或扣杀。

搓攻

（4）对攻

对攻战术是进攻型选手经常采用的战术，主要运用正手攻球、反手攻球、反手推挡等技术攻击对方。其常用的方法有：压反手，伺机正手侧身攻；调右压左，转攻两角或追身；连压中路，突变攻两角。

（5）拉攻

拉攻战术是快攻中应对使用削球打法的对手的主要战术，通过拉攻战术

对攻

可以为扣杀或突击得分创造机会。拉攻主要有正手拉后正手扣杀和反手拉后扣杀两种战术。

① 正手拉后正手扣杀。这是一种可以直接得分的战术，战术的重点是在拉球和攻球时，所用的力量应该有较大悬殊，以使对手措手不及。

② 反手拉后扣杀。反手拉后扣杀战术的重点与正手拉后正手扣杀基本一致，不同之处在于反手拉后扣杀的技术有反手攻球和侧身攻球两个选择。

（6）削攻

削攻战术是利用削球的旋转、节奏、落点变化削弱对方的攻势，并创造机会反击的一种战术。削攻战术是对付进攻型、弧圈型打法的重要战术，常用的方法有：削转与不转的球，伺机反攻；削长、短球反攻；削逼两角，伺机反攻；逢直变斜，逢斜变直，伺机反攻。

2. 双打战术

双打战术是在个人技术和战术运用的基础上，两人配合完成的进攻或防守技术的组合。

（1）发球抢攻战术

该双打战术以发右半台近网短而转的球为主，偶尔可发侧上旋奔球至底线以作配合。

（2）接发球战术

运用该双打战术时，若对方发右方近网球，回球时可将球搓、摆至对方中线近网处，或搓、撇、挑、拉对方远点大角度，亦可点至对方接球队员追身处。

（3）相持球战术

运用该双打战术时，可以将球击至对方反手大角，转攻正手大角，或攻追身（向对方已接球人

身上或移动方向打）；或连续将球击至接球队员的远点大角，结合突击追身球；连续将球击至对方球台的一角，使对方两名队员挤在一起，再突袭另一角；交叉攻两角，调动对方离开其位置。

四、乒乓球运动竞赛规则

世界通行的乒乓球竞技规则由国际乒乓球联合会修改和发布，乒乓球运动竞技的主要规则如下。

乒乓球运动竞赛规则

1. 乒乓球比赛的场地与器材

乒乓球的比赛场地为长方形，其长度不得小于14m，宽不得小于7m，天花板高度不得低于4m。在正式的比赛中，场地周围不能有明亮的光源，且场地的地面不能呈白色，以免影响运动员的视线。理想的乒乓球比赛场地应用弹性的木材拼接而成或采用塑胶地板。

乒乓球球台长274cm，宽152.5cm，离地面76cm，沿每个274 cm的比赛台面边缘各有一条2 cm宽的白色边线，沿每个152.5 cm的比赛台面边缘各有一条2 cm宽的白色端线，台面中央有一条3mm宽的白色中线，将两个台区各分为左右两个部分。球网装置由球网、悬挂网绳、网柱及夹钳4部分组成。球网的高度是15.25cm。

乒乓球直径为40mm，重2.7g，颜色为白色或橙色，无光泽。球拍的大小、形状和重量不限，但底板应由85%的天然木料制成。球拍两面无论是否有覆盖物，必须光洁，且一面为鲜红色，另一面为黑色。用来击球的拍面应用一层颗粒向外的普通颗粒胶覆盖，连同黏合剂总厚度不超过2mm；用颗粒向内或向外的海绵覆盖，连同黏合剂的厚度不超过4mm。

2. 乒乓球比赛通则

乒乓球比赛的通则包括对计胜方式和时间、发球、击球，以及次序和方位的规定。

（1）计胜方式和时间

在一局比赛中，先得11分的一方为胜方；10平后，先多得2分的一方为胜方。一场单打或双打（男、女双打和混合双打）比赛的淘汰赛采用七局四胜制，团体赛中的一场单打或双打采用五局三胜制。在局与局之间，有不超过1min的休息时间；在一场比赛中，双方各有一次不超过1min的暂停时间；每局比赛中，每得6分后，以及决胜局交换方位时，有短暂的擦汗时间。

（2）发球

开始时，球自然地置于不持拍手的手掌上，手掌张开，保持静止。发球员须用手将球几乎垂直地向上抛起，不得使球旋转，并使球在离开不持拍手的手掌之后上升不少于16cm，球下降到被击出前不能碰到任何物体。当球从抛起的最高点下降时，发球员方可击球，使球首先触及本方台区，然后越过或绕过球网装置，再触及接发球员的台区。双打中，球应先后触及发球员和接发球员的右半区。从发球开始，到球被击出，球要始终在台面以上和发球员的端线以外，而且不能被发球员或其双打同伴的身体或衣服的任何部分挡住。在运动员发球时，球与球拍接触的一瞬间，球与网柱连线所形成的虚拟三角形之内，以及一定高度的上方不能有任何遮挡物，并且其中一名裁判员要能看清运动员的击球点。

（3）击球

对方发球或还击后，本方运动员必须击球，使球直接越过或绕过球网装置，或触及球网装置后，再触及对方台区。

（4）次序和方位

在获得2分后，接发球方变为发球方，以此类推，直到该局比赛结束，或直至双方比分为10

平，或采用轮换发球法时，发球和接发球次序不变，但每人只轮发1分球。在双打中，每次换发球时，前面的接发球员应成为发球员，前面的发球员的同伴应成为接发球员。在一局比赛中首先发球的一方，在该场比赛的下一局中应首先接发球。在双打比赛的决胜局中，当一方先得5分后，接发球一方必须交换接发球次序。一局中，在某一方位比赛的一方，在该场比赛的下一局应换到另一方位。在决胜局中，一方先得5分时，双方应交换方位。

3. 乒乓球比赛的犯规行为及判罚

在乒乓球比赛中，犯规行为通常会被判罚失去1分，或者重新发球。

（1）失分

乒乓球比赛中出现以下一些犯规行为，该运动员将被判罚失去1分：未能合法发球；未能合法还击；击球后，该球没有触及对方台区而越过对方端线；阻挡；连击；用不符合规则条款的拍面击球；运动员或运动员穿戴的任何物件使球台移动；运动员或运动员穿戴的任何物件触及球网装置；非持拍手触及比赛台面；双打运动员击球次序错误；执行轮换发球法时，发球一方被接发球一方或其双打同伴，在包括接发球一击内完成了13次合法还击。

（2）重发球

乒乓球比赛中出现以下犯规行为，将被判罚重新发球：发出的球，在越过或绕过球网装置时触及球网装置，此后成为合法发球或被接发球运动员或其同伴阻挡；发球运动员或同伴未准备好时球已发出，而且接发球运动员或其同伴均没有企图击球；发生了运动员无法控制的干扰，如灯光熄灭等使运动员未能合法发球、合法还击或未能遵守规则。

第二节 羽毛球

案例导入

中国羽毛球队在20世纪60年代的世界羽坛就被誉为"无冕之王"，到了20世纪80年代以后，我国一代又一代的羽毛球天才脱颖而出，在世界各大比赛中屡次得胜，几乎包揽了世界羽坛的各项冠军，中国羽毛球队堪称"梦之队"。2012年伦敦奥运会，中国包揽了羽毛球项目5枚金牌，在世界羽毛球运动史上书写了浓墨重彩的一笔。

一、羽毛球运动简介

羽毛球运动是一种由游戏演变而来的体育运动。1873年，在英格兰格拉斯哥郡伯明顿镇的一次社交聚会上，一位退役军官介绍了一种用拍隔网来回打毽球的游戏。该游戏趣味横生，引人入胜，此后，这项游戏活动便传播开来，并逐步发展成为人们所熟悉和喜爱的羽毛球运动。1934年，国际羽毛球联合会成立，通过了第一部国际公认的羽毛球比赛规则。1981年5月，国际羽毛球联合会和世界羽毛球联合会正式合并。1992年，在第25届巴塞罗那奥运会上，羽毛球运动被正式列为比赛项目，设男、女单打和男、女双打4个项目。1996年，第26届亚特兰大奥运会又增设了羽毛球男女混合双打。从此，羽毛球运动进入了新的发展阶段。

羽毛球运动简介

我国的羽毛球运动最早大约开始于1910年。1950年以后，我国政府十分关心人民群众的身体健康，各项体育运动蓬勃发展，羽毛球运动也逐渐为广大人民群众所喜爱，并成为我国重点开展的运动项目。1956年，天津举行了第一次全国羽毛球比赛，1958年9月11日，中国羽毛球协会在武汉成立。我国羽毛球技术水平从20世纪60年代起一直处于世界先进水平。1981年，我国选手在美国举行的第一届世界运动会的羽毛球比赛中夺得了男单、女单、男双和女双四项桂冠，此后，中国队也在奥运会中多次获得羽毛球项目金牌。1999年，全国羽毛球俱乐部联赛推出，标志着我国羽毛球运动正式走上职业化发展道路，进一步提升了羽毛球运动在全民健身中的普及率。

二、羽毛球运动基本技术

羽毛球运动的基本技术主要由上肢的基本手法和下肢的基本步法两大部分组成。上肢的基本手法又由握拍、发球、接发球和击球4个基本技术组成。下肢的基本步法由上网步法、中场移动步法、后退步法组成。

1. 握拍

羽毛球运动的握拍技术主要有正手握拍和反手握拍两种。

（1）正手握拍

右手虎口对准拍柄窄面内侧斜棱，小指、无名指、中指自然并拢，食指和中指稍分开，拇指的内侧和食指贴在拍柄的两个宽面上将拍柄握住。握拍时掌心不要贴紧拍柄，要与拍柄保持一定的空隙。正手握拍如图7-25所示。

（2）反手握拍

在正手握拍的基础上，将拇指伸直，用其第一指节内侧顶贴在拍柄内侧的宽面上，食指收回，与拇指同高（或略高）。用拇指和食指将球拍稍向外转，中指、无名指、小指紧握拍柄，拍柄端靠近小指根部。握拍掌心与拍柄之间留有空隙，以便能充分利用手腕力量和拇指的内侧压力击球。反手握拍如图7-26所示。

握拍

图7-25 正手握拍 图7-26 反手握拍

2. 发球

羽毛球运动的发球技术分为正手发球和反手发球，根据球在空中飞行的不同弧线轨迹又可分为发网前球、平快球、平高球和高远球4种，如图7-27所示。

发球

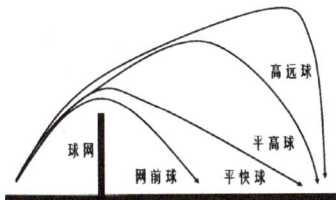

图7-27 发球技术

（1）准备姿势

发球时，左脚在前，右脚在后，左手将球举在身体右前方，右手开始向后摆动，腕部仍保持后屈，待球落到适当高度时，向前摆臂击球，如图7-28所示。当球与球拍接触的一刹那，要把拍柄握紧，闪击式击球。击球时，身体重心由右脚移至左脚。

（2）正手发网前球

正手发网前球是把球发至对方发球区内前发球线附近。球的飞行速度较慢，飞行弧度较低，球"贴"网而过。发球时，挥拍幅度较小，击球瞬间无须紧握拍柄，而是利用手腕和手指的力量从右向左横切推送，将球轻轻发出。

（3）正手发平快球

击球瞬间需紧握拍柄，利用前臂挥动力量带动手腕、手指快速向前击球，球的飞行路线与地面形成的夹角小于30°。正手发平快球是把球发得又平又快，使球快速落在对方场内端线附近。平快球突袭性强，往往能使对手措手不及而造成被动或失误。

（4）正手发平高球

发平高球主要是把球发得又高又平又远，使球飞行到接近对方底线上空时，小角度向前下落。发平高球时，发球员重心由后脚前移至前脚，带动转腰，同时右手持拍沿着从下而上的弧线自然地向身体前上方挥摆。球拍触球瞬间，前臂带动手腕向前上方闪动发力，手紧握拍柄，利用手腕、手指爆发力及拍面的前半部击球。击球瞬间，前臂加速带动手腕向前上方挥动，拍面要向前上方倾斜，以向前用力为主。

（5）正手发高远球

正手发高远球的动作过程与发平高球大致相同，但在击球瞬间，拍面需正对出球方向，击球点在发球员的右前下方，如图7-29所示。高远球出球飞行路线与地面夹角一般大于45°。

（6）反手发网前球

准备击球时手腕内屈，击球瞬间利用前臂带动手腕、手指向前横切推送，将球击出。发球时，挥拍较慢，力量较轻，球的落点近网，当球"贴"网而过后即往下坠落在对方发球区内前发球线附近。

（7）反手发平快球

左手放球的同时，右臂以肘为轴，前臂内旋，展腕由后向前沿弧线挥拍。击球时屈指收腕发力，将球向前上方击出，如图7-30所示。

图7-28　发球准备姿势　　　图7-29　正手发高远球　　　图7-30　反手发平快球

3. 接发球

单打接球站位一般在离发球线1.5m处右发球区靠近中线的位置，在左发球区则站在中间的位置。双打发球多以发网前球为主，所以双打的接发球站位要在靠近前发球线的地方。

（1）接高远球

接高远球时，用平高球、吊球或杀球进行回击。一般来说，接高远球是一次进攻的机会，回击得好就能掌握主动权。图7-31所示为接高远球的动作。

（2）接网前球

接网前球时，用平高球、高远球、放网前球或平球进行回击。如果对方发球质量不高，或球离网顶较高过网，则可采用扑球进攻。若对方企图发球抢攻，而自己防守能力较弱，则以放网前

球或平球为宜，落点要远离对方站位，控制住球，防止对方进攻。接网前球如图7-32所示。

图7-31 接高远球　　　图7-32 接网前球

4. 击球

击球是羽毛球运动的一项重要技术，熟练地掌握击球技术就能积极主动地控制球速，充分发挥击球的威力，并在比赛中得分。

（1）后场击球

后场击球主要有击高远球和平高球，以及杀球、吊球等技术。

① 正手击高远球。用后场退步法迅速向来球方向移动，调整好身体与来球间的位置，使球恰好在右肩稍前方上空。当球落到一定的高度时，右手肘上抬，手臂后倒引拍，以肩为轴做回环动作，同时身体左转，前臂充分向后下方摆动并外旋，手腕充分伸展，如图7-33所示。击球时，前臂迅速内旋带动手腕加速向前方挥拍，手腕屈曲，手指屈指发力，将球击出。

后场高空击球

② 反手击高远球。右脚在前，身体背向球网，持拍臂向上抬举，身体稍向左转，含胸收腹，左腿微屈，同时持拍臂回环内旋引拍，握拍手尽量放松，手腕稍向外展。当球下落至右肩前上方一定高度时，以上臂、前臂迅速外旋带动手腕加速，由左下方经胸前向右上方挥拍，如图7-34所示。击球时手腕由伸展至屈收，快速屈指发力，用反拍面将球击出。

图7-33 正手击高远球　　　图7-34 反手击高远球

③ 击平高球。其技术动作与击高远球基本相同，不同的是，击平高球的引拍、击球动作较击高远球小而快，击球的瞬间运用前臂内旋带动手腕，向前快速发力击球。

④ 正手杀球。正手杀球的准备姿势、击球动作与正手击高远球大致相同，不同的是正手杀球在击球瞬间需用全力，充分利用右腿蹬力、腰腹力、腕力及重心转移，快速将球向前下方击出。球拍触球时拍面前倾，向前下方用力挥摆，手握紧球拍，击球点在右肩稍前上方。

⑤ 头顶杀球。头顶杀球的准备姿势和动作要领与正手击高远球相同，不同点是击球点在偏左肩上方，击球瞬间全力击球。

⑥ 反手杀球。反手杀球的准备姿势和动作要领与反手击高远球相同，不同点是击球前挥拍用力要大，击球瞬间球拍与杀球方向的夹角需小于90°。

⑦ 吊球。击球瞬间前臂突然减速，快速闪动手腕击球托的偏右侧（头顶吊球及反手吊球击球托的偏左侧）。打对角吊球时，当对方来球较高时，手腕向下切削的角度和力量稍大些；当对方来球较平时，手腕向前推的动作要大些，向下切削的力量要小一些。吊直线球时，拍面正对前方，向前下压。

⑧ 正手吊球。正手吊球的准备姿势和前期动作与正手击高远球相同，只是击球时拍面稍向内斜，手腕做快速下压动作，击球托的后部和侧后部。

⑨ 头顶吊球。头顶吊球的准备姿势和前期动作大致同正手击高远球。头顶吊斜线球时，中指、无名指和小指屈指外拉拍柄，使球拍内旋，拍面前倾，以斜拍面击球托左侧部位。头顶吊直

线球时，球拍击球托的正中部位。

⑩ 反手吊球。反手吊球的准备姿势和前期动作同反手击高远球，不同点在于击球时对拍面的掌握和力量的运用。吊直线球时，用球拍反面切削球托的后中部，向对方的右半场网前发力；吊斜线球时，用球拍反面切削球托的左侧，朝对方左半场网前发力。

（2）中场击球

中场击球的技术分为挡球和抽球，每种技术都包括正手和反手两种。

① 正手挡球。采用中场移动步法向右侧移动，身体右倾，手臂右伸，前臂外旋，手腕外展，如图7-35所示。击球时前臂内旋带动球拍由右下方向前上方推送击球，将球直线推向网前。

② 反手挡球。采用中场移动步法向左侧移动，身体左转前倾，右肩对网，如图7-36所示。击球时根据来球速度，拇指发力，以前臂带动球拍由左下方向左前方挥动，轻击球托，将球直线挡回网前。

③ 正手抽球。双脚平行开立稍宽于肩，重心在双脚间，微屈膝收腹，正手握拍举于右肩前，如图7-37所示。击球前肘关节前摆，前臂稍往后带外旋，手腕稍外展至后伸，引拍至体后。击球时前臂内旋，手腕伸直闪动，手指握紧拍柄，球拍由右后方往右前方高速平扫盖击来球。击球后手臂左摆，左脚往左前方迈一步，右脚跟一步回到中心位置。

④ 反手抽球。右脚前交叉在左侧前，重心在左脚上，右手反手握拍在左侧前，如图7-38所示。击球前，肘部稍上抬，前臂内旋，手腕外展，引拍至左侧。击球时，在髋的右转带动下，前臂外旋，手腕由外展到伸直闪动，挥拍击球托的底部。击球后，球拍随身体的回动收回到右侧前。

图7-35 正手挡球　　图7-36 反手挡球　　图7-37 正手抽球　　图7-38 反手抽球

（3）前场击球

前场击球包括网前的搓球、放球、推球、扑球、挑球和勾球，同样有正手和反手两种。前场击球时，球飞行距离较短、落地快，易使对手措手不及，从而直接得分。即使不能直接得分，也能迫使对手被动回球，为下一拍创造机会。

① 正手搓球。用正手上网步法迅速向来球方向移动，当右脚向前跨出时，持拍手向来球方向伸出，争取高击球点。非持拍手于身后拉举与持拍手对称，以保持身体的平衡。正手搓球有两种击球方式：一种是手腕动作由展腕至收腕发力，由右向左以斜拍面切击球托的右后侧部位，此时球呈下旋翻滚过网；另一种是手腕动作由收腕至展腕发力，由左向右以斜拍面切击球托的左后侧部位，球则呈上旋翻滚过网。

② 反手搓球。用反手上网步法迅速向来球方向移动，其余动作与正手搓球相同。反手搓球有两种击球方式：一种是手腕动作由展腕至收腕发力，由左至右切击球托左后侧部位；另一种是手腕动作由收腕至展腕发力，由右向左切击球托的右后侧部位。

③ 正手放网前球。准确判断来球路线和落点，跨步上网，最后一步右脚在前、左脚在后成弓箭步，上体前倾，重心在右脚，侧身对网。右手正手握拍向前下方伸臂，前臂外旋展腕，左臂自然后

前场击球

伸，起平衡作用，拍面几乎朝上迎击来球。击球瞬间，手腕稍内屈轻轻闪动，食指和拇指控制拍面角度和用力大小，球拍向前上方轻轻一托，把球轻击送过球网。正手放网前球如图7-39所示。

④ 反手放网前球。快速向前左侧上网，右脚前跨成弓箭步，侧背对网，上体前倾，重心在右脚。右手反手握拍向前下方伸臂，前臂内旋展腕，左臂自然后伸，起平衡作用，拍面几乎朝上迎击来球。击球瞬间，伸腕轻闪动，食指和拇指控制拍面角度和用力大小，球拍向前上方轻轻一托，把球轻击送过球网。反手放网前球如图7-40所示。

图7-39　正手放网前球　　图7-40　反手放网前球

⑤ 正手推球。站在右网前，球拍向右侧前上举，在肘关节微屈回收时，前臂稍外旋，手腕稍向后侧，球拍随之往右下后摆，拍面正对来球。这时，小指和无名指稍松开，使拍柄稍离开鱼际肌（手掌部位，拇指和小指一侧的肌肉），拇指和食指向外捻动拍柄，拍面更为后仰。推球时，身体稍往前移，右前臂往前伸并带内旋，手腕和手指控制拍面角度，手腕由后伸至伸直并闪腕，食指向前压，小指和无名指突然握紧拍柄，将球拍急速由右经前上至左挥动推球，使球沿边线飞向对方后场底角。

⑥ 反手推球。站在左网前，采用反手握拍，前臂往前上方伸举，在前臂稍向左胸前收引，肘关节微屈，手腕外展时，变成反手推球的握拍法，松握球拍，反拍面迎球。前臂前伸并带外旋，手腕由外展到伸直闪腕，中指、无名指和小指突然握紧拍柄，拇指顶压，往右前方挥拍，推击球托的左侧后部，使球沿对角线方向飞行。

⑦ 正手扑球。来球距网较高时，快速跨步上网，身体向右前倾，手臂充分伸展，同时迅速变换握拍手法，使拍面与球网平行，正对来球，如图7-41所示。击球时，需要中指、无名指、小指突然紧握拍柄且手腕闪动，将球向前下方击出。击球后，随前动作甚微，右脚落地制动。

⑧ 反手扑球。反手握拍于左侧前，当身体向左侧前方跃起时，持拍手前臂前伸上举，手腕外展，拍面正对来球，如图7-42所示。击球时，手臂伸直，手腕由外展到内收闪动，手握紧拍柄，拇指顶压，加速挥拍扑击球。击球后即刻屈肘，球拍回收，以免球拍触网违例。

⑨ 正手挑球。右脚向网前跨出一大步，左脚在后，侧身向网，重心在右脚上；同时右臂向后摆，自然伸腕，使球拍后引，如图7-43所示。以肘关节为轴，屈臂内旋，并握紧球拍。用食指及手腕的力量，从右下向右前方至左上方挥拍击球，将球向前上方击出。

⑩ 反手挑球。右脚跨步向前并形成弓箭步，重心在右脚，侧身背对网。反手握拍，手臂向左前方伸出，前臂内旋屈肘屈腕，左臂自然后伸起平衡作用，如图7-44所示。击球时，以肘关节为轴，前臂带动手腕、手指快速由左下方向前上方沿弧线挥拍击球。

图7-41　正手扑球　　　图7-42　反手扑球　　　图7-43　正手挑球　　　图7-44　反手挑球

⑪ 正手勾球。并步加蹬跨步上右网前，球拍随前臂往右前斜上举。前臂前伸时稍外旋，手腕微后伸，持拍手将拍柄稍向外捻动，使拇指贴在拍柄的宽面，食指的第二指关节贴在拍柄背面的宽面上，拍柄不触掌心。球拍向右前侧挥动，拍面朝着对方右网前。击球时，前臂稍有内旋往左拉收，手腕由稍后伸至内收闪腕，挥拍拨击球托的右侧下部，使球向对方网前坠落。

⑫ 反手勾球。在身体前移的过程中，球拍随手臂下沉，变成反拍勾球握拍法，拍面正对来球。当来球过网时，肘部突然下沉，同时前臂稍外旋，手腕由稍屈至后伸闪腕，用拇指内侧和中指向右侧拉拍柄，其他手指突然握紧拍柄，拨击球托的左侧后部，使球沿对角线飞越过网。击球后，球拍往右前侧回收。

5. 基本步法

（1）上网步法

上网步法是从中心位置移动到网前击球的步法，可根据个人习惯采用交叉步或并步。不论正手或反手，根据来球远近，上网步法可采用三步、两步或一步上网击球。

① 交叉步上网（正、反手）。交叉步上网步法又称三步上网步法，右脚先迈出一小步，左脚立即向右跟上，左脚落地后，脚内侧用力蹬离地面，右脚向网前跨一大步成弓步，重心在前脚。击球后，前脚朝后蹬地，利用小步、交叉步或并步退回。交叉步反手上网如图7-45所示。

② 并步上网（正、反手）。右脚向前（或向后）移动一步后，左脚向右脚跟并一步，紧接着右脚再向前（或向后）移动一步。并步正手上网如图7-46所示。

图7-45 交叉步反手上网

图7-46 并步正手上网

（2）中场移动步法

中场移动步法多用于接对方的杀球和半场低平球。中场移动步法的站位和准备姿势与上网步法基本相同。

① 向右侧移动步法。双脚左右开立，脚跟稍提起，根据来球，调整重心，上体稍倒向右侧，左脚掌内侧用力起蹬，右脚同时向右侧转跨大步。如距离来球较远，左脚向右垫一小步再起蹬，右脚同时向右侧转跨大步。

② 向左侧移动步法。根据来球，调整重心，上体稍倒向左侧，右脚掌内侧用力起蹬，左脚同时向左侧转跨大步。如距离来球较远时，左脚先向左侧移半步，上体向左转身的同时右脚向左前交叉跨大步，做反手击球。

（3）后退步法

从中心移动到后场各个击球点位置上击球的步法，称为后退步法。

① 正手后退步法。在对方击球瞬间，判断来球方向，迅速调整重心至右脚。接着右脚蹬地快速向右后方撤一小步，上体右转侧身对网，以交叉步或并步移动到接近击球点的位置。在移动的同时，必须完成举拍准备动作，最后一步利用右脚（或双脚）蹬地起跳并在空中转体，击球后左脚后撤落地缓冲，右脚前跨以利于迅速回动。正手后退步法如图7-47所示。

② 反手后退步法。调整重心后，右脚后撤一步，接着上体左转，左脚随即向左后退一步，右脚再跨出一步，背对网，做底线反手击球。反手后退步法应根据来球距离远近调整。如距离来球较近，可采用两步后退步法，上体向左后转，左脚同时后撤一步，右脚再向左后跨一步，做底线反手击球。如距离来球较远，则采用三步或五步后退步法，右脚先垫一步，而后左脚向后方跨一步，再按右、左、右的步法向后退。无论退几步，反手后退步法的最后一步应左脚在后，重心在右脚上。反手后退步法如图7-48所示。

图7-47 正手后退步法 图7-48 反手后退步法

三、羽毛球运动主要战术

战术是羽毛球运动中各种基本技术的高级组合，包括单打、双打和混合双打3种类型。

1. 单打

单打战术通常是运动员单人比赛时选择和采用的技术组合。

（1）发球抢攻战术。发球抢攻战术是运动员利用发球使对方陷入被动，为自己创造进攻机会的一种战术。这种战术一般用发网前球结合平快球、平高球，以争取第三拍的主动进攻。运动员使用这一战术，可以打乱对方的整个战略部署，使对方措手不及。运用此战术要求运动员的发球质量高。

（2）攻前击后战术。攻前击后战术是先以吊球、放网前球、搓球吸引对方到网前，然后用推球、平高球或杀球突击对方的后场底线的战术，一般用于对付上网步法较慢或网前球技术较差的对手。采用此战术，要求运动员具有较好的网前击球技术。

（3）打四方球战术。打四方球战术是以快速、准确的落点攻击对方场区的4个角落，逼迫对方前后奔跑、被动应付，并在回球质量下降或露出破绽时进攻的战术。打四方球战术多用于对付体力差、反应和步法移动慢的对手。

（4）打对角线战术。打对角线战术是无论进攻还是防守均以打对角线为主，从而迫使对方在移动中多做转体，多走曲线的战术。打对角线战术用于对付身体灵活性差、转体较慢的对手。

（5）压底线战术。压底线战术是指反复用快速的高球、平高球、推球将球击至对方底线附近，最好是对手反手的后场区域，这样就容易造成对手失误，或者引导对手将注意力集中在后场，再以快吊或突击点杀进攻对手前场空当区域。压底线战术多用于对付羽毛球初学者。

2. 双打

羽毛球运动双打战术的运用需要两名队员默契配合，并在攻守衔接及站位轮转时互相协调。

（1）攻人战术。攻人战术是双打比赛常用的一种战术，即"二打一"或避强击弱战术。由于对方两个队员的技术水平一般是不均衡的，因此集中力量攻击对方较弱的队员，可达到使对方的特长得不到发挥，充分暴露对方弱点的目的。两个人对付对方的强者，消耗强者体力，减弱强者进攻威力，伺机突击空当，也是"二打一"战术。

（2）攻中路战术。当对方队员分边站位时，要尽可能将球攻到对方两人之间的空隙区，使对方争夺回击或相互让球而出现失误。该战术适用于对付配合较差的对手。当对方呈前后站位时，可将球还击到两人之间靠边线的位置上。

（3）软硬兼施战术。软硬兼施战术是先用吊网前球或推半场球迫使对方被动防守，而后大力扣杀进攻的战术。若硬攻不下，则重吊网前球，待对方挑球欠佳时，再度强攻。此时，攻击对象最好选择对方刚后退而立足未稳者。

（4）后压前封战术。当己方取得主动并欲采取攻势时，站在后场者见高球则强攻杀或吊网前球，迫使对方被动还击；站在前场者则应立即积极移位，准备封网扑杀。这种战术要求己方打法比较积极，前半场技术要好，步法移动要快，配合要默契。

3. 混合双打

混合双打是由一名男选手和一名女选手搭配组成的双打，基本技术和战术同双打相似。但其在具体运用战术的方式上与双打有所不同，主要是站位与双打不同。混合双打中女选手主要站前场，负责封住网前小球，男选手负责中后场的大部分区域，形成男选手在后、女选手在前的基本进攻队形。另外，混合双打中女选手往往是被攻击的目标，女选手可采用回击对角线球来限制和摆脱对方的强烈攻势。

四、羽毛球运动竞赛规则

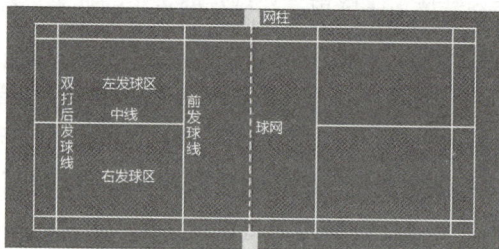

世界通行的羽毛球竞技规则由羽毛球世界联合会（Badminton World Federation，BWF，简称世界羽联）修改和发布，羽毛球运动竞技的主要规则如下。

羽毛球运动竞赛规则

1. 羽毛球比赛的场地与器材

羽毛球比赛场地为长方形，长13.40m。双打球场宽6.10m，对角线长14.723m；单打球场宽5.18m，对角线长14.366m。球场各线宽均为4cm。羽毛球比赛场地横向被中线平分为左右两个半区，纵向可以分为前场、中场和后场。场地外侧的两条边线是双打场地边线，里侧的两条边线是单打场地边线。羽毛球比赛场地如图7-49所示。

图7-49　羽毛球比赛场地

羽毛球球网长6.1m，宽76cm，用优质的深色细线织成；网柱从球场地面算起，高为1.55m。羽毛球长为64~70mm，有16根羽毛固定在球托部，每颗球的羽毛从托面到羽毛尖的长度应一致。羽毛顶端围成圆形，直径为58~68mm，球托直径25~28mm，底部为圆形，羽毛球重4.6~5.5g。球拍拍面应为平面，拍弦穿过框架以十字交叉或以其他形式编织。球拍的框架，包括拍柄在内，总长度不超过680mm，宽不超过230mm。球拍框一般为椭圆形，长度不超过290mm，弦面长不超过280mm，宽不超过220mm。

2. 羽毛球比赛的基本规则

羽毛球比赛的基本规则包括对计胜方式和时间、站位方式、重发球和交换场区等的规定。

（1）计胜方式和时间。世界羽联21分制实行每球得分制，所有单项的每局获胜分皆为21分，最高不超过30分。每场比赛采取三局两胜制，先到21分的一方赢得当局比赛。当双方比分为

20∶20时，一方需超过对手2分才算取胜；双方比分打成29∶29时，先到30分的一方获胜。首局获胜的一方在接下来的一局比赛中先发球。当任意一方在比赛中得到11分后，比赛将间歇1min；两局比赛之间的间歇时间为2min。

（2）单打站位方式。单打比赛一局中，当发球方的分数为0或双数时，双方运动员均应在各自的右发球区发球或接发球；当发球方的分数为单数时，双方运动员均应在各自的左发球区发球或接发球。

（3）双打站位方式。双打比赛一局中，当比分为0或双数时，球由右发球区对角发向对方场地的右接发球区；当比分为单数时，球由左发球区对角发向对方场地的左接发球区。

（4）重发球。羽毛球比赛中发生下列情况需要判重发球：除发球外，球过网后挂在网上或停在网顶；发球时，发球方和接球方同时被判违例；发球方在接球方未做好准备时将球发出；球在飞行时，球托与球的其他部分完全分离；出现意外情况。

（5）交换场区。羽毛球比赛中发生下列情况需要交换场区：第一局比赛结束时；局数为1∶1时，在第三局比赛开始前；在第三局比赛中，领先一方得分达到11分时。

3. 羽毛球比赛的违例行为

在羽毛球比赛中，违例行为通常会被判罚失去一分，或者重新发球。

（1）发球时，在击球的瞬间，发球队员的拍杆未指向下方或整个球未低于发球队员的腰部。

（2）发球开始后，挥拍动作不连贯，有停顿。

（3）自发球开始至发球结束，发球队员和接球队员未站在斜对角的发球区界线以内，脚触及发球区和接球区的界线。

（4）发球时，球没有落在规定的接球区内。如发出的球没有落于对角的场区内或不过网，球挂在网上、停在网顶，球从网下或网孔穿过，触及天花板或触及运动员的身体或衣服。

（5）球触及球场或其他物体或人。击球点超过网的向上延伸面，即在对方场区上空击球。

（6）运动员的球拍从网上、网下侵入对方场区妨碍对方或分散对方注意力或阻挡对方靠近球网合法击球。

（7）双打时同一运动员连续两次挥拍击中球，或者同方两名队员连续各击中球一次。

（8）球停在球拍上，紧接着被拖带抛出。

第三节 网球

案例导入

2011年6月4日，在法国网球公开赛女子单打决赛中，李娜以2∶0战胜意大利选手斯齐亚沃尼，夺得女子单打冠军。2014年1月25日，李娜又在澳大利亚网球公开赛中获得女子单打冠军。这是中国乃至亚洲运动员在网球大满贯赛事上获得的第一个单打冠军，创造了中国网球和亚洲网球的新历史。李娜在15年的职业生涯里，共21次打入WTA女单赛事决赛，共获得了9个WTA和19个ITF单打冠军，职业生涯总战绩为503胜188负，以排名世界第六的身份退役。2019年，李娜入选国际网球名人堂，成为名人堂中首位亚洲球员。

一、网球运动简介

近代网球运动创始人——英国人温菲尔德于1873年改进了早期的网球打法，使之成为能在草坪上进行的一项运动，取名为"草地网球"。1874年，网球开始由在草地上比赛演变到可以在沙土上、水泥地上、柏油地上举行比赛。1877年7月，在英国的温布尔登举行了第1届草地网球锦标赛，标志着近代网球运动的开始。1896年，在雅典举行的第1届奥运会上，网球的男子单打与双打被列为正式比赛项目，后来曾一度在奥运会上被取消。直到1988年的第24届奥运会，网球又重新被列为正式比赛项目。目前，网球运动的顶级赛事是"四大满贯"，即澳大利亚网球公开赛（澳网）、温布尔登网球锦标赛（温网）、法国网球公开赛（法网）和美国网球公开赛（美网）。其中，澳大利亚网球公开赛与美国网球公开赛为硬地赛，法国网球公开赛为红土赛，温布尔登网球锦标赛为草地赛。

网球运动简介

我国在1956年举办全国网球锦标赛，并定期举行全国网球等级联赛，还定期举办全国网球单项比赛等，这些比赛对促进网球技术水平的提高起到了积极的推动作用。20世纪80年代以后，我国网球运动水平提高较快，在1986年第10届亚洲运动会网球比赛中获女子单打冠军，在1990年第11届北京亚洲运动会网球比赛获得三块金牌、三块银牌和一块铜牌。进入21世纪后，李婷与孙甜甜在2004年雅典奥运会上夺得女子网球双打冠军，李娜在2011年和2014年分别夺得法国网球公开赛和澳大利亚网球公开赛的女子单打冠军，刷新了我国乃至亚洲网球的历史。这些优异的成绩也激起了广大人民群众参与网球运动的热情，推动了我国网球运动的发展。

二、网球运动基本技术

网球运动基本技术是进行网球运动和比赛的基础动作与技巧，主要包括握拍、站位与步法、发球、接发球、击球、截击球、削球、上旋球和高压球。

1. 握拍

网球运动中的握拍技术主要有东方式握拍法、西方式握拍法、大陆式握拍法、双手反握拍法和半西式正手握拍法，而东方式握拍法又分为正手和反手两种握拍姿势。

（1）东方式正手握拍法。握拍手的虎口正对拍柄右上侧棱，掌根与拍柄右上斜面紧贴，拇指垫握住拍柄的左垂直面，食指稍离中指，食指下关节压住拍柄右垂直面，五指紧握拍柄。拍面与地面垂直，手握拍柄好像与人握手一样，因此这一握拍法也称握手式握拍法，如图7-50所示。

（2）东方式反手握拍法。在东方式正手握拍法的基础上把手向左转动1/4（即转动90°）或拍柄向右转动1/4（即转动90°），虎口正对拍柄左侧棱面。即用掌根压住拍柄的左上斜面，拇指直贴在拍柄的左垂直面上，食指下关节压住右上斜面，如图7-51所示。

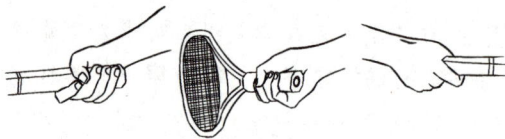

图7-50　东方式正手握拍法

图7-51　东方式反手握拍法

（3）西方式握拍法。握拍时，拍面与地面平行，拇指与食指几乎成直角，拇指直伸压住拍上平面，食指下关节握住右上斜面，与拍底平面对齐，手掌从上面握住拍柄，如图7-52所示。这是底线上旋攻击型打法的首选握拍方法。这种握拍法的优点是能击出强有力的上旋球，且稳定性强，但技术难度相对较大，初学者较难掌握。

（4）大陆式握拍法。大陆式握拍法的手型像握着锤子，因此又称为握锤式握拍法。拇指与食指呈V字形，虎口放在拍柄的上平面与左上斜面的交界线上，手掌根部贴住上平面，与拍柄底部平齐，拇指与食指不分开，食指与其余3根手指稍分开，食指下关节紧贴在右上斜面上，如图7-53所示。这种握拍法的优点是正、反手击球时都不需要转换握拍，简单灵活，但是底线击球时不容易发力，因此其是底线的攻击型打法不适宜采用的握拍方法。

图7-52　西方式握拍法　　　　　图7-53　大陆式握拍法

（5）双手反握拍法。双手反握拍法是指双手一起握拍的方法，如图7-54所示。其主要是不同手的东方式和大陆式握拍法的组合，包括右手大陆式握拍，左手东方式握拍；右手东方式握拍，左手东方式正手握拍；右手东方式反手握拍，左手东方式正手握拍3种主要方法。

（6）半西方式正手握拍法。半西方式正手握拍法源于西方式握拍法，不同之处在于采用半西方式正手握拍法握拍时，食指掌指关节和掌根放在拍柄右下斜面上，食指伸出且分离，如图7-55所示。该握拍法的优点是利于打出上旋球和穿越球，且能保证大力击球时的稳定性；缺点是不适合打出有力的低球和下旋球，无法用于发球和截击球，反手击球时需要转换多种握拍方式。

图7-54　双手反握拍法　　　　　图7-55　半西方式正手握拍法

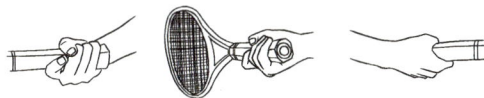

2. 站位与步法

站位是指网球运动中击球时的位置和姿势，步法则是网球运动中快速移动的基本技术。

（1）站位

在底线、中场和网前，运动员应采取不同的站位。

① 底线击球站位。双脚开立约同肩宽，双脚平行，脚跟稍提，双膝微屈。上体稍前倾，握拍手轻握球拍，肘关节微屈，肩关节放松，上臂自然贴在身体右侧（右手握拍者），非持拍手屈肘托住球拍的中心（拍颈处）。将球拍横于腹前，双眼注视对方，重心放在前脚掌上。

② 中场击球站位。重心稍低，持拍于胸前，拍头位于胸前并与球网高度相同。

③ 网前击球站位。网前击球站位与底线击球站位的不同点是前者双脚开立幅度稍大，双膝微屈幅度稍小，双手持拍使拍面向前，拍头高于球网。

（2）步法

网球运动的基本步法有"封闭式"步法和"开放式"步法，在移动时则多使用滑步和左右交叉步。

① "封闭式"步法。左脚向来球的方向迈出一步，双脚的假想连线与来

步法

球的方向平行，如图7-56所示。这种步法在底线正反手击球和网前截击中大量运用。初学者应首先学习这种步法。

② "开放式"步法。击球时，双脚平行站立，以前脚掌为轴，转髋转体形成击球步法，如图7-57所示。通常在有一定技术基础的前提下，学习并使用这种步法。

③ 滑步。滑步是指面对球网双脚左右滑步移动。向左移动时，蹬右脚，先移动左脚，再跟右脚；向右移动时，则蹬左脚，先移动右脚，再跟左脚。

④ 左右交叉步。向右移动时，脚掌向右转动，左脚先向右前方跨一步，交叉于右脚前，同时向右转体进右脚，再进左脚。向左移动时，方法与向右移动时相同，方向相反。

图7-56 "封闭式"步法　图7-57 "开放式"步法

3. 发球

发球是网球比赛中唯一由自己控制，不受对手影响的重要技术。发球的好坏直接影响一分的得失，是网球运动的基本技术之一。

（1）平击发球

击球点应在身体的右前上方，击球的后上部，挥拍时发力要集中，充分向上伸展身体以获得更高的击球命中率，如图7-58所示。这种发球几乎没有旋转，球差不多笔直地落下，力量大，往往贴着网才能进入场内，在大多数场地上球反弹高度较低，一般用于第一发球。发球成功时有机会直接得分，但平击发球失误率较高。

（2）切削发球

切削发球是一种以右侧旋转（稍带上旋）为主的发球法，将球抛在右侧前上方，球拍击球的右侧偏上方，整个挥拍动作是从右侧上方至左下方，使球产生右侧旋转。球的飞行路线是一条从右向左的弧线，可以提高击球命中率并把对方拉出场外回击，尤其在右区发球时。切削发球准确率高、实用且易掌握，适宜初学者学习，常用于第二发球。

（3）上旋发球

抛出球的位置在头后偏左上方；拍面的触球点在球的中部偏下方；击球时身体呈弓形，利用杠杆力量对球施加旋转力，球拍快速从左向右上方挥动，并从下向上擦击球的背面，使球产生右侧上旋。上旋发球如图7-59所示。这种发球的难度较大，球的过网点较高，落地速度快，球落地后反弹高度很高。

图7-58 平击发球　图7-59 上旋发球

4. 接发球

接发球在态势上是被动的，受发球方的制约，并且发球千变万化，多数发球都指向接球方被动的位置，因此，接发球是网球运动中十分难掌握的技术。

运动员接发球的站位通常位于端线附近，最好向前移动击球。同时，需保持双脚平行站位，双脚距离比肩略宽。右手持拍者一般右脚稍前，双膝微屈，上体稍前倾，脚跟提起，将球拍置于体前。在接发球的全过程中，运动员的眼睛要始终注视来球，一直到完成还击动作，同时要观察对手的抛球，这样有利于判断发球的方向和旋转。通常对手第一次发球的力量很足，接发球的站位应偏后一些；如果对方是第二次发球，站位可略向前移，直接利用接发球还击。接大力发球时不要做大幅度的后摆动作，主要是控制好拍面角度，并握紧球拍，以免拍面被震转动。

5. 击球

击球是网球运动中最常用的技术动作之一，有正、反手击球和双手反手击球等动作。

（1）正手平击球。后摆引拍时，手腕稍上翘使拍头高于手腕，并引拍至头部高度。挥拍时手腕相对固定，以减少拍面挥动过程中的变化。击球时拍面与地面保持垂直并以相同拍面继续前挥。击球后，球拍向前挥动于左肩上方自然收拍。单手正手击球如图7-60所示。

（2）反手平击球。后摆引拍时右脚向左侧前方跨出并用力踏地，屈膝降低重心。击球时手腕绷紧，使拍面与地面垂直。挥拍击球时从后向前上方比较平缓地挥击，同时左臂自然展开放在身后，保持身体的平衡。击球后，球拍应随着惯性挥至右肩上方，持拍手臂挥直。单手反手击球如图7-61所示。其特点是球速快，球的飞行路线比较平直，球落地后的前冲力量大。

（3）双手反手击球。双手反手击球的准备姿势与正手平击球相同，左手在转肩引拍的同时，顺着拍柄下滑至双手相接，形成双手反手握拍。引拍尽量向后，转动上体，使右肩前探侧身对网，手腕固定，球拍稍稍低于击球点，右脚向左前方跨一步，重心落在左脚上。球拍从低到高向前挥出，击球点同腰高但比单手反手击球点略靠后，重心前移，随上体移动将球拍充分挥向右前上方，拍头朝上。双手反手击球如图7-62所示。双手握拍，容易稳定拍面，初学者易于学习和掌握。

图7-60　正手平击球　　　图7-61　反手平击球　　　图7-62　双手反手击球

6. 截击球

截击球是指凌空拍击对方来球，即在球落地之前将来球击回对方场区。截击球以网前截击为主，也可以在场内任何地方截击。截击球的特点是缩短击球距离、扩大击球的角度、加快回球速度，是网球比赛中主要的击球方式和进攻手段。

（1）正手截击球。后摆引拍时，左脚立即向右前方跨出，同时转肩，带动球拍向后引，拍头要高于握拍手，绷紧手腕，握紧球拍。截击球的动作有点像挡击或撞击，在拍面短促向前撞击的同时微微向下做切削球的动作，击球时保持拍头上翘，拍面稍向后仰，如图7-63所示。击球后有一个小幅度向前的随挥动作，随挥过程中仍紧握拍。

（2）反手截击球。反手截击球比正手截击球更容易，更符合人体解剖学肌肉用力结构特点。后摆引拍时，右脚立即向左前方跨出，左手扶拍手向后拉拍，同时转肩，做短距离后摆引拍动作，拍头高于握拍手，眼睛注视来球。挥拍击球时，左手松开稍后伸，右手握紧球拍前挥并在身体前方切削来球，如图7-64所示。向前挥拍时，两只手的动作类似拉长一根橡皮筋，能够更好地保持身体平衡。

图7-63　正手截击球　　图7-64　反手截击球

7. 削球

削球通常被看作网球运动中的防守性技术，包括正、反手两种动作。

（1）正手削球。正手削球指以底线正手切削方法击出下旋球的技术动作。后摆引拍时，直线将球拍引至身体后侧，动作较小。挥拍时手腕固定握拍，使拍面斜向地面，稳定前挥。击球时用斜向地面的拍面以切削动作在身体侧前方击球，如图7-65所示。

（2）反手削球。反手削球时挥拍不要过于用力，击球后拍面向上做托盘状运动，且不要急于把球拍提拉起来，应让球拍平稳向前运动一段距离。反手削球如图7-66所示。反手削球

图7-65　正手削球　　图7-66　反手削球

的球向下旋转，击回对方场区后回弹高度较低，落地后会向前滑行。

8. 上旋球

上旋球的最大优点是落地弹起的反射角度较小，前冲力较大，有极强的威胁性，是攻击性很强的网球进攻技术，也包含正、反手两种动作。

（1）正手上旋球。正手上旋球是从网球的后下方向前上方挥拍，整个球体受摩擦，产生一种从后下方朝前上方的旋转，如图7-67所示。正手上旋球的特点是飞行弧线高，落地迅速，落地后弹起的反射角度较小，产生的前冲力较大，适合有一定技术基础、能发力击球的人。

（2）反手上旋球。反手上旋球要在击球前将手腕放松，拍头自然下垂，球拍从网球中下部由低至高向前挥出，击球点高度在髋部与膝盖之间，如图7-68所示。由于反手上旋球通常是双手握拍击球，所以击出的球能产生强烈的旋转，击球的稳定性更高。

图7-67　正手上旋球　　图7-68　反手上旋球

9. 高压球

高压球是从头顶上方把球扣到对方半场的一种击球方法，是对付对方挑高球的一项进攻技术。击球前一定要用左手指球，这样既有助于准确判断来球位置，又有助于保持身体平衡。

当对方挑高球时，己方首先需要快速侧身，然后用左手指球，持拍手大陆式握拍且手臂动作与发球动作一样。在判断球的大概落点后，采用交叉步侧身移到来球下方，再用小侧步调整，等

待击球时机。高压球如图7-69所示。

三、网球运动主要战术

网球运动中使用战术的目的是减少自己动作失误，并攻击对手的弱点，从而使攻击成功，赢得比分。网球运动基本战术主要有单打比赛的战术和双打比赛的战术两种。

图7-69　高压球

1. 单打

网球运动单打的基础是运动员具有极强的技术和体能，所以单打战术比较直观，通常在发球阶段实施战术，或者在多个击球回合之后变换战术。

（1）变换发球的位置。运动员可以通过改变发球的位置获取得分机会，因为这种战术迫使对手必须从不同角度判断不同旋转的球，回球的难度比较大，容易失分。

（2）发球上网战术。发球上网是利用发球的力量主动进攻，先发制人，然后上网抢攻的一项主要战术，也是上网型选手在比赛中的主要得分手段。用较大力量发下旋球，目标是对方发球区右区外角，然后上网，根据对手回球路线，利用截击球攻击对方反手区域。发平击球或发上旋球，目标为对方发球区右区内角，然后上网冲至发球线中线，判断来球，利用截击球攻击对方的空当位置。发平击球或下旋球，发球到左区内角上网，冲至中场处，判断来球，利用截击球攻击对方正、反手的底线位置，然后人随球跟进，准备近网二次截击。

（3）接发球破网战术。接发球破网战术是对付发球上网战术的，其方法是挑出有深度的高球，或是击出大角度的平击球，攻击对手的空白位置。

（4）攻击对方反手。由于大部分球员的反手是比较弱的，因此采用攻击对方反手战术，加大力量攻击对方反手，逐步打乱对方节奏，即可掌握比赛主动权。

（5）不上网战术。不上网战术是指发球或接发球之后，如果自己不上网，应该把对方也控制在端线后面，使对手也难以找到得分的机会。在一次较长的端线来回球中，谁耐不住性子，谁就有可能失误失分。

2. 双打

网球运动的双打以两个运动员的配合和战术为基础，双打运动员要想获得比赛胜利，除了需要相互理解、沟通、信任、配合之外，还需要有足够丰富的战术变化。

（1）发球上网。发球上网战术需要队友之间具备足够的默契，网前队友在背后做手势，告诉发球队友应发什么落点，抢与不抢。运用该战术可以干扰对手接发球，为发球上网前得分及抢网得分创造条件。该战术成功的一个重要因素是发球队友的发球质量、成功率和落点的变化。

（2）澳大利亚式网前战术。澳大利亚式网前战术的特别之处是发球方的一名队员以低姿势在贴近网前中线位置积极准备截击，这种站位能给对手造成很大的回球压力，同时也能迷惑对手，逼迫对手在接发球时击出更高质量的球，从而在一定程度上提高了对手的回球失误率。运用该战术时，要求队友间沟通好发球落点和抢与不抢，且第一发球成功率高。

四、网球运动竞赛规则

世界通行的网球竞技规则由国际网球联合会（International Tennis Federation，BWF，简称国际网联）修改和发布，网球运动竞技的主要规则如下。

网球运动竞赛规则

1. 网球比赛的场地与器材

网球比赛场地面积的长不小于36.6m，宽不小于18.3m。在此面积内，有效的网球运动场地是一个长23.77m，单打场地宽8.23m、双打场地宽10.9m的长方形区域。在网球场中，场地线的颜色一般选用白色或黄色。除端线的最大宽度可达10cm外，其他所有场地线的宽度均应为2.5~5cm。网球比赛场地如图7-70所示。网球比赛场地的材质包括草地、红土地、硬地和塑胶场地等。

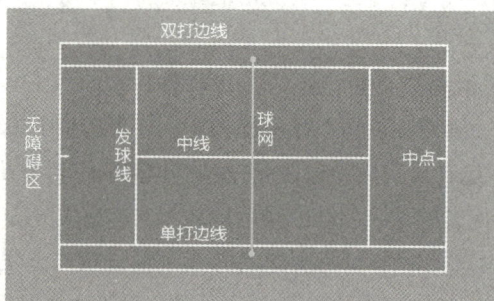

图7-70　网球比赛场地

网球的比赛用球为黄色，用橡胶化合物制作，外表用毛质纤维均匀覆盖，接缝处没有缝线。球的直径为6.35~6.67cm，重量是56.7~58.5g。

球拍的材质有木质球拍、铝合金球拍、钢质球拍和复合物（尼龙、碳素）球拍，均可用于比赛。球拍的击球面必须是平的，由弦线上下交织编制或连接而成。每条弦线必须与拍框连接，拍框和拍柄的总长不超过73.66cm，拍框的总宽度不超过31.75cm。

2. 计胜方式

（1）一局记录的最小单位是分，然后是局，最后是盘。每一局采用0、15、30、40、平分和Game的记分方法。比赛时先得1分呼报15，再得1分呼报30，得第3分呼报40，第4分呼报Game，即该局结束。如果比分为40∶40叫平分，一方必须再连得2分才算胜此局。比赛双方先胜6局者为胜一盘。如果各胜5局，一方必须再连胜2局才能结束这一盘，这就是长盘制。为了控制比赛时间，普遍采用平局决胜制即当局数为6∶6时，只再打一局决胜负。在这一局中，先赢得7分者为胜这一盘。如果在此局打成5∶5平分，一方仍须连得2分才算胜此局，即胜此盘。

（2）一方先胜6局为胜1盘。双方各胜5局时，一方净胜2局为胜1盘。决胜局计分制在每盘的局数为6平时，有以下两种计分制。

① 单打。先得7分者为胜该局及该盘。若分数成6∶6平时，比赛须延长到某方净胜2分时止。决胜局应全部采用数字计分制。该轮及的发球员发第1分球，然后由对方发第2分及第3分球；此后轮流交替发球，每人连发2分球，直至决出该局与该盘的胜负为止。该轮及的发球员在右区发第1分球后，即改由对方依次在左区和右区发第2、第3分球；此后轮流交替发球，每人连发2分球，其中第1分球均应在左区发球。如果出现从错误的半区发球，在发觉前已得的分数均有效，但在发觉后应立即纠正错误的站位。运动员应在双方分数相加为6的倍数及决胜局结束。更换新球时，决胜局作为一局计算。如逢该局更换新球，应暂缓更换，待下一盘第2局开始时，再行更换。

② 双打。单打比赛的规定都适用于双打比赛。轮到发球的运动员发第1分球，此后发球次序仍按该盘比赛中原先的发球次序排定，每人轮流交替发两分球，直到决出该局与该盘的胜负为止。

3. 休息时间

（1）分与分之间，运动员捡到球后直至发出的最大间隔为25s。

（2）单数局结束交换场地时可休息90s；每盘结束可休息120s。

（3）每盘的第一局结束后，交换场地时不能休息。

（4）在抢7分比赛中，双方分数相加满6分，交换场地时不能休息。

4. 发球

（1）发球应双脚站在底线后（即远离球网的一侧），中心标志和边线的假定延长线之内，然后用手将球抛向空中的任何方向并在球触地前用球拍将球击出。在球拍与球接触的那一刻，整个发送即被认为已经结束。

（2）每一局比赛发球运动员都应该从场地的右区开始，得（失）1分后，应换到左区发球。如果发球是从错误的半区发出且没有被察觉，由错误发球引起的比赛结果都将有效。

（3）发出的球应该飞越球网，在接发球运动员回击之前触及对角发球区内的地面，或落在任何组成发球区的界线上。

（4）如果发出去的球碰到球网、中心带或网带，但落在界内，或在碰到球网、网带或网绳后，在触地前碰到接发球运动员，或他穿着或携带的任何东西，需要重新发球。

（5）在第一局结束后，接发球运动员应该成为发球运动员，发球运动员应该成为接发球运动员，并按此次序在整个比赛后面所有局中依次交换。

5. 失分

（1）活球状态下，在球连续两次触地前不能回球过网。

（2）球员在活球状态下的回球触到了对方场地界线以外的地面、固定物或其他物体。

（3）用球拍拖带或接住处于活球状态中的球，或故意用球拍触球超过一次。

（4）在活球状态下的任何时候，球拍（无论是否在他手中）及他穿戴或携带的任何物品触到球网、网柱、单打支柱、网绳或钢丝绳、中心带或对手场地的地面。

（5）球触到了除球员手中球拍以外的身体或其穿戴或携带的任何物品。

（6）抛拍击球并且击到球。

（7）在球过网前就截击。

6. 网球比赛的犯规行为及判罚

网球比赛的犯规行为主要有场上和场下两个方面。如果运动员出现未经主裁判允许擅自离场，不尽全力比赛，无故中止比赛，无故不参加发奖仪式，做下流动作、口出秽语、受教练临场指导、乱打球、摔球拍或砸设备、打人等有悖体育道德的不良行为，都将被认定违反行为准则，将受到罚款的处理。

另外，如果运动员在比赛中出现犯规行为，还会受到警告、罚分或取消比赛资格的处罚，具体规则是：当运动员有某一项犯规行为时，主裁判可对其进行警告一次，同时要记录犯规的内容及时间；若该运动员在此之后再次出现犯规行为，主裁判就应判罚其失1分，同时记录犯规的内容及时间；若该运动员第3次出现犯规行为，主裁判就要与裁判长商量取消其比赛资格，并且下场后主裁判要根据每一次的记录详细填写罚单。在网球比赛中的这种判罚犯规行为的制度也被称为"三级罚分制"。

拓展训练

一、乒乓球训练

1. 双人发球接发球练习

两人一组，各站球台一侧，一人发球，一人接发球。练习完所有发球方式后，双方交换角色继续练习。

2. 双人对抗练习

两人一组，各站球台一侧，发球后，各自以攻球、推拨球、搓球、弧圈球等技术来回击球，直至熟练掌握各项技术。

3. 混双实战练习

一名男生和一名女生组成一队，两队各站球台一侧，按照乒乓球竞赛规则进行一场混合双打比赛。

二、羽毛球训练

1. 单人发球练习

个人使用羽毛球场地，在对面半场划定一个指定区域，然后使用各种发球技术将球击到指定区域。熟练后可缩小指定区域的范围。

2. 双人发球接发球练习

两人一组，各站一个半场，一人发球，一人接发球。练习完所有发球方式后，双方交换角色继续练习。

3. 双人击球练习

两人一组，各站一个半场，发球后，各自以各种击球技术来回击球。在熟练后可变更击球位置，如后场、中场、网前。

三、网球训练

1. 双人发球接发球练习

两人一组，各站一个半场，一人发球，一人接发球。练习完所有发球方式后，双方交换角色继续练习。

2. 单人对墙击球练习

选一面平整的墙，对墙稍远站立，发球击墙，然后使用击球技术将回弹球再次击向墙壁，如此练习各种击球技术。

3. 混双实战练习

一名男生和一名女生组成一队，两队各站一个半场，按照网球竞赛规则进行一场混合双打比赛。

第八章

操舞类运动

　　田径运动、球类运动等运动所追求的是"更高、更快、更强"，然而还有一类运动，追求"更美"，如健美操、啦啦操、体育舞蹈、瑜伽、健美等。这些运动项目兼具健身、观赏和娱乐功能，既能强身健体、愉悦身心，又有助于塑造形体，更能陶冶情操。

第一节　健美操

案例导入

　　敖金平是中国职业健美操运动员，2005 年，敖金平和队友在德国第七届世界运动会健美操六人操中斩获金牌。2006 年，敖金平和队友获得世界锦标赛六人操冠军，同时，他还获得了男子单人操冠军，成为中国第一个健美操单人项目的世界冠军。2007 年，在世界健美操总决赛，敖金平再次成为男子单人和六人操双料冠军。2008 年世界锦标赛，敖金平与队友成功卫冕六人操冠军。职业生涯里，敖金平几乎拿到了全国各类健美操比赛的男单冠军和 11 项世界冠军。

一、健美操运动概述

　　健美操是在音乐伴奏下，以身体练习为基本手段，以有氧运动为基础，以健、力、美为特征，融体操、舞蹈和音乐于一体的体育运动。早在19世纪，欧洲一些国家就开始出现身体活动和音乐伴奏相结合的音乐体操，并出现培养音乐体操教师的学校，这些学校将音乐体操作为体育教育逐步传播开来。这种音乐体操就是健美操运动的雏形。20世纪80年代初，在美、英、法及欧洲一些国家，健美操得到很快的推广并蓬勃发展。1980年，国际健美操冠军联合会成立。1983年，国际健美操联合会成立。从1985年开始，美国多次举行全国性的健美操比赛，使健美操具有了竞技性。

健美操运动概述

　　在20世纪70年代末，健美操热潮传入我国，以上海、北京为代表的一些城市开设了各式各样的健美操培训班。有的健美操以芭蕾舞基本动作为主，有的健美操以现代舞动作为主，而我国结合国内具体情况创编了徒手健美操、健美球操、棍操等多种形式的健美操。1985年北京体育学院成立了健美操研究组，并开设健美操选修课。

　　1992年，中国健美操协会正式成立，随后健美操运动在我国得到大力推广。自2004年在健美操世界锦标赛上摘取第一块奖牌，实现我国在健美操领域奖牌数破零，之后我国的健美操水平在亚洲就一直处于高水平地位。

二、健美操运动基本技术

健美操运动需要展示出形体美和姿态美，从而带给观众艺术享受。运动员需要先对动作和队形进行设计，然后通过手型、手臂、躯干和下肢步法等动作完成整套健美操。

1. 动作设计

健美操的动作设计讲究对称、具备美感和艺术性。根据人体运动的生理规律，成套健美操的动作设计通常分为3个部分：第一部分预备动作，第二部分主体动作，第三部分整理动作。近年来，为了更加吸引观众的注意力，健美操的动作设计倾向于表现一定的主题，在一定程度上赋予健美操更加丰富的艺术内涵。

动作设计

2. 队形设计

在健美操运动中，队形变化不仅能增加观赏性，也能让动作完成得更加流畅。过渡流畅自然、转化巧妙的队形变化也会带给观众丰富多彩、目不暇接的观赏体验。图8-1所示为健美操运动中2人、3人和6人的基本队形。

图8-1 健美操的基本队形

3. 手型

健美操运动中，手掌随手臂的姿态灵活变化。一般而言，手臂伸展时，手指和手腕随之伸展，手背呈反弓形；手臂弯曲时，手指、手腕放松，从肩至手指成柔和弧线。恰当地运用各种手型，能使手臂动作更加丰富多彩。健美操常见手型有以下9种，如图8-2所示。

手型

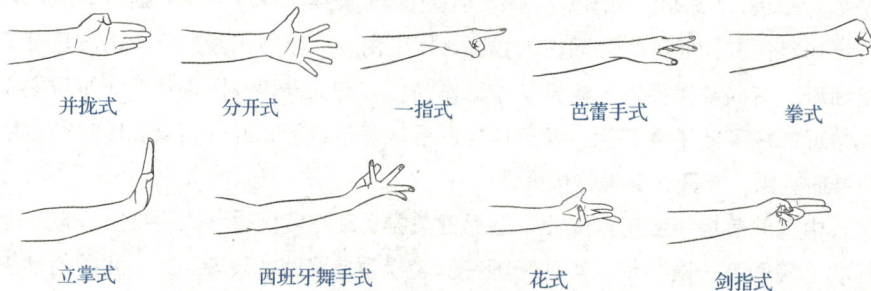

并拢式   分开式   一指式   芭蕾手式   拳式

立掌式   西班牙舞手式   花式   剑指式

图8-2 健美操常见手型

（1）并拢式。五指伸直并拢，拇指微屈，指关节贴于食指旁。

（2）分开式。五指用力伸直，充分张开，手腕保持一定的紧张。

（3）一指式。握拳，食指或拇指伸直。

（4）芭蕾手式。五指微屈，后3指并拢、稍内收，拇指内扣。

（5）拳式。握拳，拇指在外，指关节弯曲，紧贴于食指和中指。

（6）立掌式。五指伸直，手掌用力上翘。

（7）西班牙舞手式。五指用力，小指、无名指、中指自掌指关节处依次内屈，拇指稍内扣。

（8）花式。在分开式的基础上小指伸直向掌心回弯到最大限度，无名指会随小指回弯。

（9）剑指式。拇指与无名指、小指相叠，中指、食指并拢伸直。

4. 手臂动作

健美操的基本手臂动作包括举（摆／提／拉）、屈、绕（绕环）等。

（1）举（摆／提／拉）。以肩为轴，臂伸直向某方向抬起并停止在某一部位，活动范围不超过180°。该动作包括单或双臂的前、后、侧举，其中，双臂既可以做相同的动作，又可以做不同的动作；既可同时进行，又可依次进行，还可交叉进行。

（2）屈。肘关节产生一定的弯曲角度，包括胸前平屈、肩侧屈、肩上侧屈、肩下侧屈、肩上前屈、腰间屈、头后屈。既可以单臂做动作，又可以双臂同时做相同动作，还可以双臂依次做相同动作。

（3）绕（绕环）。以肩关节为轴，手臂做180°～360°的运动为绕；大于360°以上的圆周运动为绕环。单或双臂的前、后、内、外绕（绕环），小绕、中绕、大绕。双臂动作既可以同时进行，又可以依次进行。

5. 躯干动作

健美操运动的躯干动作主要包括头颈部、肩部、胸部、腰部和髋部的动作，如图8-3所示。组合躯干动作就能够形成躯干的波浪动作，该动作可依靠身体各部位向前、后、左、右等方向依次完成，动作要协调、连贯。

　　头颈　　　　　　肩　　　　　　胸　　　　　　腰　　　　　　髋

图8-3　健美操躯干动作

6. 下肢步法

下肢动作是健美操运动中变化较多的技术动作，常用的有以下5种基本步法。

（1）点地步法

点地步法的基础动作是一条腿屈膝站立，另一条腿伸出，用脚尖或脚跟点地后还原。

① 脚尖点地。一条腿稍屈膝站立，另一条腿伸出（向前、向后、向一侧），脚尖点地，然后

还原到并腿姿势。支撑腿始终保持屈膝站立，并随动作有弹性地屈伸。

②脚跟点地。一条腿稍屈膝站立，另一条腿伸出，脚跟点地，然后还原到并腿姿势。只可做向前和向侧的脚跟点地。

（2）交替步法

交替步法的特点是运动强度较低，双脚始终依次交替落地。

①踏步。双腿原地依次抬起、依次落地，双臂自然前后摆动。落地时，由脚尖过渡到脚跟、踝、膝、髋关节依次有弹性地缓冲。

②走步。迈步向前走时，脚跟先落地，过渡到全脚掌；向后走时则脚尖先落地，过渡到全脚掌，基本技术动作与踏步相同。走步如图8-4所示。

③一字步。一只脚向前一步，另一只脚并于前脚，然后依次还原。前后均要有并脚过程，每一拍动作中膝关节始终有弹性地缓冲，如图8-5所示。

④V字步。一只脚向前侧方迈一步，另一只脚随之向另一侧方迈一步，形成双脚开立、屈膝的姿态，然后依次退回原位。双脚间距离略比肩宽，重心落于双腿之间，如图8-6所示。

⑤漫步。一只脚向前迈出，屈膝，重心随之前移，另一只脚稍抬起，然后原地落下；或向后撤一步，重心后移，另一只脚稍抬起，然后原地落下。动作富有弹性，身体重心随动作前后移动，如图8-7所示。

⑥后踢腿跑步。双腿依次腾空、依次屈膝落地缓冲，没有落地腿的小腿后曲，双臂前后自然摆动，如图8-8所示。

图8-4　走步　　图8-5　一字步　　图8-6　V字步　　图8-7　漫步　　图8-8　后踢腿跑步

（3）迈步步法

迈步步法的基本动作是一只脚先迈出一步，重心移至该腿，另一条腿用脚跟或脚尖点地后向另一个方向迈步。

①并步。一只脚迈出，另一只脚随之并拢屈膝点地；再向反方向迈步。双膝保持弹动，重心随之移动，动作幅度和力度可随风格而定，如图8-9所示。

②侧交叉步。第一只脚向异侧迈一步，第二只脚在其后交叉，如图8-10所示，第二只脚再向刚才相同方向迈一步，第一只脚收回与第二只脚并拢，屈膝点地。第一步脚跟先落地，屈膝缓冲，身体重心随脚步快速移动。

③并步跳。以右脚起步为例，右脚迈出，随之蹬地跳起，左脚并右脚，并腿落地。身体重心随动作迅速移动，落地时注意缓冲。

④侧交叉步跳。第一只脚向异侧迈一步，第二只脚在其后交叉，随之第一只脚再向相同方向迈一步，第二只脚并拢，同时双脚轻轻跳起，落地屈膝缓冲。第一步脚跟先着地，身体重心快速

随着脚步移动而移动，保持膝、踝关节的弹动。

⑤ 迈步点地。一只脚向前方侧迈一步，经双膝弯曲，身体重心随之移至一侧腿，另一条腿伸直，脚尖或脚跟点地。重心移动明显，双膝有弹性地屈伸，躯干不要扭转。

⑥ 小马跳。左腿蹬地跳起，同时右腿向侧迈步落地，随之左腿并右脚点地，随后反方向做一次，动作相同。双脚轻快蹬跳、落地，身体重心随之平稳移动，注意膝、踝关节的弹动，如图8-11所示。

⑦ 迈步吸腿。一只脚迈出一步，另一条腿屈膝抬起，然后向反方向迈步。支撑腿保持屈膝弹动，大腿上抬后形成的平面超过水平面，小腿自然下垂绷脚尖，上体保持正直，如图8-12所示。

⑧ 迈步吸腿跳。右脚向前迈出一步，之后身体重心跟进，同时左腿抬起，大腿抬起90°时，双脚起跳。跳起时，上体保持正直，收腹立腰。

⑨ 迈步后屈腿。一只脚迈出一步，另一条腿后屈，然后向相反方向迈步。支撑腿屈膝半蹲，保持有弹性地屈伸，后屈腿的脚后跟向着臀部，如图8-13所示。

⑩ 迈步后屈腿跳。一条腿侧迈一步，另一条腿向后屈膝，同时双脚起跳，缓冲落地。双腿跳起时，屈膝脚尖绷直，落地时，双腿膝关节微屈，不宜伸直。

图8-9 并步　图8-10 侧交叉步　图8-11 小马跳　图8-12 迈步吸腿　图8-13 迈步后屈腿

（4）抬腿步法

抬腿步法的基本特点是一条腿站立，另一条腿抬起。

① 吸腿。一条腿屈膝抬起，落地还原。上体保持正直，大腿用力上抬超过水平面，小腿自然下垂，如图8-14所示。

② 摆腿。一条腿站立，另一条腿摆动。摆腿时，上体顺势前倾、后倾或侧倾，如图8-15所示。

③ 踢腿。一条腿站立，另一条腿抬起，然后还原。踢腿时，加速用力且有控制，躯干保持正直，如图8-16所示。

④ 弹踢腿。一条腿站立（或蹬跳），另一条腿先向后屈，再向前下方弹踢后还原。腿弹出时要有控制，双膝盖紧靠，弹踢腿的脚尖要绷直，躯干保持正直，如图8-17所示。

⑤ 吸腿跳。一条腿屈膝抬起，落下还原；另一只脚离开地面，向上跳起。支撑腿保持屈膝弹动，大腿上抬至水平，上体保持正直，注意身体的稳定性。

⑥ 摆腿跳。一条腿自然摆动，另一条腿向上跳起，落地时双腿屈膝缓冲。保持上体正直；支撑腿屈膝缓冲，摆动腿抬起时幅度不要过大，且要有控制地抬起。

⑦ 踢腿跳。一只脚蹬地跳起，另一条腿抬起向前或向侧，然后还原。抬起腿不需要抬很高，但要有控制地抬腿，保持上体正直。

⑧ 弹踢腿跳。双脚起跳，单脚落地，另一条腿小腿后屈，然后小腿前踢伸直。腿弹出时要有

控制，无须太高，上体保持正直。

⑨ 后屈腿跳。一条腿站立蹬跳，另一条腿向后屈膝折叠，放下腿还原。后屈腿脚跟靠近臀部，支撑腿有弹性地缓冲落地，如图8-18所示，还原后双膝并拢。

图8-14　吸腿　　　　图8-15　摆腿　　　　图8-16　踢腿　　　　图8-17　弹踢腿　　　　图8-18　后屈腿跳

（5）双腿步法

双腿步法的基本特点是双腿站立或跳跃，身体重心在双腿之间。

① 并腿跳。双腿并拢跳起，且有控制地落地缓冲，如图8-19所示。

② 分腿跳。双腿分立，屈膝半蹲（大、小腿夹角不小于90°），向上跳起，分腿落地屈膝缓冲，如图8-20所示。

③ 开合跳。并腿跳起，分腿落地，再由分腿跳起，并腿落地。分腿屈膝蹲时，双脚自然外开，膝关节沿脚尖方向弯曲。落地时，屈膝缓冲，脚跟着地。

④ 半蹲。半蹲分为并腿半蹲和分腿半蹲，双腿有控制地同时屈和伸。分腿半蹲时，双腿左右分开稍宽于肩，脚尖稍外展，膝关节弯曲不小于90°，与脚尖方向一致，躯干保持直立。

⑤ 弓步。双脚前后分开，平行站立，一条腿屈膝，脚尖与膝关节朝同一方向，另一条腿伸直，重心落于双脚之间。也可双膝皆屈，后腿的大腿垂直于地面。

⑥ 弓步跳。并腿向上跳起，前后呈分腿姿势落地，接着再向上跳起，并腿落地。落地时，膝关节有弹性地缓冲，分腿落地时双脚尖朝前方，并且基本在一条线上，如图8-21所示。

⑦ 踝弹动。双腿伸直或屈膝，踝关节有弹性地屈伸。脚尖或脚跟抬起时，保持身体的稳定性和踝关节的弹性。

⑧ 膝弹动。双腿并拢，膝关节有弹性地屈伸。膝关节由弯曲到还原，还原时膝关节应处于微屈状态，如图8-22所示。

⑨ 移重心。以双脚开立为初始动作，双腿屈膝下蹲之后，身体向右侧移动重心，右脚全脚掌着地，左脚脚尖点地，如图8-23所示。身体重心的移动要保持平稳。

图8-19　并腿跳　　　　图8-20　分腿跳　　　　图8-21　弓步跳　　　　图8-22　膝弹动　　　　图8-23　移重心

第二节　啦啦操

案例导入

　　2019年4月22日至4月30日，在美国佛罗里达州奥兰多市举行的2019年啦啦操世界锦标赛上，代表我国参赛的重庆市南坪中学MARS舞蹈啦啦操队的24名队员顶住了巨大的压力，在这场由世界5大洲70多个国家及地区的30 000多名运动员参加的比赛中战胜德国、俄罗斯和奥地利等国家的代表队，荣获第9名，并在接下来的世界全明星啦啦操大赛中，战胜美国等多个国家的俱乐部强队，荣获第7名。

一、啦啦操简介

　　啦啦操运动始创于1880年的美国校园，最早的形式是观众为本队加油呐喊。1930年，人们开始使用彩丝、花球等道具来丰富啦啦操的表现形式。1978年，世界啦啦操基金会组织了首届美国大学生啦啦操比赛。1980年，美国举办了首届全美啦啦操大赛，随后啦啦操运动风靡全球。

　　我国最早接触啦啦操运动是源于在我国直播的美国篮球比赛，其中拉拉队的表演就是啦啦操的一种表演形式。随着人们生活水平的迅速提高，我国啦啦操运动快速发展，具备了一定的竞技技术和水平。在2006年，广西大学、西南交通大学、山东师范大学、广西南宁二十六中、广西大学附属中学和成都三原外国语学校6所院校联合组成中国代表团，参加了在美国奥兰多市迪士尼乐园举办的世界啦啦操锦标赛，获得国际女子公开组亚军的好成绩。这是我国啦啦操第一次在世界啦啦操比赛上亮相，标志着我国啦啦操运动已逐渐向世界级靠近。2010年，成都体育学院啦啦操队代表中国参加世界啦啦操锦标赛，获得了第5名的好成绩，这也是当时中国队在世锦赛上取得的最佳成绩。

二、啦啦操基本技术

啦啦操的基本技术大部分集中在运动员的双手，主要分为手型和手位两个部分。

1. 手型

啦啦操的手型有6种，与健美操的手型基本一致。

（1）并拢式。五指伸直并拢，拇指微屈，指关节贴于食指旁。

（2）分开式。五指用力伸直，充分张开，手腕保持一定的紧张。

（3）芭蕾手式。五指微屈，后3指并拢、稍内收，拇指内扣。

（4）拳式。握拳，拇指在外，指关节弯曲，紧贴于食指和中指。

（5）立掌式。五指伸直，手掌用力上翘。

（6）西班牙舞手式。五指用力，小指、无名指、中指自掌指关节处依次内屈，拇指稍内扣。

2. 手位

拉拉操共有36种基本手位，如图8-24所示。

（1）下A。双臂前下举，手臂稍靠前与冠状面呈30°，双手握拳相触于腹前下方，拳心相对、拳眼朝前。

（2）上A。双臂前上举，手臂稍靠前与冠状面呈30°，双手握拳相触于头前上方，拳心朝对、拳眼朝后。

| 下A | 上A | 高V | 倒V | 加油 | T | 短T | W |

| 上L | 下L | 斜线 | 屈臂X | 高X | 前X | 低X |

| X | 上H | 小H | 下H | 屈臂H | 后M | 前H（拳心向下） |

| 后H（拳心相对） | K | 侧K | 弓箭 | 小弓箭 | 短剑 | 侧上冲拳 |

| 侧下冲拳 | 斜上冲拳 | 斜下冲拳 | 高冲拳 | R | 上M | 下M |

图8-24　啦啦操的基本手位

（3）高V。双臂侧上举，手臂与冠状轴呈45°，稍靠前与冠状面呈30°，双手握拳，拳眼朝前。

（4）倒V。双臂侧下举，手臂与冠状轴呈45°，稍靠前与冠状面呈30°，双手握拳，拳眼朝前。

（5）加油。双臂于胸前屈肘，双手握拳于胸前相触，拳心相对。

（6）T。双臂侧平举，手臂稍靠前与冠状面呈30°，双手握拳，拳眼朝前。

（7）短T。双臂侧平举，手臂稍靠前与冠状面呈30°，胸前平屈，双手握拳，拳眼朝后。

（8）W。双臂侧平举，肩上屈肘，上臂平行于地面，前臂垂直于地面，双手握拳，拳眼朝后。

（9）上L。一臂侧平举，手臂稍靠前与冠状面呈30°，手握拳，拳眼朝前；另一臂前上举，手臂稍靠前与冠状面呈30°，手握拳，拳眼朝后或朝前。

（10）下L。一臂侧平举，手臂稍靠前与冠状面呈30°，手握拳，拳眼朝前；另一臂前下举，手臂稍靠前与冠状面呈30°，手握拳，拳眼朝后或朝前。

（11）斜线。双臂成一条直线，一侧手臂侧上举，另一侧手臂侧下举，双臂均与冠状轴呈45°，手臂稍靠前与冠状面呈30°，握拳，拳眼朝前。

（12）屈臂X。两前臂胸前交叉屈肘，双手握拳，拳眼朝内。

（13）高X。两前臂交叉前上举，交叉位置略高于额头，双手握拳，拳眼朝外。

（14）前X。两前臂交叉前平举，双手握拳，拳眼朝上。

（15）低X。两前臂交叉前下举，交叉位置于腹前，双手握拳，拳心朝后，拳眼朝外。

（16）X。双臂头后屈肘，双手握拳相触于后脑勺，拳眼朝下。

（17）上H。双臂前上举，与肩同宽，手臂稍靠前与冠状面呈30°，双手握拳，拳心相对，拳眼朝后。

（18）小H。一臂前上举，手臂稍靠前与冠状面呈30°，手握拳，拳眼朝后；另一臂胸前上屈，手握拳，拳眼朝后，双臂间距与肩同宽。

（19）下H。双臂前下举，与肩同宽，手臂稍靠前与冠状面呈30°，双手握拳，拳心朝对，拳眼朝前，同时锁肩。

（20）屈臂H。双臂屈肘平行收于胸前，双手握拳，拳心相对，拳眼朝后。

（21）后M。双臂屈肘平行向身后伸展，双手握拳收于腰侧，拳心相对，拳眼朝上。

（22）前H（拳心向下）。双臂前平举，与肩同宽，双手握拳，拳心向下，拳眼相对。

（23）后H（拳心相对）。双臂前平举，与肩同宽，双手握拳，拳心相对，拳眼朝上。

（24）K。一臂前上举，另一臂前下举，双臂均与冠状轴呈45°，双手握拳，拳心朝内。

（25）侧K。身体向一侧转动，前后腿弯曲呈弓步，手臂动作与K相同。

（26）弓箭。一臂侧平举，手握拳，手臂稍靠前与冠状面呈30°，拳眼朝前；另一臂胸前平屈，手握拳，拳眼朝后。

（27）小弓箭。一臂侧平举，手臂稍靠前与冠状面呈30°，手握拳，拳眼朝前；另一臂胸前上屈，手握拳，拳眼朝后。

（28）短剑。一臂叉腰，手握拳，拳背朝前，拳眼朝上，同时肩膀下沉；另一臂胸前上屈，手臂稍靠前与冠状面呈30°，手握拳，拳眼朝后。

（29）侧上冲拳。一臂叉腰，手握拳，拳背朝前，拳眼朝上，同时肩膀下沉。另一臂侧上举，手臂稍靠前与冠状面呈30°，手握拳，拳眼朝前，拳心朝下。

（30）侧下冲拳。一臂叉腰，手握拳，拳背朝前，拳眼朝上，同时肩膀下沉；另一臂侧下举，手臂稍靠前与冠状面呈30°，手握拳，拳眼朝前，拳心朝下。

（31）斜上冲拳。一臂叉腰，手握拳，拳背朝前，拳眼朝上，同时肩膀下沉；另一臂斜上举，手臂稍靠前与冠状面呈30°，手握拳，拳心朝下。

（32）斜下冲拳。一臂叉腰，手握拳，拳背朝前，拳眼朝上，同时肩膀下沉；另一臂斜下举，手臂稍靠前与冠状面呈30°，手握拳，拳心朝上。

（33）高冲拳。一臂叉腰，手握拳，拳背朝前，拳眼朝上，同时肩膀下沉；另一臂前上举，手臂稍靠前与冠状面呈30°，手握拳，拳眼朝后。

（34）R。一臂侧上举，头后平屈，手握拳触于后脑勺，拳眼朝下；另一臂斜下举，手臂稍靠前与冠状面呈30°，手握拳。

（35）上M。双臂侧平举，肩上屈肘，手腕下屈，指尖触肩。

（36）下M。双臂叉腰，双手握拳，拳背朝前，拳眼朝上，同时肩膀下沉。

第三节 体育舞蹈

案例导入

栾江、张茹组合是我国职业拉丁舞的"金牌组合"，拿了大大小小许多冠军。2004年，栾江和张茹获得英国黑池赛上，夺得职业新星组拉丁舞冠军，成为我国体育舞蹈史上第一个黑池冠军。之后，他们多次参加黑池舞蹈节、全英舞蹈公开赛、英国International锦标赛等顶级大赛，均取得了不俗的成绩。

一、体育舞蹈简介

体育舞蹈也称国际标准交谊舞（简称国标舞）。体育舞蹈集娱乐、运动、艺术于一体，是以男女为伴的一种步行式双人舞。

体育舞蹈起源于欧洲、拉丁美洲，由民间舞蹈演变而来。18世纪20年代后，英国皇家舞蹈教师协会对原舞种、舞步、舞姿等进行了规范整理，制定了比赛方法，形成了国际标准交谊舞。1847年，在德国柏林举行了第1届世界标准交谊舞锦标赛。

1935年，国际体育舞蹈联合会成立，并于1997年9月4日正式成为国际奥林匹克委员会会员。2000年，在悉尼奥运会上，体育舞蹈成为正式表演项目。

20世纪30年代，体育舞蹈传入我国，但到20世纪80年代才得到较快的发展。1991年5月，中国体育舞蹈运动协会成立。从1998年开始，体育舞蹈被列入中国文化部"荷花奖"的评奖单项，从此体育舞蹈在我国又开启了一个崭新的篇章。随着生活水平的提高，体育舞蹈受到越来越多人民群众的喜爱。人们将时间和精力投入体育舞蹈的学习和练习中，体育舞蹈演变为健身和锻炼的手段，以有氧拉丁、拉丁、爵士等为代表的体育舞蹈也在各大健身俱乐部中流行起来。

二、体育舞蹈的类型

体育舞蹈按风格和技术结构通常分为摩登舞和拉丁舞两大系列及多个舞种，每个舞种均有各自的舞曲、舞步及风格。根据各舞种的乐曲和动作要求，舞蹈可以编排成各自的成套动作。

1. 摩登舞

摩登舞的特点是持握规范，步法精确，沿舞程线逆时针方向绕场行进，包括华尔兹、探戈、狐步、快步和维也纳华尔兹5个舞种，如图8-25所示。

华尔兹　　　　探戈　　　　狐步　　　快步　　维也纳华尔兹

图8-25　摩登舞

（1）华尔兹。华尔兹也称慢三步，是一种历史悠久、生命力强的舞蹈形式，有"舞中之后"的美誉。华尔兹的动作风格庄重典雅、舒展大方、华丽多姿、飘逸优美。华尔兹的音乐节奏为3/4拍，每分钟28～30小节，舞步为一拍一步，每小节跳3步，第一步为重拍，其余两步为弱拍。而前进并合步（追步）、前进锁步、后退锁步等步伐中每小节跳4步。

（2）探戈。探戈起源于美洲中西部的民间舞蹈"探戈诺"舞，有"舞中之王"的美誉。探戈的动作风格刚劲挺拔、热烈狂放且变化无穷，身体动作无起伏、升降和旋转，有"左顾右盼"的头部闪动动作。探戈的音乐节奏为2/4拍，每分钟30～34小节，每小节4拍，第一步为重拍。其舞步有快步（Quick，Q）和慢步（Slow，S）两种，快步为半拍，慢步为一拍，基本节奏是"慢慢快快慢（SSQQS）"。

（3）狐步。狐步起源于美国，狐步的动作风格流动感强，舒展流畅、平稳大方，主要以脚踝、脚底和掌趾的动作完成升降起伏。狐步的音乐节奏为4/4拍，每分钟28～30小节，每小节4拍，第一步为重拍，第三步为次重拍，基本节奏是"慢慢快快（SSQQ）"。

（4）快步。快步是一种快速4拍舞蹈，起源于美国。快步的动作风格轻快活泼、圆滑流畅、洒脱自由、快速多变，饱含动力感和表现力，包含了跳步、荡腿和滑步等动作。快步的音乐节奏为4/4拍，每分钟48～52小节，每小节4拍，第一步为重拍，第三步为次重拍，基本节奏是"慢慢快快（SSQQ）""慢快快慢（SQQS）"。

（5）维也纳华尔兹。维也纳华尔兹也称快三步，起源于奥地利。维也纳华尔兹的动作风格流畅华丽、轻松明快、翩跹回旋、活泼奔放，基本动作是左右快速旋转步完成反身、倾斜、摆荡和升降等动作。维也纳华尔兹的音乐节奏为3/4拍，每分钟56～60小节，每小节3拍，第一步为重拍。其基本步伐是6拍走6步，两小节一循环，第一小节为一次起伏。

2. 拉丁舞

拉丁舞的特点是持握相对自由，步法灵活多变，舞曲节奏感强、热情奔放；舞态婀娜多姿，注重展示人体曲线；服装鲜艳洒脱，男性通常为上短下长的紧身或宽松装，女性通常为紧身短裙。拉丁舞包括伦巴、桑巴、恰恰、斗牛和牛仔5个舞种，如图8-26所示。

（1）伦巴。伦巴起源于古巴，有"拉丁舞之魂"的美誉。伦巴的风格浪漫奔放、性感热情、曼妙婀娜。伦巴的音乐节奏是4/4拍，每分钟27～29小节，每小节4拍。其舞步从第4拍起跳，由一个慢步和两个快步组成，髋部摆动3次，基本节奏是"快快慢（QQS）"。

（2）桑巴。桑巴是巴西较具代表性的舞蹈，是一种集体性的交谊舞蹈。桑巴的风格狂放不羁，动作幅度很大，节奏强烈，给人以激情似火的感觉。其动作沿舞程线方向绕场移动，男舞者以脚下各种灵巧的动作为主，双脚飞速移动或旋转；女舞者则以上身的抖动及腹部与臀部扭动为主。桑巴的音乐节奏是2/4拍或4/4拍，每分钟52～54小节，重拍在每小节的第2步或第4步，基本节奏有"慢慢（SS）""慢快快（SQQ）""快快快快（QQQQ）"等。

（3）恰恰。恰恰起源于古巴，其风格风趣诙谐、热烈俏皮、步法利落、节奏紧凑。恰恰的音乐节奏是4/4拍，每分钟30～32小节，每小节4拍，重拍在第一步，通常4拍走5步，基本节奏是"慢慢快快慢（SSQQS）"。

（4）斗牛。斗牛源于法国，盛行于西班牙，也称"西班牙一步舞"。斗牛的风格澎湃激昂、雄壮强悍、动静鲜明、敏捷顿挫。斗牛的音乐节奏是2/4拍，每分钟60～62小节，一拍一步，8拍一循环。

（5）牛仔。牛仔源于美国，原是美国西部牛仔跳的踢踏舞。牛仔的风格快速粗犷、自由奔放、热情欢快，舞步以踏步、并合步结合跳跃、旋转等动作组合而成。牛仔的音乐节奏是4/4拍，每分钟42～44小节，每小节有2拍或4拍，6拍为一个舞步。

伦巴　　　桑巴　　　恰恰　　　斗牛　　　牛仔

图8-26　拉丁舞

三、体育舞蹈的基本技术

体育舞蹈基本技术是比赛中的主要内容，其重要性等同于其他比赛的进球或得分技术，主要包括握持和舞姿、动作和舞步、舞程线、方位和角度等。

1. 标准握持

在体育舞蹈中，除探戈之外，其余舞种的标准握持都是一样的。标准握持的要点如下。

（1）脚。双脚平行并拢，右脚尖对准舞伴的双脚之间，重心集中于前脚掌且不能抬起脚跟。

（2）手。男舞者的右手掌心向里，扶在女舞者左侧腰部的上方，五指并拢，肘与指尖成一条直线，上臂与肩膀呈椭圆形展开；女舞者左手轻放在男舞者右上臂三角肌处，四指并拢，用虎口定位；男舞者左手和女舞者右手相握。

（3）躯干。在保持双方肩横线平行的前提下，各自的头部向左侧转动45°，双眼平视前方。女舞者上体后展约15°，呈挺拔式弯曲，表现出女性特有的曲线美。

2. 摩登舞舞姿

摩登舞舞姿分为单人舞姿和双人舞姿两种。

（1）单人舞姿

身体重心保持在一条腿上（单腿重心），这条腿称为支撑腿，另一条腿称为动作腿。动作腿在无重心状态下与支撑腿并拢。女舞者的重心垂直线落地点比男舞者稍后，在脚弓位。身体必须保持垂直，如图8-27所示。

（2）双人舞姿

① 闭式。闭式通常被用在舞蹈的开始。女舞者身体中段的右侧接触男舞者身体中段的右侧，男舞者和女舞者的身体左侧不接触，肩和髋保持平行，如图8-28所示。

② 侧行式。侧行式的接触点是男舞者的右侧和女舞者的左侧，形成一个V形，如图8-29所示。当双方都需要朝V形开口方向运动时使用这个舞姿。不同舞种的侧行位置有所差别。

③ 并退式。并退式的接触点是男舞者的右侧和女舞者的左侧，形成一个V形，如图8-30所示。当双方都需要朝V形闭口方向运动时会用到这个舞姿。

图8-27　单人舞姿　　　图8-28　闭式

华尔兹　　　探戈

图8-29　侧行式　　　图8-30　并退式

3. 拉丁舞舞姿

拉丁舞舞姿同样分为单人和双人两类。

（1）单人舞姿

拉丁舞中5大舞种的单人舞姿如下。

① 伦巴和恰恰。双腿自然靠拢，挺胸、脊柱伸直，任意一条腿向侧跨出一步，另一条腿为支撑腿。支撑腿需伸直，并将重心全部移到支撑腿上，使骨盆可往侧后方移动，重量在支撑腿的脚跟，膝关节要向后锁紧。

② 桑巴和牛仔。双腿自然靠拢，挺胸、腰伸直，任意一条腿向侧跨出一步，另一条腿为支撑腿。支撑腿需伸直，并将重心全部移到支撑腿上，使重量前移至前脚掌，而脚跟不离地板，并且支撑腿的膝盖不可向后锁紧。

③ 斗牛。骨盆向前微倾，身体重量由两个脚掌均匀地承受，当脚伸直时，膝关节不可向后锁紧。

（2）双人舞姿

拉丁舞的双人舞姿有以下几种。

① 闭式。伦巴、桑巴和恰恰中的闭式舞姿需要男女相距约15cm，且女舞者略靠男舞者的右侧。身体重量可以落在任一只脚，女舞者承受体重的腿与男舞者相反。男舞者右手五指并拢，放于女舞者肩胛骨处。男舞者的右臂轻柔而微屈地拥住女舞者，手肘的高度约与女舞者胸部相齐。女舞者的左臂则顺着男舞者右臂的曲线轻轻靠在男舞者右臂的上方，左手轻轻置于男舞者右肩之上，如图8-31所示。

② 分式。男女分开约一只手臂的距离，互相对视。重心可落在任意一条腿上，女舞者承受体

重的腿与男舞者相反。各舞步中，双腿的正确位置有所不同。握手的方式根据不同舞步可分为男左女右、男右女左、男右女右且男右女左（双手互换）3种，如图8-32所示。

③ 扇形式。扇形式舞姿主要应用在伦巴和恰恰中，女舞者在男舞者相距约一只手臂的距离，女舞者右腿向后踏出一整步，重心落在左腿上。男舞者左腿向侧前稍微跨出，以支撑全身的重量。女舞者的左腿向前投射的一条假想线约在男舞者身体前方的15 cm处，如图8-33所示。

图8-31　闭式　　　　　　　　　图8-32　分式　　　　　　　　图8-33　扇形式

4. 基础舞步

体育舞蹈包括以下基础舞步。

（1）直步。面向舞程线，双脚并拢，脚尖正对前方，脚跟正对后方，前进或后退。

（2）横步。以直步为参考点，动作脚向脚外侧方向平移。

（3）切步。以直步为参考点，运步时，动作脚内侧朝向前进方向。

（4）扣步。以直步为参考点，运步时，动作脚外侧朝向前进方向。

（5）擦步。动作脚从一个位置向另一个位置移动时，必须先与重心脚靠拢，且重心不变。

（6）滑步。舞步由3步组成，在第二步双脚并拢。

（7）锁步。双脚前后交叉。

（8）踌躇步。前进暂时受阻，重心停留于一只脚后的时间超过一拍的舞步。

（9）逗留步。身体运动或旋转受阻时，双脚几乎静止不动的舞步。

（10）轴转。一只脚脚掌的旋转，另一只脚处于或前或后的反身动作位置。

5. 摩登舞动作

摩登舞的基本动作包括升降、摆荡、倾斜和反身。

（1）升降

升降包括上升和下降两个动作。

① 上升。脚跟抬离地面，膝关节由曲到直，身体中轴靠舞者内力向上延伸，如图8-34所示。上升分为慢上升和快上升：慢上升用于华尔兹，快上升多用于狐步和快步。

② 下降。支撑腿脚跟落地延续屈膝动作，在下降前，身体处于上升的位置。支撑腿脚跟先与地面接触，同时动作腿开始向身体运动方向运动。支撑腿膝关节开始弯曲，带动身体继续下降，同时动作腿继续按动作要领进行或前或后或侧的运动，如图8-35所示。

（2）摆荡

摆荡是在做升降或旋转动作时，身体横轴在空间位置的弧线移动，如图8-36所示。身体引带动作脚定位，动作脚在身体摆荡中跟随身体到达指定位置。动作脚的运行在身体摆荡时与地面没有实际摩擦，运行快速而稳定。做摆荡动作要借助支撑腿的膝、踝、趾的屈伸所产生的身体升降，实现身体横轴在空间位置的移动。另外，做摆荡动作要借助腰、髋的推力和支撑腿向脚底方向的力，实现身体重心从一点到达另一点的弧线转移。

（3）倾斜

倾斜是指身体的倾斜（侧屈），是在朝向或离向动作腿时做出的动作，可以用于保持平衡、启动、加速、提升舞步的美感等。倾斜动作分为技术倾斜、释放倾斜（断位倾斜）和修饰倾斜3种类型，如图8-37所示。

（4）反身

反身动作是在身体引导旋转的过程中，身体相对于动作腿产生的反向运动动作，如图8-38所示。简单地说，反身动作就是不论前进还是后退，身体异侧向动作腿同方向移动。

图8-34　上升　　　　　　　　　　图8-35　下降　　　　　　　　　　图8-36　摆荡

技术倾斜　　　　　释放倾斜　　　　修饰倾斜

图8-37　倾斜　　　　　　　　　　图8-38　反身

6. 拉丁舞舞步

拉丁舞舞步丰富，包括方向不变舞步、方向改变舞步、延迟走步和拉丁交叉步等。

（1）方向不变舞步

方向不变舞步在行进中不改变方向，有前进走步和后退走步两种步法。

① 前进走步。前进走步是指身体重心从支撑腿到动作腿转移的过程中，仅产生了向前移动的动作。身体稍微预先向前移动，在到达不平衡点前，动作腿先向前移动，重心同时移动；支撑腿控制重心的转移和下沉，然后重复同样的动作进行下一步移动。

② 后退走步。后退走步是指身体重心从支撑腿到动作腿转移的过程，仅产生了向后移动的动作。在身体姿态不变的前提下，动作腿向后移动，在动作腿伸直，脚跟降低结束时，支撑腿保持张力，脚跟自然从地板上离开，完成移动。然后重复相同的动作。

（2）方向改变舞步

借助前进抑制步和前进走转步，舞者可以在舞蹈中自如地转向。

① 前进抑制步。在跳伦巴或恰恰时，前进抑制步是在向前行进的过程中，用于停顿的一步，类似于基础舞步中的跨踏步，如图8-39所示。前进抑制步与前进走步的不同之处在于，前进抑制步的动作腿可以比身体先移动到预定位置，只有部分身体的重量移至动作腿，支撑腿的膝部可以弯曲并靠向动作腿的膝部，且动作腿的脚尖向外约转动1/16。

② 前进走转步。当向前走步要以转动来改变下一个舞步时，在保持躯干或臀部动作的前提下，

可以使用前进走转步。前进走转步的方向变换是利用跳动的前进走步，逐渐转到所要转的方向。使用前进走转步改变方向后，原为前进的舞步变成后退舞步，躯干的最大转动是3/8圈。在前进走转步结束时，支撑腿的位置应在后方，并稍微向外侧，如图8-40所示。

图8-39　前进抑制步　　　图8-40　前进走转步

（3）延迟走步

延迟走步是在跳恰恰或伦巴的过程中，在跳某些舞步时，为了实现躯干和脚步速度的变化，增强对节奏的诠释和突显旋律的美感，引进的特殊类型的走步动作。延迟走步分为屈膝式延迟前进走步、直膝式延迟前进走步和屈膝式延迟后退走步3种具体类型，如图8-41所示。在跳这3种延迟走步时，动作腿首先进入预定位置，但没有完全移动重心，重心的移动比其他舞步稍晚，并且身体转动在重心移动到位时完成。当全部重心没有移动完成时，动作腿的膝盖可以伸直也可以弯曲，可以根据所使用的前进延迟步的位置选择。

（4）拉丁交叉步

拉丁交叉步类似于基本舞步中的锁步，主要用于拉丁舞。跳拉丁交叉步时，一条腿从另一条腿的前方或后方交叉，所完成的腿部的位置都是相同的，如图8-42所示。

屈膝式延迟前进走步　直膝式延迟前进走步　　屈膝式延迟后退走步

图8-41　延迟走步　　　　　　　　　图8-42　拉丁交叉步

第四节　瑜伽

案例导入

张蕙兰的瑜伽系列片深受欢迎，不间断地播放了15年，是我国电视史上播出时间最长的系列片之一。这个节目以每周7天，每天2～3次的频率播出，主要内容包括瑜伽姿势、生活方式、冥想，以及根据瑜伽对个人和社会问题的领悟等。

一、瑜伽简介

瑜伽的起源可以追溯到古印度时期。早期的瑜伽体式来源于修行者的无意发现。修行者认为很多动物患病时能够不经过治疗而自然痊愈，得益于动物的各种姿态，于是修行者开始模仿动物的日常姿态，将这些姿态运用于人体，从而创立出一套有益身心的锻炼系统。

经过几千年的演变，瑜伽出现了各种分支。由于瑜伽对心理减压和生理保健等方面作用明显，因此现代人把瑜伽当作健身的手段。瑜伽也从印度传至欧美、亚洲、非洲等地区。为了推广这项有益身心的健身运动，联合国还将每年的6月21日设置为"国际瑜伽日"，提倡和鼓励全世界更多的人参与瑜伽锻炼。

瑜伽在我国古代就已有记载，但只是间接介绍了瑜伽的思想或练习体式。1939年，英德拉·黛维曾于上海开办瑜伽学校传播瑜伽，瑜伽的发展在我国进入萌芽阶段。1985年，中央电视台播放了张蕙兰瑜伽系列教学片，让很多人开始认识瑜伽，标志着瑜伽开始在我国真正推广起来。此后，一些出版机构开始翻译出版瑜伽著作，大量瑜伽爱好者亲赴印度等地学习瑜伽，瑜伽场馆大量出现在各个城市，一些高校也开设了瑜伽课程。进入21世纪后，随着我国居民可支配收入不断增加，以及健康保健意识的增强，瑜伽的普及度不断提升，我国练习瑜伽的人数一直保持稳定增长。

二、瑜伽基本技术

瑜伽以冥想和呼吸为始，再配合前屈、后仰、侧弯、扭转、平衡和倒立等瑜伽的基本体位，完成一整套动作。

1. 冥想

瑜伽冥想的本质其实就是锻炼个人的注意力，就是简简单单地注意和关注，且不自行带入任何注意的内容，没有参与注意的对象。瑜伽冥想的姿势都是打坐式，包括以下9种坐姿。

（1）莲花坐。双腿向前伸直，弯曲双膝，左脚放右大腿上，右脚放左大腿上。两只手手掌向上，拇指和食指指端轻贴，成智慧手印，并轻放在双膝上。腰部伸直，胸部自然挺起，下巴稍微抬起，深而慢地呼吸，双腿尽量贴地，如图8-43所示。

（2）半莲花坐。弯曲右腿并让右脚掌顶在左大腿内侧，弯左腿并把左脚掌顶在右大腿内侧，头、颈和躯干保持在一条直线上，可以交换双腿上下位置。下颌收起，手臂伸直，肩膀放松，胸打开，臀部贴地，脊柱向上挺直，腰不后仰。

（3）英雄坐。左腿弯曲放在右腿下，脚后跟触到臀部，调整右腿，放在左腿上，如图8-44所示。由于身体的大部分都接触到了地面，所以这个坐姿容易长久保持，且可以换腿练习。

（4）吉祥坐。弯起左腿，把左脚掌顶住右大腿，弯起右腿，把右脚放在左大腿和左小腿之间。双脚的脚趾应该分别楔入另一条腿的大腿和小腿之间。双手放在双膝之上。

（5）至善坐。右腿弯曲，并把脚后跟贴在会阴部。左脚放在右腿上，并把左脚尖塞进右腿的大腿与小腿之间。腰部伸直，挺起胸部，双手放在膝盖上，做智慧手印或意识手印。

（6）金刚坐。膝弯曲，臀部放在脚跟上，双脚拇趾相碰。

（7）雷电坐。双膝跪地，两小腿胫骨和双脚脚背平放地面，双膝并拢。双脚拇趾相互交叉，双脚跟向外指。将臀部放在双脚内侧，两个分离的脚跟之间。雷电坐如图8-45所示。

（8）合趾坐。双膝弯曲，朝左右张开，脚底相贴。后脚跟尽量靠近上体。合趾坐如图8-46所示。

（9）长坐。双脚向前伸出并拢，脚踝与脚尖自然伸直，不用力。脊柱正直，向上延伸，双臂自然下垂，手放于身体两侧。

图8-43 莲花坐　　　图8-44 英雄坐　　　图8-45 雷电坐　　　图8-46 合趾坐

2. 呼吸

瑜伽中的呼吸是动用整个肺吸入充足的"能量"供给身体，促进心脏血液循环并且通过血流将"能量"送至身体的各部。具体到练习瑜伽动作，展开动作时吸气，收缩、扭转动作时呼气；做困难动作时呼吸较快，做简单动作或平衡动作等时呼吸较深沉；保持动作时放松，均匀呼吸。

（1）腹式呼吸。腹式呼吸是使用肺的底部进行呼吸，感觉只是腹部在鼓动，胸部相对不动。双手的拇指和食指做出三角状，放在肚脐中心位置。把手放在腹部上，慢慢地吸气，放松腹部，感觉空气被吸向腹部，手能感觉到腹部越抬越高，实际上横膈膜下降，将空气压入腹部底层。吐气时，慢慢收缩腹部肌肉，横膈膜上升，将空气排出肺部。吐气的时间是吸气时间的两倍。

（2）胸式呼吸。胸式呼吸是使用肺的中上部分进行呼吸，感觉胸部在张缩鼓动，腹部相对不动。呼吸时，将双手放在十二肋两侧，不要施加压力，保持骨盆中立位（髂前上棘和耻骨在一个平面上）。收缩腹部，吸气，在保证腹腔壁内收的前提下，感觉肋骨下部升高并向两侧推出。腹腔壁持续内收。呼气，感觉肋骨回落。在吸与呼的过程中始终收缩腹部，感觉肋骨像一架手风琴向两侧扩张和收缩。胸式呼吸有助于增强消化功能。

（3）完全呼吸。完全呼吸集胸式、腹式呼吸于一体，也称横膈膜呼吸。完全呼吸可以使肺的上、中、下三部分都参与呼吸，腹部、胸部乃至感觉全身都在起伏张缩。吸气时，先轻轻吸气到腰部的位置，感觉腹部区域充满气体时，继续吸气，尽量将胸部吸满，扩张至最大限度，感觉气体从腹部渐渐充满至胸部后，从胸部开始慢慢吐气，最后以收缩腹部肌肉的方式结束。呼气时，确保将体内的空气完全排出。

3. 前屈

瑜伽很多体位都是针对脊柱练习的，因为脊柱是人体的"大梁"。前屈就是指脊柱向前弯曲靠向腿部的一种瑜伽体位。前屈可以伸展和强壮背部肌群，促进背部血液循环，增强脊柱的柔软性和灵活性；轻柔地挤压和按摩腹部器官，促进消化和排泄；拉伸腿部后侧肌肉和韧带。

（1）前屈站姿

站姿下的前屈动作包括站立式前屈和半莲花站立前屈。

① 站立体前屈。手自然下垂。呼气，同时向前弯曲身体，注意弯曲要从髋部开始，而不是从腰部开始。在前屈过程中，脊柱得以伸展，打开下至耻骨上至颈椎的空间，如图8-47所示。

② 半莲花站立前屈。左腿弯曲，将左脚脚踝放到右大腿上，脚背紧贴大腿，左膝朝外打开。左手绕过身后，抓住左脚脚趾。深深吸气，呼气时身体有控制地缓慢向前屈，右手碰到地上的垫

子后停留保持住，右腿伸直，脊柱向前伸展。再次呼气时，身体进一步向前弯曲，低头，使胸口尽量向大腿靠近。半莲花站立前屈如图8-48所示。

（2）前屈坐姿

坐姿的前屈动作包括龟式、单腿背部伸展式、双腿背部伸展式、半英雄坐前屈等。

图8-47　站立体前屈　图8-48　半莲花站立前屈

① 龟式。长坐在瑜伽垫的中央，双脚打开适当的距离，微屈双膝，双手侧平举，身体向前，将右手从右膝下方穿出，将左手从左膝下方穿出，身体再次向前，靠近地面，双手臂从膝盖下方向两侧伸直的同时，双膝也随之伸直，下颌点地，眼睛看向前方。

② 单腿背部伸展式。长坐，腰背挺直，双腿伸直并拢，双手放于臀部两侧，掌心贴地，指尖朝外。屈右膝，右脚掌贴在左大腿内侧，膝关节自然向外展开。吸气，双臂向上伸展过头顶。呼气，俯身，双手抓左脚脚掌，稍屈肘，拉动身体贴近左腿。

③ 双腿背部伸展式。长坐，腰背挺直，双腿伸直并拢，双手放于臀部两侧，掌心贴地，指尖朝外。吸气，腰背挺直，双臂向上伸展，双手在头顶上方合十，双臂带动脊柱向上伸展，体会背部向上牵拉的感觉。呼气，俯身，直到双手分别握住双脚脚尖。深呼吸，向下弯曲手肘带动上半身继续向腿部靠拢，双手抓住双脚掌。

④ 半英雄坐前屈。长坐，双腿伸直，屈右膝，向后移动右脚，将右脚放在右侧臀部外侧，保持身体的平衡，左腿伸直，膝盖、脚尖成一条直线。吸气，延展脊柱，呼气，身体向前向下，双手抓住前脚掌，或抓在脚后跟上，胸腔尽量靠近大腿，依次把头、鼻子、嘴唇、下颌放在左膝上。

（3）其他前屈体位

除了站姿与坐姿，还有一些特殊的前屈体式，如婴儿式与下犬式。

① 婴儿式。以简易坐坐在瑜伽垫上，双脚拇趾叠放在一起，双手轻轻放在大腿上，肩部打开，微微下压。呼气时，双手移至身体两侧，上身自尾椎开始，一节一节往前方放松落下，直至腹部贴近大腿，胸部落在膝盖上，额头贴近地面。

② 下犬式。跪姿准备，双手双脚打开与肩同宽，双手在双肩的正下方，双膝在髋部的正下方，呼气，双脚脚后跟向下踩，臀部向后向上，将坐骨推到最高点，身体呈倒V形。脚后跟用力向下踩，膝关节伸直，大腿肌肉收紧，脚后跟、膝盖窝到臀部成一条直线，双手用食指与中指指根，以及大鱼际用力推地，手臂、躯干到坐骨成一条直线，手臂由腋窝处向外转动，放松双肩和颈部，头部和脊柱在一条直线上。

4. 后仰

后仰是指脊柱向后弯曲的瑜伽体位，后仰最好和前屈配合练习，以充分伸展脊柱，使椎间盘复位，并让脊柱得到充分休息。后仰可以放松身体前面的肌肉和结缔组织，强壮后背的肌肉；增强肩关节的灵活性，扩展胸腔；放松胸部、肋间的肌肉和筋膜，特别是心包膜，给心脏更多的空间；增加脊柱区域的血液供应，使中枢神经系统受益；伸展腹部区域。

（1）牵引后仰

牵引后仰体位是一种顺应重力的后弯，这类后仰通常从跪姿、站姿或仰势体位开始，身体要完成后仰需要随着重力向地板下落。

① 骆驼式。跪立，双腿打开与髋同宽，小腿、脚背贴地，脚尖指向正后方，双手扶髋，抬头挺胸，手肘内夹，身体后弯，双手依次放在双脚上，头在脊柱的延长线上，胸腔打开，髋部与膝关节在一条直线上并垂直于地面。

② 轮式。仰卧，弯曲双膝，尽量将双脚靠近臀部，双手向后放在两侧的地上，指尖指向双肩的方向。吸气，躯干抬起，使双腿、臀部、背部和头部呈拱形，用双脚和双手掌的力量支撑身体，如图8-49所示。

（2）收缩后仰

收缩后仰体位是一种克服重力的后弯，这类后仰通常从俯势体位开始，腹部对着地面。

① 眼镜蛇式。选择俯卧姿势，下颌点地，双臂自然放于体侧，双手握空拳。屈手肘，双手掌心向下，指尖向前，放于胸的两侧，下颌抵在瑜伽垫上。吸气，慢慢抬高上体，上体尽量与地面保持垂直，伸直双臂，视线看向上方，尽量抬高下颌。

② 弓式。俯卧，双腿伸直并拢平放于地面，颈部微抬使下颌触地，双手贴于体侧。弯曲双膝，双腿离地后伸展使得脚跟内收靠于臀部两侧，双手向后抓住脚踝处。收腹，双膝微向两侧打开，保持呼吸，双手抓住双腿向上抬起直至双臂贴于耳边，胸部及腿部尽量抬离地面，颈部后仰，使躯干呈弓式姿势，如图8-50所示。

图8-49 轮式

图8-50 弓式

5. 侧弯

侧弯是指脊柱向左右弯曲的瑜伽体位。侧弯可以增强脊柱的灵活性和弹性，减少侧腰部的脂肪，起到一定的减脂效果。

图8-51 门闩式

图8-52 三角伸展式

（1）门闩式

跪立，腰背挺直，右腿向右侧打开伸直，脚趾指向右侧，与大腿、膝关节成一条直线；左大腿垂直于地面，右手轻放在右腿上。吸气，放松双肩，双臂侧平举。呼气，右手扶住右腿向下滑动，身体向右侧弯曲，左臂随之上举，与地面垂直，眼睛注视左手指尖延伸的方向。再次呼气，身体进一步向右侧弯曲，左臂也随之向下压，贴向左耳，向右延伸，如图8-51所示。

（2）三角伸展式

站立，跳步分开双腿，双脚距离90~105cm。双臂侧平举，手臂与地面保持平行，手掌朝下。右脚向右转90°，左脚稍向右转，膝部绷直。呼气，身体躯干向右侧弯曲，右手掌贴近右脚踝，指尖触地。向上伸展左臂，与右肩成一条直线，伸展躯干，双眼注视左手拇指，腿后部、臀部、后背成一条直线。提升右膝盖，正对脚趾，右腿保持挺直。三角伸展式如图8-52所示。

（3）侧角伸展式

站立，双腿大大地打开。吸气，双臂侧平举，手掌朝下。右脚外转90°，右脚后跟正对左脚弓，双腿充分伸直。缓慢呼气，屈右膝，使右膝位于右脚脚踝正上方，膝盖不要超过脚尖，右大腿与右小腿呈90°。向右后侧伸展身体，右手放在紧挨右脚小脚趾的地面上，右膝顶住右腋窝。举起左臂，向上伸展，头部转动，眼睛看向左手指尖的方向。呼气，左肩向下放松，左臂向斜后方伸出，手臂贴近左耳，掌心朝下。

6. 扭转

扭转是指脊柱水平向左右扭转的瑜伽体位。扭转体位可以轻柔按摩内脏，缓解轻微的背痛，还能起到安抚和平静心情的作用。

（1）半鱼王式

长坐，坐在瑜伽垫上，屈右膝，将左脚从右膝下方穿过，屈左膝，脚后跟靠近臀部，将左脚放在右大腿的外侧，右脚掌踩实垫面，脊柱向上立直，双手侧平举，身体向右扭转，右手放于身体后侧，左手放置于右大腿外侧，如图8-53所示。

（2）弓步扭转式

右腿弯曲在前，髋部摆正，右手来到头顶，左手向上延展，身体向前倾，弯曲左手，准备扭转，保持髋部摆正。左手肘抵住右膝盖外侧，双手合十。

（3）脊柱扭转式

站立，双手在体前合十，肘部抬高，双手前臂成平行于地面的一条直线。弯曲双膝，臀部向后坐，背部伸直朝前倾，至腹部贴近大腿。保持身体的平衡，身体左转，右手肘抵住左腿膝盖，身体向左上方转动，双肩保持在一条直线上，尽量与地面垂直，如图8-54所示。

图8-53 半鱼王式　　图8-54 脊柱扭转式

7. 平衡

平衡是指利用部分肢体支撑身体并保持平衡的瑜伽体位。平衡可以锻炼身体的平衡感和协调性，提升注意力，起到平心静气的作用。

（1）树式

站立，屈右膝，右膝向右侧打开，用右手将右脚掌放在左大腿内侧上端大腿根部，尽量靠近会阴处，脚尖指向正下方。双手经体侧向上举过头顶，放下双手并合十，双肩放松，眼睛平视前方。树式如图8-55所示。

（2）舞蹈式

双脚并拢站立，拇趾相触。也可双脚稍分开并平行。抬起左臂向前伸展，把左臂举到与肩膀同高的位置，掌心向下。把重心转移到左腿上，右腿向后抬，右手抓住右脚外侧。舞蹈式如图8-56所示。

图8-55 树式　　　　图8-56 舞蹈式

（3）鹰式

站立，腰背挺直，屈右膝，身体重心移向左腿，抬右腿向上，屈左膝，右腿绕过左膝，右小腿缠绕在左小腿上，双手侧平举，左手臂在上，右手臂在下，相互缠绕，双手合十，抬手臂与胸部齐平，慢慢屈膝向下，延展背部，臀部向后向下。

8. 倒立

倒立是指身体倒置的瑜伽体位。倒立可以促进身体的血液循环，减轻心脏的负担；减轻双腿静脉血管的压力；增加大脑的血液循环和供氧量，增加大脑的活力；有效消除疲劳，缓解失眠和紧张情绪。

（1）犁式

仰卧，双腿伸直并拢，双手自然贴放于身体两侧，掌心贴地，向上抬起双腿，双手按压地面，使背部抬离地面，然后双腿缓缓向头顶方向伸展，双脚触地，如图8-57所示。

（2）肩倒立

先完成犁式体位，弯曲双肘，上臂贴地，手掌按在肋骨处，以保持躯干稳固，肩膀仍放在地面上。手掌用力抬起躯干，慢慢抬起右腿，向上伸展，膝盖绷直，脚趾朝上，与地面垂直；再以同样的方法抬起左腿；双腿并拢，绷紧大腿后部肌肉，垂直向上伸展。胸骨抵住下颌，形成稳固的下颌锁定的体式。头部、颈部、肩部，以及上臂放于地面上，身体其他部位成一条直线，与地面保持垂直。肩倒立如图8-58所示。

 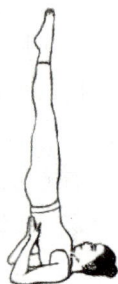

图8-57　犁式　　　　　图8-58　肩倒立

9. 其他常见体位

瑜伽中，还有一些难以归类但常见的体位，如广角式、战士三式、船式等。

（1）广角式

坐下，腰背挺直，双腿保持伸直，慢慢打开，确定大腿紧贴于瑜伽垫，脚跟向前，膝盖及脚趾向上。提起双臂，双手掌平行向内，指向天花板。将上体慢慢向前伸展。腹部、胸部和下颌依次贴在瑜伽垫上。手掌张开放在前方的地上。

（2）战士三式

站立，手臂向上伸展，举过头顶，与地面垂直，躯干前倾，同时抬起左腿离地，右腿伸直。身体继续前倾，手臂向前伸展，与躯干、左腿成一条直线。保持平衡的同时，右腿完全绷直，与地面保持垂直，左腿完全伸展，躯干与地面平行，如图8-59所示。

（3）船式

坐姿，背部微微向后，双脚靠拢，脚背绷直，双手置在身后两侧。屈膝，抬起小腿与地面平行，上体再向后倾，与地面呈45°，双手按地。双腿伸直，与地面呈45°，躯干与双腿形成一个V形。双手向前伸直与地面平行，挺直腰背和胸膛，双脚并拢夹紧。船式如图8-60所示。

图8-59　战士三式　　　　　图8-60　船式

第五节 健美

案例导入

　　赵竹光在大学期间，听到了战争的炮响，激起了他想要加强锻炼、保卫祖国的雄心壮志。他参加了美国健身专家列戴民的健身函授班，并号召周围同学一起创立了我国乃至全亚洲第一个健身组织——沪江大学健美会。"健美"这一名称也正是他提出的。毕业后，赵竹光始终致力于健美运动的实践和传播，翻译和创作了多本健身作品，创办了上海健身学院，并从事着健美和举重方面的科研工作。

一、健美运动概述

　　健美运动可以追溯到古希腊时代，当时人们经常炫耀自身的力量和体态，并在古代奥运会上进行展示。19世纪末，德国人尤金·山道开创了现代健美运动。20世纪初，健美运动在美国和英国得到广泛开展，并迅速在全世界范围内传播。早期的健美运动多由男子参加，女子健美运动则兴起于20世纪40年代，1970年以后也有了正式的女子健美运动比赛。

　　健美运动于20世纪30年代传入我国，但真正发展起来是在20世纪80年代以后，此后，我国每年都在上海、北京、广州等地举行全国性的健美运动比赛。我国于1985年加入了国际健美健身联合会。健美运动比赛也被列为亚运会的正式比赛项目。目前，许多高校也开设了健美课，成立了健美协会，健美运动越来越受到广大青年的喜爱。

二、健美运动基本技术

　　健美运动需要按体格健美的标准来锻炼人体各部位的肌肉，提升肌力。在健美运动中，训练全身各部位肌肉的动作有很多，这里重点介绍适合大学生借助器材和独立操作的、具有代表性的、健美训练效果显著的，以及以强壮体魄、训练肌肉为目的的基本动作。

1. 颈部动作

　　健美运动的颈部动作主要锻炼的肌肉包括胸锁乳突肌、颈后部肌群、颈侧肌群。另外，考虑到女生与男生的健美需求不同，如女生健美通常是为了改善形体，而不是增加肌肉，所以下面会单独介绍适合女生练习的健美颈部动作。

　　（1）通用颈部动作

　　健美运动中，锻炼颈部肌肉有以下3种常用动作。

　　① 单手侧压颈屈伸。单手侧压颈屈伸主要用于锻炼颈侧肌群，锻炼时可以坐着，也可以站着。具体动作为：一只手按头右侧，另一只手叉左侧腰间，按在头右侧的手用力把头向左侧推压，颈部则用力顶住，不让其轻易被压倒，但头部逐渐被压倒；然后，颈部用力把头向上、向右抬起，而右手则用力压住头部，不让其轻易抬起，但颈部逐渐完全伸直。如此反复多次，直到颈部肌肉感觉酸胀为止。一侧练习完成后，换另一侧练习。需要注意的是，呼吸的方法为一只手用力侧压头部时吸气，压到底时呼气。

　　② 双手正压颈屈伸。双手正压颈屈伸主要用于锻炼胸锁乳突肌和颈后部肌群。具体动作为：

双手十指交叉，按在头后，双手用力压头部，使其向前下方屈曲，颈部则用力顶住，不让其轻易下压，但头部逐渐被压到下颌触及锁骨柄处；然后，颈部用力使头部向上抬起，双手用力压住头部，不让其轻易抬起，但头部逐渐抬至原位。需要注意的是，呼吸的方法为：双手用力下压时吸气，压至底时呼气；头部上抬时吸气，抬至原位时呼气。

③ 头压铁片颈屈伸。头压铁片颈屈伸主要用于锻炼胸锁乳突肌和颈后部肌群。具体动作为：仰卧于长凳上，双手握一块铁片（通常为杠铃片）压在头后，头部下垂，颈部用力使头抬至最高点，然后颈部放松，让头缓慢下垂至原位置。需要注意的是，呼吸的方法为头部上抬时吸气，下垂时呼气。另外，头部上抬时，双眼尽量朝上看，头部下垂时，双眼则尽量朝下看。

（2）女生适用的颈部动作

女生适用的颈部动作主要有以下几种。

① 头部旋转。具体动作为坐姿或站姿，将头部最大限度地旋转画圆，顺、逆时针交替进行。

② 双手正压颈。具体动作为双手交叉置于头后，下颌贴于胸上部，然后双手向下压，同时抬头后仰，每分钟5～10次。

③ 仰卧压颈。具体动作为仰卧，双臂自然贴近身体两侧，慢慢抬起头部，将下颌尽量向胸部贴近，直至极限，每分钟5～20次。

2. 胸部动作

胸部是健美运动中主要的锻炼部位，胸部动作也是男女生健美时的常用动作。

（1）通用胸部动作

健美运动中的胸部动作主要用于锻炼胸大肌和胸小肌，常用动作有以下几种。

① 平卧推。平卧推主要用于锻炼胸大肌，兼练肱三头肌，使用杠铃、哑铃、仰卧推举架等器材。具体动作为：仰卧在长凳上，挺胸沉肩，腰背收紧，呈弓形，将杠铃放在胸部上方；将杠铃垂直上举至双臂完全伸直，胸肌彻底收紧时静止1s，将杠铃慢慢下落至原位。呼吸的方法为上举时吸气，下落时呼气。

② 上斜卧推。上斜卧推主要用于锻炼胸大肌上部，兼练三角肌前束和肱三头肌，使用杠铃、哑铃、仰卧推举架等器材。具体动作为：仰卧在30°～40°的上斜长凳上，挺胸沉肩，腰背收紧，呈弓形，双手正握杠铃置于胸部稍上部；将杠铃垂直上举至双臂完全伸直，静止1s，慢慢下落杠铃至原位。呼吸的方法为：上举时吸气，静止时呼气；缓缓下落时吸气，落到原位时呼气。

③ 下斜卧推。下斜卧推主要用于锻炼胸大肌下部、肱三头肌和三角肌前束，使用杠铃、哑铃、仰卧推举架等器材。具体动作为：头朝下斜卧于长凳，挺胸沉肩，腰背收紧，呈弓形，双手正握杠铃置于胸部下方；将杠铃垂直上举至双臂完全伸直，静止1s，慢慢下落杠铃至原位。呼吸的方法为：上举时吸气，静止时呼气；缓缓下落时吸气，落到原位时呼气。

④ 仰卧飞鸟。仰卧飞鸟主要用于锻炼胸肌，使用哑铃、长凳等器材，采用平卧、上斜卧、下斜卧姿势。具体动作为：仰卧于长凳上，挺胸沉肩，腰背收紧，呈弓形，双手拳心相对，持哑铃，双臂向上伸直与地面垂直，双脚平踏于地面；双手向两侧分开下落，两肘微屈，直至不能更低，静止1s，让胸大肌完全伸展，然后双臂从两侧向上举，回到开始位置。需要注意的是，呼吸的方法为双臂拉开时吸气，恢复时呼气。另外，双手不能紧握器材，手臂下落时，背部肌肉要收紧，将注意力集中在胸大肌的收缩和伸展上。

⑤ 卧式双臂上拉。卧式双臂上拉主要用于锻炼胸大肌下部、肱三头肌和三角肌前束，使用杠铃、哑铃、长凳等器材。具体动作为：仰卧于长凳，双手正握哑铃或杠铃，双臂伸直，与地面平行，双脚平踏在地面或长凳上；两肘保持微屈，将哑铃或杠铃向上向后拉，并尽可能下落到最低点，静止1s，让胸大肌尽量伸展，然后收缩胸大肌，将双臂向上向前拉，直至回到开始位置。需要注意的是，呼吸的方法为向上向后拉时吸气，向上向前恢复时呼气。另外，开始时尽量吸气，后拉时让双臂充分向后下压，前拉时让双臂充分向前伸直。

⑥ 坐姿夹胸器夹胸。坐姿夹胸器夹胸主要用于锻炼胸大肌，对喙肱肌和肱二头肌短头也有锻炼作用，使用器械为夹胸器。具体动作为：坐于器械椅上，抬头、挺胸、收腹、挺腰，头、背、臀紧贴椅背，肘部贴靠在活动臂板上，前臂和腕部放松，双手扶握横把。胸部用力，推动活动臂至胸前，使两个活动臂相对，静止2s，缓慢恢复至原位。需要注意的是，呼吸的方法为夹胸时吸气，恢复时呼气。另外，动作过程应始终保持背部、臀部紧贴于椅面，用力夹胸时两肩胛下沉，挺胸，不可含胸耸肩。

（2）女生适用的胸部动作

女生适用的胸部动作主要有以下几项。

① 屈臂触地。双膝跪地，手臂伸直撑地，向下做屈臂动作，直到下颌和胸触地。屈臂时臀部不能后引，身体重心在双手，手臂支撑体重，静止1s，重复8~10次。

② 平举哑铃。手持哑铃自然站立，一只手向前平举至与肩同高，另一只手沿体侧下垂。然后双臂于体前上下交替平举哑铃，每分钟25~30次。

③ 板卧推。仰卧于斜板，双手握哑铃置于体侧，然后双臂轮流举哑铃于头前上方，每分钟20~30次。

3. 背部动作

背部动作在男生健美中比较常见，女生较少采用背部动作。

（1）通用背部动作

健美运动中的背部动作主要用于锻炼背大肌和斜方肌等，常用动作有以下几种。

① 立式耸肩。立式耸肩主要用于锻炼斜方肌，使用器材为哑铃、杠铃。具体动作为：身体直立，双手用正（俯）握法握住杠铃或哑铃，握距稍宽于肩；先让肩部尽量下沉，双臂完全不使劲，然后耸起两肩（主要是收缩斜方肌），静止1s，放松肩部，重复进行。需要注意的是，呼吸的方法为耸起肩部时吸气，放松时呼气。另外，耸起肩部把杠铃或哑铃稍稍上提时，要完全依靠收缩斜方肌所产生的力量，两肘不能弯曲。

② 直立划船。直立划船主要用于锻炼斜方肌，还能锻炼三角肌前束和前锯肌，使用器材为杠铃。具体动作为：双脚自然开立，双手用上握法握杠，握距比肩窄（可窄到两拳在杠中央相接）。将杠铃缓缓向上拉起，直至横杠几乎触及颈部，静止1s，让杠铃缓缓下落至双臂完全伸直，重复进行。需要注意的是，呼吸的方法为杠铃上拉时吸气，下垂时呼气。另外，上拉时要让横杠尽量贴近身体，若握把较宽，杠铃上拉时可让两肘尖向上。上拉时身体不要摆动，下落时速度要慢，让杠铃尽量下落至最低点。

③ 并握划船。并握划船主要用于锻炼斜方肌，还能锻炼三角肌前束和前锯肌，使用器材为杠铃。具体动作为：将横杠一端套上杠铃片，另一端留空，并顶住墙角或用重物压住；骑跨横杠，面向重端，站在垫木上，双膝稍弯，臀部向后移，双手一前一后握横杠的近杠铃片处，将杠铃重

端稍稍拉离地面，双臂下垂，不低头，收缩背阔肌，屈肘将杠铃的重端拉起至接近胸骨处，静止1s，收紧背阔肌；放松背阔肌，让杠铃重端缓缓下降。需要注意的是，呼吸的方法为上拉时吸气，下降时呼气。另外，为了尽量用背阔肌的收缩力量，双手握杠时要放松些，以少耗臂力。上体保持不动，不抬高借劲。上拉前，要让背阔肌放松，上拉至最高点时彻底收缩。另外，运动时胸要挺，腰要收紧，腿要用力下踏，臀部要往后移。

④ 俯身划船。俯身划船主要用于锻炼背阔肌、大圆肌、三角肌后束、臂部屈肌、菱形肌和斜方肌，使用杠铃、哑铃、拉力器、弹力带等器材。具体动作为：屈膝，上体前倾45°，保持背部挺直，双臂垂直握杠，使杠铃稍离地面，收缩背阔肌，上臂上拉，把杠铃尽量拉高，静止1s，让杠铃缓缓下降至双臂完全伸直。需要注意的是，呼吸的方法为上拉杠铃时吸气，放下时呼气。另外，上拉时要借助背阔肌收缩的力量，而不是臀部的力量。上拉时，腰要收紧，上体尽量不摇动，腿部用力，臀部后移，以保持平衡。

⑤ 坐姿划船。坐姿划船主要用于锻炼背阔肌、肱二头肌、肱肌、三角肌和肱桡肌，使用组合训练器、拉力器、弹力带等器材。具体动作为：面向训练机坐下，双脚抵于挡板，身体前倾；用力拉动手柄至胸廓下部，肘关节外展、尽量向后；动作终末时肩胛骨内收，保持2s，缓慢还原。需要注意的是，呼吸的方法为划船拉起时吸气，缓慢还原时呼气。

⑥ 正握引体向上。正握引体向上主要用于锻炼背阔肌，使用器材为单杠。具体动作为：双手宽握或正握（掌心向前）单杠，双脚离地，双臂自然下垂，用背阔肌的收缩力量将身体往上拉起，直到单杠触及或接近胸部或颈后肩背部，静止1s，使背阔肌彻底收缩；然后逐渐放松背阔肌，让身体缓缓下降，直到恢复完全下垂，重复进行。需要注意的是，呼吸的方法为将身体往上拉时吸气，下降时呼气。另外，上拉时注意力集中在背阔肌，把身体尽可能地拉高，不要摆动身体，下降时脚不能触及地面。可在腰上钩挂杠铃片来增加负重。

（2）女生适用的背部动作

女生适用的背部动作为仰卧于垫面，向上做挺胸动作，到极限时，静止1s。需要注意的是，挺胸时头和臀部不能离垫，重复6~8次。

4. 腹部动作

腹部肌肉是健美运动中重点锻炼的肌肉，女生也比较注重腹部肌肉的锻炼。

（1）通用腹部动作

健美运动中的腹部动作主要用于锻炼腹直肌、腹内斜肌、腹外斜肌和腰方肌等，常用动作有以下几种。

① 仰卧起坐。仰卧起坐主要用于锻炼上腹部肌肉，使用垫子、凳子等器材。具体动作为：仰卧于平垫上或头朝上仰卧于斜板上，双脚并拢伸展，双手交叉放于头后；收缩腹肌使上体坐起，稍停后缓慢还原。需要注意的是，呼吸的方法为向上坐起时吸气，向下仰卧还原时呼气。另外，下落时要控制腹肌，不能下落得太快，也不能借反弹力坐起。

② 仰卧抬腿卷缩上体。仰卧抬腿卷缩上体主要用于锻炼上腹部肌肉，使用垫子、凳子等器材。具体动作为：平卧于床上或地上，双膝弯曲，抬起小腿，双手抱头；在保持小腿不下放的姿势下，尽力向前卷缩上体。需要注意的是，呼吸的方法为向前卷缩时吸气，回落时呼气。另外，向前卷缩时，腰要下沉贴床或地面，腹肌尽量收缩。

③ 收腹下拉。收腹下拉主要用于锻炼上腹部肌肉，使用组合训练器、拉力器、弹力带等器

材，采用站姿、跪姿或坐姿。以站姿为例，具体动作为：背对组合训练器站立，双手握拉杆（或握把）置于颈后（或颈侧）；收缩腹肌，使胸部向大腿靠近，稍停后缓慢还原。需要注意的是，呼吸的方法为缩身卷腹时吸气，还原时呼气。另外，缩身卷腹时臀部不得后坐。

④ 仰卧举腿。仰卧举腿主要用于锻炼下腹部肌肉，使用垫子、斜凳等器材。具体动作为：仰卧于垫子上或头朝上仰卧于斜凳上，双手握住头后方的固定物件，全身伸直；收缩腹肌，将保持伸直的双腿向上弯起，直至极限，保持1s，再让双腿缓缓回落。需要注意的是，呼吸的方法为向上弯起双腿时吸气，回落时呼气。另外，双腿下落时要收缩腹肌，缓慢下落。

（2）女生适用的腹部动作

女生适用的腹部动作主要有以下几项。

① 仰卧起坐。每组8～15次，做3组。肥胖者可以屈腿做。

② 仰卧屈膝。仰卧，双腿伸直，双臂上举然后迅速屈膝收腹，双手抱膝，慢速伸展还原，每分钟20次左右。

③ 仰卧分腿屈膝。仰卧，双手抱头，分腿屈膝。收腹使上体抬起，坚持3min左右不动（可间断休息）。

5. 臂部动作

在健美运动中，男女生都需要锻炼臂部肌肉，所以臂部动作也是健美的基本动作之一。

（1）通用臂部动作

健美运动中的臂部动作主要用于锻炼肱二头肌、肱三头肌、肱肌、肱桡肌和前臂肌群等，常用动作有以下几种。

① 单臂蹲坐弯举。单臂蹲坐弯举主要用于锻炼肱二头肌、肱肌和肱桡肌，使用器材为哑铃。具体动作为：蹲在地上或坐在凳上，一只手正握哑铃，让上臂贴在大腿内侧，前臂向下垂直，另一只手扶压在另一条大腿上；收缩握铃一臂的肱二头肌将前臂向上抬起至最高点，彻底收缩肱二头肌1s，然后伸展肘关节，让哑铃缓缓下落至原位。练完一侧，换另一侧练习。需要注意的是，呼吸的方法为抬起前臂时吸气，下垂时呼气。另外，身体不可后仰，不能借助腿部上抬力量完成动作，让上臂贴靠大腿是为了确保不在抬起前臂时移动肘部。

② 站姿臂弯举。站姿臂弯举主要用于锻炼肱二头肌、肱肌和肱桡肌，使用杠铃、哑铃、拉力器、弹力带等器材。具体动作为：全身直立，双手反握杠铃，双臂下垂；上臂尽量保持不摆动，屈肘，将前臂抬至最高点，同时收缩肱二头肌，静止1s；舒展肘关节，让前臂缓缓下落至双臂完全伸直。需要注意的是，呼吸的方法为抬起前臂时吸气，回落时呼气。另外，要依靠肱二头肌的力量使前臂向上抬起，在前臂抬起至最高点时，彻底收缩肱二头肌1s，而不要立即放松。不要在抬起前臂时让两肘随之向前上方摆动来使前臂抬得更高。

③ 平/斜托臂弯举。平/斜托臂弯举主要用于锻炼肱二头肌、肱肌和肱桡肌，使用杠铃、哑铃、曲柄杠铃等器材，采用站姿或坐姿，具体动作为：双手反握横杠，肘部抵于托垫边缘；吸气，屈臂用力牵拉杠铃至最高点，静止1s，舒展肘关节，让前臂缓缓下落至双臂自然伸直。需要注意的是，呼吸的方法为屈臂时吸气，伸展时呼气。另外，上体保持平直，依靠肱二头肌的力量屈臂，在牵拉杠铃至最高点时，彻底收缩肱二头肌1s，不能立即放松。平/斜托臂弯举动作需要充分热身，可以先进行小负荷训练，再逐渐加大动作负荷。

④ 站姿或坐姿颈后臂屈伸。站姿或坐姿颈后臂屈伸主要用于锻炼肱三头肌和肱桡肌，使用杠

铃、哑铃、曲柄杠铃等器材，全身直立或坐在凳子上。具体动作为：双手正握、反握杠铃或合握一个哑铃，将其高举过头顶后，屈肘，让前臂向后下垂，两上臂贴近两耳，保持竖直，不摇动；收缩肱三头肌，逐渐伸展肘关节，将前臂向上挺伸，直至手臂完全伸直，肱三头肌彻底收紧，静止1s，再屈肘，让前臂缓缓下垂至原位，肱三头肌尽量伸展。需要注意的是，呼吸的方法为挺伸前臂时吸气，屈降时呼气。另外，挺伸前臂时切勿摆动上臂。

（2）女生适用的臂部动作

女生适用的臂部动作主要有以下几项。

① 哑铃弯举。双腿自然站立，双手掌心向上，手持哑铃，双臂下垂，上翻至胸前，稍停，缓慢由原路返回。也可单手交替进行。

② 臂屈伸。双腿自然站立，挺胸收腹，双手各持一个哑铃。开始时手臂伸直过头，然后慢慢向头后弯曲，使哑铃置于颈后，慢慢把手伸直还原。

6. 腿部动作

在健美运动中，锻炼腿部肌肉能让身材变得更加挺拔有型，所以，腿部动作也属于健美运动的常用动作之一。

（1）通用腿部动作

健美运动中的腿部动作主要用于锻炼股四头肌、股二头肌、小腿后群肌肉，常用动作有以下几种。

① 俯卧腿弯举。俯卧腿弯举主要用于锻炼股二头肌，使用组合训练器、拉力器、弹力带等器材。具体动作为：俯卧在专用长凳上，双脚踝伸勾在滚轴下方，滚轴另一面加上所需重量的杠铃片；屈膝，小腿向后弯起至最高点，尽力收缩股二头肌，静止1s，伸直小腿至原来位置。需要注意的是，呼吸的方法为弯起小腿时吸气，伸直时呼气。另外，弯起小腿时，大腿平贴于凳面。也可以俯卧在普通的长凳上，脚系哑铃、杠铃片做俯卧腿弯举。

② 立式腿弯举。立式腿弯举主要用于锻炼股二头肌，使用组合训练器、拉力器、弹力带等器材。具体动作为：站在高木或矮凳上，一条腿系哑铃，自然直悬在木块外，另一条腿支撑身体，一只手或双手扶墙或木条；屈膝，小腿用力向后弯起，静止1s，同时尽力收缩股二头肌，自然垂下小腿至原位。需要注意的是，呼吸的方法为弯起小腿时吸气，伸直时呼气。另外，弯起小腿时，大腿不能前后摆动。

③ 后蹲。后蹲主要用于锻炼股四头肌，使用组合训练器、深蹲架、杠铃等器材。具体动作为：在深蹲架前屈膝，双手握住深蹲架上的杠铃并放在颈后肩上；向前走两步，双脚开立，略宽于肩，脚趾稍向外撇，身体挺直；屈膝下蹲到大腿和地面平行，静止1s，大腿和臀部用力，双脚蹬地，使身体恢复至直立状态；完成后，退回几步，将杠铃放回深蹲架上。需要注意的是，呼吸的方法为下蹲时呼气，起立时吸气。另外，做动作时背部要平直，上体不能前倾，臀部不要后突，后腰要下塌。腿部快伸直时，应该用力挺直膝关节。

④ 腿举。腿举主要用于锻炼股四头肌，使用器材为组合训练器。具体动作为：仰卧在腿举架的底板上，臀部正对加重板的中心下方，蜷缩双腿，让整个脚掌平贴并顶住加重板的底面；双腿用力向上蹬板至完全伸直，同时尽力收缩股四头肌；静止1s，屈膝，让加重板缓缓下降至原来固定的高度。需要注意的是，呼吸的方法为用力蹬板时吸气，回降时呼气。

（2）女生适用的腿部动作

女生适用的腿部动作主要有以下几项。

① 屈膝举腿。仰卧，双腿屈膝置于胸前，然后伸直上举，与上体垂直，缓缓还原，每分钟15～20次。

② 直立摆腿。直立，一只手扶支撑物，另一只手撑腰，然后用力摆腿做侧上举动作。双腿交替进行，每分钟25～30次。

③ 下蹲。双手握椅背下蹲，然后站起，下蹲。每分钟25～30次。

④ 屈膝抬腿。直立，双手叉腰，然后双腿屈膝交替上抬至胸前，每分钟25～30次。

⑤ 跪腿后踢。双手撑地，屈膝跪地，上体与地面平行，抬头目视前方。然后将一条腿伸直，向后上方踢抬，还原。换另一条腿，左右各做1遍为1次，每分钟做15～20次。

⑥ 悬空抬脚。直立，双手扶于固定物体上，前脚掌踩在一块砖头上，脚跟悬空。然后将脚跟提起，尽量抬高，稍停后下落，每分钟做15～20次。

⑦ 坐姿伸腿。背靠椅子坐下，大腿抬起，上举小腿至伸直，还原，每分钟15～20次。

⑧ 脚跟行走。站立，上体前倾，脚跟着地，脚尖朝上，用脚跟向前走动。

拓展训练

一、健美操训练

由教师编排一套健美操动作及队形，然后全班同学共同完成这一套健美操，在练习过程中熟练掌握手型、手臂动作、躯干动作、下肢步法等技术。同学们也可以自己编排健美操，自行练习。

二、啦啦操训练

由教师编排一套啦啦操动作及队形，然后全班同学共同完成这一套啦啦操，在练习过程中熟练掌握手型、手位等技术。同学们也可以自己编排啦啦操，自行练习。

三、体育舞蹈训练

同学们两两组队（尽量一男一女为一组），由教师播放音乐，然后各组同时进行体育舞蹈练习（舞种须与教师播放的音乐相符）。在一个舞种练习完成后，应该换其他类型的曲子，练习其他的舞种。

四、瑜伽训练

全班同学在教师的指导下，统一进行冥想和呼吸。在准备完毕后，全班同学跟随教师练习瑜伽的各个体位。

五、健美训练

同学们自选一个健美技术动作，进行自主练习。

示例：在单杠上做反握引体向上，具体动作为双手反握单杠，手掌面对自己，双手握住单杠，距离与肩同宽，双脚可在身后直接勾起，以此来减小双脚下垂所带来的下拉力。然后屈肘，将身体向上拉，以单杠为衡量点，下颌超过单杠高度即可；落下时手臂不必也不要完全伸直，身体下落的速度不宜过快。

第九章

武术类运动

武术类运动来源于古代人类的互相打斗，世界各地的文明都发展出了各具特色的"格斗技"。其中既有源远流长的中华武术，也有简洁有力的拳击、不拘泥于招式的散打等。今天的武术类运动，在技击性外，还具备健身性与艺术性，深受人们喜爱。

第一节 太极拳

🏃 案例导入

> 在2022年的虎年春晚中，三位太极、武术冠军梁壁荧、杨洪顺、杨德战分别站在上海、重庆、广州的地标建筑之上，表演了精彩的太极拳节目《行云流水》。一招一式、一呼一吸、一静一动之间，轻盈飘逸、神韵盎然的太极拳与高科技、现代化的建筑相映成趣，太极拳的精髓在视频节目这样的动态画面中展现得淋漓尽致，带给观众震撼的视觉体验，让人叹为观止。

一、太极拳渊源

"太极"一词出自《周易·系辞》："易有太极，是生两仪，两仪生四象，四象生八卦，八卦定吉凶，吉凶成大业。"其意为"太极"是万物产生的本源，含有"至高""至极""绝对""唯一"之意。太极拳亦是取意于此。太极拳动作柔和、缓慢、连贯、自然、协调，迈步如猫行，运劲似抽丝，讲求体松心静、全神贯注、以意导形、上下相随、中正安舒、虚实分明。整套动作行云流水，连绵不断，既自然又高雅，既有音乐的韵律、哲学的内涵，又有美的造型、诗的意境。太极拳讲究以柔克刚、以静待动、以圆化直、以小胜大、以弱胜强。

太极拳渊源

太极拳不仅是我国重要的文化符号，具有深厚的哲学内涵，也是人类宝贵的精神财富。2020年12月，联合国教科文组织保护非物质文化遗产政府间委员会第15届常委会将"太极拳"项目列入《人类非物质文化遗产代表作名录》。传统太极拳门派众多，常见的有陈式、杨式、武式、吴式、孙式、和式等。

二、二十四式太极拳

1949年后，太极拳被国家体委（现国家体育总局）统一改编为简易太极拳，即二十四式太极拳。相比传统的太极拳套路，二十四式太极拳内容更

二十四式太极拳

显精练，动作更显规范。二十四式太极拳的基本动作分为8组，共24个招式，其分解动作如图9-1所示。

起势　　左右野马分鬃　　白鹤亮翅

左右搂膝拗步　　手挥琵琶　　左右倒卷肱

左揽雀尾　　右揽雀尾

单鞭　　云手　　单鞭　　高探马　　右蹬脚　　双峰贯耳

转身左蹬脚　　左下势独立　　右下势独立　　左右穿梭

图9-1　二十四式太极拳

海底针　　　　　闪通臂　　　　　　　转身搬拦捶

如封似闭　　　　　十字手　　　　收势

图9-1　二十四式太极拳（续）

（1）起势。武者双脚开立，左脚缓缓提起（不超过右踝的高度）向左横跨半步，与肩同宽，脚尖、脚跟依次落地，成开立步。然后，双臂缓缓向前平举，至高、宽同肩，掌心向下，指尖向前。最后，上体保持正直，双腿缓缓屈膝半蹲，两掌轻轻下按，落于腹前，掌膝相对。

（2）左右野马分鬃。野马分鬃分为收脚抱球、转体迈步和弓步分掌3个动作。左右野马分鬃动作一致、方向相反。动作顺序为左野马分鬃—右野马分鬃—左野马分鬃。

① 收脚抱球。武者上体微右转，身体重心移至右腿；同时，右手向右、向上、向左画弧，右臂平屈于右胸前，掌心向下，手指微屈，左手向下、向右画弧，逐渐翻转至右腹前，掌心向上，两掌心上下相对呈抱球状；左脚随即收到右脚内侧，脚尖点地（前脚掌着地，下同），成左丁步；目视右手。

② 转体迈步。武者上体缓缓左转，左脚向左前侧迈出一步，左腿自然伸直，脚跟着地；同时，左、右手分别向左上、右下分开；视线随左手移动。

③ 弓步分掌。武者随转体左脚全脚掌逐渐踏实，左腿屈膝前弓，身体重心逐渐前移至左腿，右腿自然伸直，右脚跟后蹬稍外展，成左弓步；同时双手继续分开，左手高与眼平，掌心斜向上，右手落于右胯旁，掌心向下，指尖朝前；两肘微屈，保持弧形；目视左手。

（3）白鹤亮翅。白鹤亮翅分为跟步抱球、后坐转体和虚步分掌3个动作。

① 跟步抱球。武者上体微左转，右脚跟先离地，向前跟进半步，前脚掌着地，落于左脚后（约20cm），身体重心仍在左腿；同时，左手翻掌向下，左臂平屈于左胸前，右手翻掌向上，向左上画弧至左腹前，与左手呈抱球状。目视左手。

② 后坐转体。上一动作不停（表示动作与动作之间的连贯性），上体稍右转，右脚全脚掌踏实，右腿屈蹲，重心移至右腿；同时，左、右手分别向左下、右上分开；视线随右手移动。

③ 虚步分掌。上一动作不停，上体稍向左转，面向前方（前进方向），左脚稍向前移，脚尖

点地，膝微屈，成左虚步；同时，右手继续向右上画弧至右额前，掌心向内，指尖高于头，左手下按至左胯前，掌心向下，指尖略朝前。目视前方。

（4）左右搂膝拗步。搂膝拗步分为转体摆臂、弓步搂推2个动作。左右搂膝拗步动作一致、方向相反。动作顺序为左搂膝拗步—右搂膝拗步—左搂膝拗步。

① 转体摆臂。武者上体微左转再右转，左脚收至右脚内侧，脚尖点地；同时，右手经体前下落，由下经右胯向右肩外侧画弧，至与耳同高，掌心斜向上，肘微屈；左手由左下向上，经面前再向右下画弧至右肩前，肘部略低于腕部，掌心斜向下。目视右手。

② 弓步搂推。上一动作不停，上体左转，左脚向左前方迈出，成左弓步，身体重心移至左腿；同时，右手内旋回收，经右耳侧向前推出于右肩前方，高与鼻平，掌心向前，指尖朝上；左手向下经左膝前搂过（即向左画弧搂膝），按于左胯侧稍前，掌心向下，指尖朝前。目视右手。

（5）手挥琵琶。手挥琵琶分为跟步展臂、后坐引手和虚步合臂3个动作。

① 跟步展臂。武者右脚跟进半步，以前脚掌着地，落于左脚后约20cm处；同时，右臂稍向前伸展，腕关节放松。目视右手。

② 后坐引手。武者上体后坐，右脚全脚掌踏实，身体重心移至右腿；上体稍向右转，左脚跟离地，随转体左手由左下向前上弧形挑举，高与鼻平，肘微屈，掌心斜向下；左手屈臂后引，收于左肘里侧，掌心斜向下。目视左手。

③ 虚步合臂。武者上体微向左回转，但仍保持稍向右侧身状；左脚稍向前移，脚跟着地，膝微屈，成左虚步；同时，双臂外旋，屈肘合抱，左手与鼻相对，掌心向右，右手与左肘相对，掌心向左，犹如怀抱琵琶。目视左手。

（6）左右倒卷肱。倒卷肱分为转体撤掌、提膝屈肘和退步推掌3个动作。左右倒卷肱动作一致、方向相反。动作顺序为右倒卷肱—左倒卷肱—右倒卷肱—左倒卷肱。

① 转体撤掌。武者上体右转，双手翻转向上，右手向下撤引，经腰侧向右后上方画弧，至与耳同高，掌心斜向上，肘微屈。目随转体先右视，再转视左手。

② 提膝屈肘。武者上体微向左回转，左腿屈膝提起，脚尖自然下垂；同时，右臂屈肘卷回，右手收向右耳侧，掌心斜向前下方。目视前方。

③ 退步推掌。上一动作不停，上体继续微向左回转至朝前，左脚向后略偏左侧退一步，前脚掌先着地，然后全脚掌踏实，屈膝微蹲；身体重心移至左腿，右脚跟离地，并随转体以前脚掌为轴随转体将脚扭正（脚尖朝前），膝微屈，成右虚步；同时，右手经耳侧向前推出，高约与鼻平，左臂屈肘收至左胯旁，掌心向上。目视右手。

（7）左揽雀尾。左揽雀尾分为转体抱球、弓步掤臂、转体伸臂、转体后捋、弓步前挤、后坐收掌和弓步按掌等动作。

① 转体抱球。武者上体右转，左脚收至右脚内侧，脚尖点地，成左丁步，重心落于右腿；同时，右手由胯侧向右后上方画弧至屈臂于右胸前，掌心向下；左手由体前画弧下落至右腹前，掌心向上，双手相对呈抱球状。目视右手。

② 弓步掤臂。武者上体左转，左脚向左前方上步，屈膝，右腿自然蹬直，身体重心前移至左腿，成左弓步；同时，左臂向左前方平屈掤出（即左臂平屈呈弧形，前臂外侧和手背向左侧推出），高与肩平，掌心向内；右手向右下方画弧按于右胯旁，掌心向下，指尖朝前。目视左前臂。

③ 转体伸臂。武者上体稍向左转，左前臂内旋，左手前伸翻掌向下，右前臂外旋，右手翻掌

向上，经腹前向前上伸至左前臂下方。目视左手。

④ 转体后捋。上一动作不停，上体右转，右腿屈蹲，上体后坐，左腿自然伸直，身体重心移至右腿；同时，双手经腹前向右后方上捋，直至右手掌心斜向上，高与耳平，左臂平屈于胸前，掌心向内。目视右手。

⑤ 弓步前挤。武者上体微左转，左腿屈膝前弓，右腿自然蹬直，重心前移成左弓步；同时，右臂屈肘回收，右手经面前放于左腕内侧，掌心向内，左掌心向外，双手同时慢慢向前推，与肩同高，双臂撑圆。目视左腕。

⑥ 后坐收掌。武者左前臂内旋，左掌下翻，右手经左腕上方向前伸出，掌心向下，双手左右分开，与肩同宽；然后，上体后坐，屈右膝，左腿自然伸直，脚尖翘起，身体重心移至右腿；同时，双臂屈肘，双手画弧回收至腹前，掌心均向前下方。目视前方。

⑦ 弓步按掌。武者上一动作不停，左脚掌踏实，左腿屈膝前弓，右腿自然蹬直，身体重心前移成左弓步；同时双手向前、向上推按，与肩同宽，腕高与肩平，掌心向前，指尖朝上，两肘微屈。目视前方。

（8）右揽雀尾。右揽雀尾的"转体抱球"动作：上体右转并后坐，屈右膝，左腿自然伸直，脚尖内扣，身体重心后移至右腿；同时，右手经面前平摆右移，掌心向外，双臂侧平举；视线随右手移动；随后，上体微左转，屈左膝，右脚收至左脚内侧，脚尖点地，成成丁步，重心回移到左腿；同时左臂平屈于胸前，掌心向下，右手由体侧右下向上翻掌画弧至左腹前，掌心向上，双手相对呈抱球状；目视左手。其余动作和左揽雀尾一致，方向相反。

（9）单鞭。单鞭的动作包括转体扣脚、丁步勾手和弓步推掌。

① 转体扣脚。武者上体左转并后坐，左腿屈膝微蹲，右膝自然伸展，右脚尖翘起内扣，身体重心移至左腿；同时，左手经面前至身体左侧平举，肘微垂，掌心向左，指尖朝上，右手向下经腹前向左画弧至右肋前，臂微屈，掌心向后上方。视线随左手移动。

② 丁步勾手。武者上体右转，屈右膝，左脚收至右腿内侧，脚尖点地，身体重心移至右腿；同时右手逐渐翻掌，并向右上方画弧，经面前至身体右侧时变勾手，勾尖朝下，腕高与肩平，肘微垂，左手向下经腹前向右上方画弧至右肩前，掌心转向内。视线随右手移动，最后目视右勾手。

③ 弓步推掌。武者上体右转，屈右膝，左脚收至右腿内侧，脚尖点地，身体重心移至右腿；同时，右手逐渐翻掌，并向右上方画弧，经面前至身体右侧时变勾手，勾尖朝下，腕高与肩平，肘微垂，左手向下经腹前向右上方画弧至右肩前，掌心转向内。经面前翻掌向前推出。视线随左手移动，最后目视左推掌。

（10）云手。云手招式需要左右各做3次，动作次序为转体扣脚—收步云手—开步云手—收步云手—开步云手—收步云手。

① 转体扣脚。武者身体渐向右转，右腿屈膝半蹲，左脚尖翘起、内扣、着地，身体重心回移至右腿；同时，左手下落经腹前向右上画弧至右肩前，掌心斜向后；右手松勾变掌，掌心向右前方。目视右手。

② 收步云手。武者上体左转，身体重心随之左移；右脚提起，收至左脚内侧（相距10～20cm），前脚掌先着地，全脚掌逐渐踏实，双脚平行，双膝微屈；同时，左手向左画弧经面前至身体左侧时，掌心向外，腕与肩平；右手下落经腹前向左上方画弧至左肩前，掌心斜向里。目视左手。

③ 开步云手。武者上体右转，左脚向左横跨一步，脚尖向前，前脚掌先着地，全脚掌逐渐踏

实，身体重心移至右腿；同时，右手经面前向右画弧，至身体右侧时，掌心向外，腕与肩平；左手向下经腹前向右上方画弧至右肩前；目视右手。

（11）单鞭。武者上体右转，左脚跟离地，身体重心移至右腿；同时，右手经面前向右画弧至身体右侧，内旋、五指屈拢变成勾手，勾尖朝下；左手向下经腹前向右上方画弧至右肩前，掌心斜向内；视线随右手移动，最后目视右勾手。之后的动作和前一个单鞭的弓步推掌招式相同。

（12）高探马。高探马有跟步翻掌和虚步推掌2个动作。

① 跟步翻掌：武者上体微向右转，右脚跟进半步，前脚掌先着地，全脚掌逐渐踏实，屈膝后坐，身体重心移至右腿，左脚跟提起；同时右勾手变掌外旋，两掌心翻转向上，两肘微屈；目视左手。

② 虚步推掌：武者上体微向左转，左脚稍向前移，脚尖点地，膝微屈，成左虚步；同时，右臂屈肘，右手经耳侧向前推出，腕与肩平，掌心向前，左手收至左腰前，掌心向上；目视右手。

（13）右蹬脚。右蹬脚分为3个动作，分别是弓步分掌、收脚抱手和蹬脚分掌。

① 弓步分掌。武者左脚提起向左前侧方迈出，脚尖稍外撇，成左弓步，身体重心前移至左腿；同时，左手前伸至右腕背面，两腕背对交叉，腕与肩平，左掌心斜向后上，右掌心斜向前下；随即双手分开，经两侧向腹前画弧，肘微屈。目视前方。

② 收脚抱手。上一动作不停，右脚跟进，收至左脚内侧，脚尖点地；同时，双手下落经腹前由外向内画弧，相交合抱于胸前，右手在外，掌心均向内。目视右前方。

③ 蹬脚分掌。武者右腿屈膝上提，右脚向右前方慢慢蹬出，脚尖朝上，力贯脚跟；同时，双手翻掌，左右画弧分开，经面前至侧平举，肘微屈，腕与肩平，掌心均斜向外；右臂与右腿上下相对。目视右手。

（14）双峰贯耳。双峰贯耳招式分为屈膝并掌、迈步落手和弓步贯拳3个动作。

① 屈膝并掌。武者右小腿回收，屈膝大腿平举，脚尖自然下垂，左手摆至体前，双手并行由体前向下画弧，落于右膝上方，掌心均翻转向上。目视前方。

② 迈步落手。武者右脚向前方落下，脚跟着地，双手继续下落至两胯旁，掌心均斜向上。目视前方。

③ 弓步贯拳。武者右脚掌逐渐踏实，右腿屈膝前弓成右弓步，身体重心移至右腿；同时，双手继续向后画弧，并内旋握拳，从两侧向前、向上画弧摆至面部前方，高与耳齐，宽约与头同，拳眼斜向下，双臂微屈。目视右拳。

（15）转身左蹬脚。武者先转体分掌，上体向左后转，左腿屈膝后坐，右脚尖内扣（约90°），身体重心移至左腿；同时，两拳变掌，向左右两侧分开平举，掌心斜向外，肘微屈；目视左手。紧接着收脚抱手，右腿屈膝后坐，左脚收至右脚内侧，脚尖点地，身体重心回移至右腿；同时，双手下落经腹前向上画弧，交叉合抱于胸前，左手在外，两掌心皆向内；目视前方。之后动作同右蹬脚中的蹬脚分掌。

（16）左下势独立。左下势独立包括收腿勾手、仆步穿掌、弓步立掌和提膝挑掌4个动作。

① 收腿勾手。武者左腿回收平屈，小腿稍内扣，脚尖自然下垂，随之上体右转；同时，右掌变勾手，勾尖朝下，左手向上、向右经面前画弧下落，立于右肩前，掌心斜向后。目视右勾手。

② 仆步穿掌。武者右腿慢慢屈膝下蹲，左脚向左侧偏后伸出，脚尖内扣，成右弓步，上体左转，右腿继续向下全蹲成左仆步；同时，左手外旋下落，向左下沿左腿内侧向前穿出，掌心向左。目视左手。

③ 弓步立掌。左脚以脚跟为轴，脚尖外摆，左腿屈膝前弓，右脚尖内扣，右腿自然蹬直，身体重心前移；武者上体微向左转并随步型转换向前起身，左臂继续前伸，立掌挑起，掌心斜向右，右勾手内旋下落于身后，勾尖转向后上方，右臂伸直成斜下举；目视左手。

④ 提膝挑掌。武者身体重心继续前移，右腿慢慢屈膝提起，与腹同高，脚尖自然下垂，左腿微屈支撑，成左独立式，右勾手变掌，下落经右腿外侧向体前画弧挑起，屈臂立于右腿上方，肘膝相对，掌心斜向左，指尖朝上，腕与肩平，左手下按落于左胯旁，掌心向下，指尖朝前。目视右手。

（17）右下势独立。武者首先落脚勾手，脚落于左脚右前方，脚尖点地，然后以左脚前脚掌为轴脚跟内转，身体随之左转；同时，左手向左后侧提起，成勾手平举，勾尖朝下，腕与肩平，臂微屈；右手随转体经面前向左画弧至左肩前，掌心斜向后。目视左勾手。之后动作同左下势独立②、③、④，方向相反。

（18）左右穿梭。左穿梭包含落脚转体、收脚抱球和弓步架推3个动作，右穿梭仅包括收脚抱球和弓步架推2个动作。

① 落脚转体。武者上体左转，左脚向左前落地（先以脚跟着地，再全脚掌踏实），脚尖外摆，双腿屈膝，成半坐盘式，身体重心略前移；同时左手内旋屈臂于左胸前，掌心向下，右手外旋摆至腹前，掌心向上。目视左手。

② 收脚抱球。武者上体继续左转，右脚收到左脚内侧，脚尖点地，身体重心移至左腿；同时右手在下，左手在上，呈抱球状。目视左手。

③ 弓步架推。武者上体右转，右脚向右前方迈出，成右弓步，身体重心前移；同时右手内旋，向前、向上画弧，举架于右额前，掌心斜向上；左手先向左下画弧至左肋前，再向前上推出，至约与鼻同高，掌心向前。目视左手。

（19）海底针。武者首先跟步提手，上体稍向右转，右脚向前跟进半步，右腿屈膝微蹲，左脚稍提起，身体重心移至右腿；同时右手下落经体侧向后、向上屈臂提抽至右耳侧，掌心斜向左下，指尖斜向前下，左手经体前下落至腹前，掌心向下，指尖斜向右前方；目视右前方。然后虚步插掌，上一动作不停，上体稍左转；左脚稍向前移，脚尖点地成左虚步；同时右手向斜前下方插出，掌心向左，指尖斜向前下，左手向下、向后画弧，经左膝落至左大腿侧，掌心向下，指尖朝前；目视前下方。

（20）闪通臂。闪通臂包括提脚提手、迈步分手和弓步推撑3个动作。

① 提脚提手。武者左腿屈膝，左脚微提起；同时右手经体前上提至肩，掌心向左，指尖朝前；左手向前、向上画弧至右腕内侧下方，掌心向右，指尖斜向上。目视前方。

② 迈步分手。武者上体稍右转，左脚向左前方迈出，脚跟着地；同时右手上提内旋，掌心翻向外；目视右前方。

③ 弓步推撑。武者上体右转，左脚掌踏实，左腿屈弓成左弓步，重心前移；同时左手向前推出，掌心向前，高与鼻平，肘微屈；右手屈臂上举，撑于右额前上方，掌心斜向上。目视左手。

（21）转身搬拦捶。转身搬拦捶的动作比较复杂，包含转体扣脚、坐身握拳、摆步搬拳、转体收拳、上步拦掌和弓步打拳6个动作。

① 转体扣脚。武者上体右转，右腿屈膝后坐，左脚尖翘起内扣，身体重心移至右腿；双手向右画弧，右手成右侧举，左手举至头左侧，掌心均向外。目视右手。

② 坐身握拳。上体继续右转，左腿屈膝后坐，右脚跟离地，以前脚掌为轴微向内转，身体重心移至左腿；右手继续向下、向左画弧，经腹前屈臂握拳，摆至左肋旁，拳心向下；左手继续上

举至左额前上方，掌心斜向前上。目视右前方。

③ 摆步搬拳。上一动作不停，武者身体右转至面向前方；右脚提收到左踝内侧（不触地），再向前垫步迈出，脚尖外撇，脚跟先着地，随即全脚掌踏实；右拳经胸前向前翻转搬出（即右手经胸前以肘关节为轴，向上、向前搬打），高与肩平，拳心向上，拳背为发力点，肘微屈；左手经右前臂外侧下落，按于左胯旁，掌心向下，指尖朝前。目视右拳。

④ 转体收拳。武者上体微向右转，右腿屈膝，重心前移，左脚跟提起；左掌经体侧向前上方画弧，右拳内旋回收至体侧，拳心转向下，右臂平屈于胸前右侧。目视前方。

⑤ 上步拦掌。上一动作不停，武者左脚向前上步，脚跟着地；左手向前上方画弧，高与肩平，掌心斜向右，指尖斜向上；右拳向右摆，内旋屈收于右腰旁，拳心转向上。目视左手。

⑥ 弓步打拳。武者身体稍左转，左脚掌踏实，左腿屈弓成左弓步，重心前移；右拳向前打出，高与胸平，拳眼向上，肘微屈；左手微收，放于右前臂内侧，掌心向右，指尖斜向上。目视右拳。

（22）如封似闭。武者先做穿手翻掌，右拳变掌，两掌心翻转向上，左掌经右手前臂下向前伸出；双手交叉，随即分别向两侧分开，与肩同宽。目视前方。上一动作不停，紧接后坐收掌，右腿屈膝，上体慢慢后坐，左脚尖翘起，身体重心移向右腿；双臂屈肘回收，双手翻转向下，沿弧线经胸前内旋向下按于腹前，掌心斜向下。目视前方。上一动作不停，做弓步推掌，左脚掌踏实，左腿屈膝成左弓步，重心前移；双手向上、向前推出，臂微屈，腕与肩平，掌心向前。目视前方。

（23）十字手。武者先转体分掌，上体稍右转，右腿屈膝后坐，脚尖稍外撇，左腿自然伸直，脚尖内扣，成右弓步，身体重心移向右腿；右手随转体经面前向右平摆画弧，与左手成双臂侧平举，肘微屈，掌心均向前。目视右手。上一动作不停，紧接收脚合抱，上体稍左转，左腿屈膝，右脚尖内扣，脚跟离地，身体重心移至左脚；随即右脚轻轻提起向左回收，前脚掌先着地，进而全脚掌踏实，双脚距离与肩同宽，脚尖朝前，双腿慢慢伸直成开立步，身体重心移到双腿中间；双手下落经腹前再向上画弧，交叉合抱于胸前，腕与肩平，双臂撑圆，两掌心均向前下方，右手在外，成十字手。目视前方。

（24）收势。武者先翻掌分手，双手向外翻掌，掌心向下，左右分开，与肩同宽，目视前方。紧接着双臂慢慢下落至两胯外侧，自然下垂，松肩垂肘，目视前方。动作完成后，可进行3～4次深呼吸。

第二节　散打

案例导入

> 柳海龙是我国散打界的一位传奇人物，他技术非常全面，身手敏捷，爆发力强，夺得过世界散打冠军、全运会冠军等诸多荣誉。其最为突出的技术是高位下劈腿，势大力沉，帮助柳海龙多次击败对手，柳海龙也因此享有"柳腿劈挂"的美誉。

一、散打概述

散打运动的起源可以追溯到中华民族先辈们早期的生产劳动，他们为了猎取食物、获得生存的机会，学习和发展了各种生存和斗争的武术技能，从而形成了散打这一武术形式。散打主要包含踢、打、拿、摔与格、架、截、闪等攻防技巧，中远距离采用拳打脚踢；近距离则使用头、肘、膝、肩、胯、背等躯体各部位进行贴靠撞打与擒拿。

现代散打是由我国的国家体育总局武术运动管理中心制定规则的、进行徒手对抗的现代体育竞技项目。1998年在泰国曼谷举行的第13届亚洲运动会上，散打被列为正式比赛项目。2002年在上海举办了首届武术散打世界杯比赛。目前，世界上已有70多个国家和地区开展了散打运动，散打技术也在教育界、民间武术组织和武警公安系统中得到了广泛的应用和发展。

二、散打运动基本技术

武术散打比赛时，双方运动员互以对手的身体为目标，相互击打、直接对抗，经常会运用到实战姿势、步法、拳法、腿法、摔法等基本技术。

1. 实战姿势

实战姿势是各种散打技术的起始和终止动作，正确的实战姿势既能够有效地保护自己，也有利于攻击对手，是其他基本技术的基础。实战姿势在接近对手时或与对手对峙时可以保护和防守自己的要害部位，也便于随时出击进攻对手。

（1）头部动作。头正颈直，闭嘴合牙，下颌微收，眼睛盯住对手的面、胸部，并扫视对手的全身。

（2）脚步动作。前脚脚掌着地，脚尖稍向里扣，后脚脚跟抬起并微微外展，双膝稍内扣。前脚脚尖与后脚脚跟的连线应正对对手，双脚之间的距离要稍宽于肩。左脚在前称为"正架"，因大多数人是右侧肢体有力，有力的一侧要放在后面，因此，脚步动作一般都成正架。右脚在前为"反架"。

（3）身体动作。躯干保持45°左右侧向对手，身体重心要均匀地落在双腿上，双膝微微弯曲。颈、肩、躯干部位都要自然且放松。

（4）双臂动作。以正架为例，右手握拳放在心脏部位前，拳心朝内，与胸部保持约一拳的距离。左拳放在左前方，拳眼朝右上方。肘关节小于90°，两肘自然下垂于两肋边，并保持一定空隙，目视前方。在实战散打中，随着技法的需要，手的位置往往会发生规律性的变化。图9-2所示为散打比赛中经常采用的手臂姿势。

图9-2　散打比赛常用手臂姿势

2. 步法技术

散打需要人在保持实战姿势的前提下采用各种步法，通过身体不断地变位移动，调整与对手的距离，从而寻找和创造进攻与防守的机会。步法技术的运用通常有进攻、防守和移动3个目的，主要包括以下几种基本步法。

（1）前进步。正架姿势，左脚向前上步，身体重心随之平稳前移，左脚刚停，右脚便迅速上步。前脚上步与后脚跟步的衔接要快，步幅不宜过大，后脚跟进后身体姿势保持不变。

（2）后退步。正架姿势，右脚先向后退步，重心随之平稳后移，然后左脚跟着后退一步。后脚退步与前脚撤收的衔接要快，可以后脚先后退半步，然后快速衔接。

（3）跳动步。前进时，在左脚向前上步的同时，右脚蹬地轻轻跳起，然后落在左脚后。后退时，在右脚向后退步的同时，左脚蹬地轻轻跳起，然后落在右脚前。

（4）滑动步。前进时，左脚向前上步，然后右脚贴地滑进一步。后退时，右脚后退一步，然后左脚贴地向后滑退一步。

（5）交叉步。正架姿势，双脚向上轻轻跳起，左脚向右，右脚向左同时移步，双脚略交叉，然后双脚向上轻轻跳起，左脚向左，右脚向右同时移步，还原成正架姿势。交叉步在散打的实战中可以用来快速改变自身的位置和角度。

（6）跳步。正架姿势，左腿提起，右腿微屈，重心随动作前移，右脚蹬地向前跳出。跳步的作用是增加攻击的距离，常用于腿法进攻。

（7）插步。正架姿势，重心前移至左腿，右脚跟随向左脚后插出。插步的主要作用是变换个人的角度，使用插步时上半身的转动角度不能太大，以免影响重心。

（8）盖步。正架姿势，右脚脚尖外展，向左脚前盖步，重心移至右腿，微屈膝。左脚随动作趋势离地，以前脚掌支撑地面。盖步是一种进攻技术，使用时上体要保持侧面对对手，身体姿势和重心都不能有明显的起伏。

（9）跨步。跨步分为左跨步和右跨步两种类型，动作基本相同，只是方向相反。以左跨步为例，正架姿势，重心后移至右腿，然后左脚脚尖微内扣，向左前跨出，身体左转约90°，后腿膝部随势微屈，脚后跟离地，以前脚掌支撑地面。同时，左拳上举高与鼻平，拳心向右后，右拳向前下伸出，高与腰平，拳心朝左。跨步通常用于防守反击，以斜跨步的方式躲避对手的直线攻击，然后再进行快速的反击。

（10）垫步。垫步分为原地和上步两种类型。原地垫步的技术动作是正架姿势，右脚离地提起，脚尖外展，向左脚处落步，左脚同时以脚掌蹬地向上稍跳，将步位让于后脚。上步垫步的技术动作是正架姿势，左脚向前上步，继而右脚离地提起，脚尖外展，向左脚处落步，左脚同时以脚掌蹬地向上稍跳，将步位让于后脚。垫步多用于快速前进攻击。

3. 拳法技术

拳法是一种以最短的距离、最快的速度击中对手的散打运动基本技术，具有速度快和灵活多变的特点，还能任意配合步法、腿法和摔法等其他技术使用。

（1）直（冲）拳。直拳有左右两种出拳方式。正架姿势，以脊柱为垂直轴，髋略向右拧转，重心稍前移，同时左拳向前击出，臂直，拳心朝右下。然后，上体向左拧转约90°，右脚顺势向右微移，同时左拳沉肘屈臂，使拳收放在下颌，拳心朝内，右拳向前直线打出，臂直，拳心朝左下，目视前方。使用直拳时，须借助腰、髋旋转发力，出拳和收拳的过程都要沉肘松肩，切忌向后做多余的引臂动作。

（2）摆（掼）拳。摆拳是中距离重拳，多用于攻击对手的头部和两肋。左摆拳（正架姿势，下同），左拳向左摆开，高与肩平，肘屈约90°，然后上半身向右拧转，重心微下沉，左膝内扣，左拳横摆至左前，拳心向下，目视左拳。右摆拳，右拳向右摆开，高与肩平，肘屈约90°，左拳顺势微后移，然后重心微下沉，上体向左拧转，右膝内扣，右拳横摆在体前，目视右拳。左摆拳要以躯干为垂直轴旋转，右摆拳以前肩和前膝为垂直轴旋转，且都须以髋、腰的转动来加大发力。

（3）勾（抄）拳。勾拳是散打运动中具有较大攻击力的近战重拳，攻击目标包括对手的胸、腹和下颌，以及侧面部。出左勾拳时，上半身向左微拧转并稍前倾，右拳移至右太阳穴前，左拳微下移。紧接着，上体向右微拧转并直起，左拳向前方打出，高与肩平，拳心朝体前，右拳随势落在左肩前，目视前方。出右勾拳时，重心移至右腿，左膝内扣，上体稍前倾，左拳置在左太阳穴前，右拳微向后下移。紧接着，重心移至左腿，右膝内扣，上体向左拧转，右拳经腹前向体前上勾，拳高约与肩平，拳心朝内，左拳顺势置放在右肘前，拳心朝后下，目视前方。勾拳出拳时肩部要放松，不能耸肩，并充分利用好重心下沉后前脚蹬地、扭转的反作用力，以加大勾拳的力度，动作要连贯；发力时腰部向内转动，发力要短促。

（4）鞭拳。鞭拳属于横向型攻击拳法，其攻击力强、威力大，常用于攻击对手的头、颈部位。左鞭拳：右脚上步落于左脚前并稍内扣，身体向左后转约180°，然后左脚经右脚后插步，身体继续向左后方转，同时以腰带动左臂向左侧横向鞭击，右拳自然收护于下颌前。右鞭拳：以左脚前脚掌为轴，身体向后转约180°，然后右脚经左腿后插步，身体继续向右后方转，同时以腰带动右臂向右侧横向鞭击，左拳自然收护于下颌前。

（5）弹拳。在散打实战中，弹拳主要用于防守进攻和主动进攻对手面部、头两侧部位。正架姿势，重心后移至右腿，屈膝。左前臂外旋，将拳移至距鼻尖约一拳处，拳心朝内。然后拳下落至胸前，同时将肘抬起。紧接着，左脚向前跨一大步，右脚随势滑进，同时用左拳背向前弹出，右拳顺势变掌附在左肩前，目视前方。弹拳出拳需要与跨步同时进行，上下配合协调。弹拳过程中手臂要放松，出拳后，前腿膝部不能超过前脚尖。

（6）劈拳。劈拳的主要功能是劈砸对手直拳击腹的进攻。正架姿势，上半身微向右拧转，左拳稍前伸，右拳上举在右耳旁，拳心朝前，然后上半身向左拧转，右膝内扣，右拳下劈在腹前，肘微屈，拳心向左，左拳顺势置放在右肘旁，拳心朝右下，目视右拳。在使用劈拳的过程中，右拳下劈，上半身拧转的同时，重心还须微微下沉，力达前臂前端。

4. 腿法技术

腿法技术也是散打运动的基本技术，有蹬腿、踹腿、弹（鞭）腿、踢腿等多种类型，不仅具有灵活机动、攻击距离远和力度大等特点，还具有隐蔽性和突袭性等特点，在散打实战中经常被使用。

（1）蹬腿。蹬腿属于进攻腿法，蹬腿攻击的力度大、速度快，且对手不易防守，所以通常把蹬腿作为散打运动中的主要腿法之一。蹬腿在实战中可以攻击对手的头、胸、腹部，也可在对手进攻中反击其腹部，还可以在击中对手时前脚掌下压或蹬踏，迫使对手倒地。左蹬腿：实战姿势站立，右腿直立或稍屈，左腿提膝抬起，勾脚，以脚跟领先向前蹬出，力达脚跟；或送髋，脚掌下压，力达脚前掌。以膝领腿，屈膝提起再挺膝发力，快速连贯。右蹬腿基本技术与左蹬腿基本相同，但方向相反。左后蹬腿：身体向左后转，双腿弯曲成跪步，右手护头，左手屈肘自然放于体侧；右腿直立或稍屈支撑，左腿抬起由屈到伸，勾脚，脚尖朝下，脚跟领先向后蹬出，力达脚跟；上体前俯，眼看蹬腿方向。后蹬腿以头领先转身的同时将腿蹬出，要先屈再伸，保持平衡。右后蹬腿基本技术与左后蹬腿基本相同，但方向相反。

（2）踹腿。踹腿是散打运动中使用较多的一种腿法技术，可以用于进攻或防守反击，其攻击范围包括中、远距离，可以直接踹击对手的头、躯干和下肢。左侧踹腿：右腿直立或稍屈支撑；

左腿屈膝抬起，小腿外摆，脚尖勾起，脚掌正对攻击目标，展髋，挺膝向前踹出，力达脚掌，上体可侧倾。侧踹腿以大腿推动脚直线侧向向前踹出；踹出的同时上体可侧倾，踹后上体、大腿、小腿、脚掌要成一条直线。右侧踹腿基本技术与左侧踹腿基本相同，但方向相反。转身踹腿：正架姿势，左腿伴攻后迅速落地，身体向右后转并背对对手，上体前俯，双腿稍屈，随即右腿屈膝抬起，并迅速由屈到伸，向前踹出，力达全脚掌；左腿直立或稍屈支撑，踹击后迅速还原。

（3）弹（鞭）腿。弹腿也是散打运动中使用较多的一种腿法技术，可与多种拳法和步法组合形成连击，主要应用在主动进攻或防守反击之中。其攻击范围较大，包括对手的头、躯干和下肢。左侧弹腿：反架姿势，上体稍向右侧倾，重心后移，同时左腿屈膝展髋，大小腿自然折叠，脚背绷直，随即左腿由屈到伸，大腿带动小腿向右前横弹，力达脚背；弹踢后迅速还原。右侧弹腿基本技术与左侧弹腿基本相同，但以正架姿势站立，动作方向相反。

（4）横踢腿。横踢腿是散打运动中横向型的进攻技术，可与多种拳法和步法组合形成连击或以假动作做掩护，能直接踢打对手的头、躯干及下肢，主要应用在抢攻与防守反击之中。左横踢腿：反架姿势，重心移至右脚，左脚稍提膝，脚背绷直，然后上体右转带动左腿由稍屈到直并向右上方弧形扫踢，力达脚背至小腿下端；右脚直立或稍屈支撑，脚跟抬起随身体稍右转，踢腿后迅速还原。右横踢腿基本技术与左横踢腿基本相同，但以正架姿势站立，动作方向相反。

（5）勾踢腿。勾踢腿应用于遏止对手进攻和直接得分，主要通过攻击对手的脚跟和踝关节来破坏对手的平衡，使对手倒地，失去进攻能力。左勾踢腿：正架姿势，重心后移，右腿稍屈支撑，同时左腿稍提膝，脚尖勾起，上体右转，收腹合胯，带动左腿直腿向前向右做弧形的勾踢，力达脚弓内侧；左手随身体下摆至胸前，右手不动，完成动作后迅速还原。右勾踢腿基本技术与左勾踢腿基本相同，但以反架姿势站立，动作方向相反。倒地左勾踢腿：正架姿势，身体右倒侧扑，同时左腿由左向右擦地横摆，勾踢对手支撑腿的踝关节，力达脚弓内侧；勾踢后应迅速起身并还原。倒地右勾踢腿基本技术与倒地左勾踢腿基本相同，但以反架姿势站立，动作方向相反。

5. 摔法技术

摔法是散打运动中利用技术动作将对手摔倒在地的基本技术，是现代散打运动的主要技术之一。

（1）切摔。切摔常用在散打的主动进攻中，技术动作为左脚向对手左腿后插步别住对手的腿，同时左臂由对手右肩上穿过，向前下方切压对手颈部，上体前俯并向右拧转，摔倒对手。需要注意的是，插步别腿与切压要迅速，且最好同时进行。

（2）接腿勾踢摔。接腿勾踢摔是散打中的一种防守反击技术，技术动作为左手夹抱对手进攻的小腿，右手由对手右肩上穿过，下压对手颈部，同时左手上抬，右脚从右向左猛力勾踢对手左支撑腿踝关节处，摔倒对手。需要注意的是，左手夹抱腿要紧，抱腿时要控制好对手，防止对手用膝顶自己的胸部。

（3）搂脚扫腿摔。搂腿扫腿摔也多用在防守反击中，技术动作为左手夹抱住对手左腿腘窝处，右手抓握对手小腿，上右步，左腿抬起前伸，由前向后扫踢对手右支撑腿小腿，同时双手上抬前推，摔倒对手。需要注意的是，搂腿的时机要恰当，搂腿要紧，动作要果断迅猛。

（4）夹颈过背摔。夹颈过背摔也是散打中的一种防守反击技术，技术动作为右脚落在对手右脚前，右臂屈肘夹紧对手颈部，然后向左转体，背转向对手，双腿屈膝，用右侧臀部抵住对手腹部，然后双腿蹬伸，向下弓腰、低头，将对手背起后摔倒。需要注意的是，技术动作的运用要迅速突然，尽量缩短对手的反应时间，夹颈要牢固，让对手没有挣脱的空间。

（5）搂腰过背摔。搂腰过背摔同样常用于防守反击中，技术动作为用右臂从对手腋下穿过并搂抱对手腰部，上右步落在对手脚前，继而向左转体，背转向对手，双腿屈膝，用右侧臀部抵住对手腹部，然后，双腿蹬伸，向下弓腰、低头将对手背起后摔倒。需要注意的是，搂腰要紧，弓腰、插步别腿与切压要迅速且同时进行，不能让对手有反击的机会。

（6）抱腿背摔。抱腿背摔多用于散打的防守反击中，技术动作为双手抓抱对手右小腿或脚踝处，身体左后转，屈双膝，将对手右腿抬扛于右肩上，然后低头、弓腰，双腿蹬伸，双手向前下猛力拉拽，将对手过背摔倒。需要注意的是，下蹲躲闪的时机要恰当，抱腿动作一定要突然。

（7）抱腿前摔。双手抱住对手双腿，当对手重心下降并按压自己背部反抗时，迅速用右手猛力回拉对手小腿下端，同时左手收回抱住对手左大腿中下部，左肩前顶对手左大腿根部，使对手膝关节被挫而倒地。

第三节 拳击

案例导入

> 2004年，在雅典奥运会上，邹市明为中国拳击创造历史，在49公斤级比赛中拿到一枚宝贵的铜牌，这也是中国拳击队的首枚奥运会奖牌。2005年，在四川绵阳世锦赛上，邹市明一举收获金牌，中国人第一次站在了世界锦标赛的最高领奖台。2008年，中国拳击队首枚奥运会金牌也来自邹市明，他一路力克强敌，勇夺桂冠！

一、拳击概述

拳击的起源可以追溯到远古时代，考古学家曾在巴格达近郊发掘出来的许多带有拳斗的壁画和石雕上，发现了不少有关当时拳斗情景和搏斗场面的记载。在古希腊举办的古代奥运会上，拳击是一项正式比赛项目，据记载，当时运动员使用牛皮制的"皮绷带"包扎在手指关节和前臂上，不分体重级别，进行拳击比赛。

18世纪，近代拳击发轫于英国。1743年，约翰·布劳顿起草了一份学会章程和最初的拳击比赛规则。1747年，约翰·布劳顿发明了最初的拳击手套。19世纪末，拳击运动在美洲、欧洲流行起来，并在社会上产生了一定的影响。拳击在1904年的圣路易斯奥运会上被作为表演项目，在1908年奥运会中成为正式比赛项目。为了使参赛者取胜机会均等，保证比赛的公平合理，拳击比赛按运动员的体重分级。最初只分轻、中、重3个级别，至第19届奥运会，定为11个级别。

我国现代拳击始于20世纪20年代后期，1956年和1957年，我国举行了两次全国城市拳击锦标赛。同时，上海、北京、沈阳等地6所体育学院开设了拳击专业课，培养拳击教师、教练员。国家还开设了拳击教师、教练员培训班。目前，我国已经拥有许多拳击爱好者，男子拳击队和女子拳击队也都在大赛上取得了一些成绩。

二、拳击基本技术

拳击运动的基本技术包括基本姿势、基本步法、进攻拳法和防守技术。

1. 基本姿势

拳击运动的基本姿势通常会影响攻守技术的效果，根据手臂前后位置的不同，基本姿势分为左势和右势两种。下面以左势为例，从立正姿势开始，左脚向左侧跨一步，双脚距离同肩宽或稍窄于肩。左脚向前一小步，上步后脚尖稍内转约45°，着力点在前脚掌上，右脚前脚掌着地，右脚跟提起，左膝关节微屈（左腿近于伸直），右膝关节自然弯曲，身体略倾向前脚方向。这种身体斜对着对手的姿势有利于发挥攻防技术，也可减少受到对手攻击的面积。左臂弯曲举起，上臂与前臂的夹角要小于90°，左上臂与躯干左侧的夹角约成45°，左臂的肩、拳、肘三点距离相等。左拳高度略低于左眼，带拳套后，左臂弯曲，上臂与前臂靠拢，右上臂自然贴于右肋，目视前方，身体重心始终保持在双腿之间，着力点在双脚前脚掌上，自然协调，保持最大限度的灵敏性。

2. 基本步法

基本步法在拳击技术中不但能够帮助运动员保持身体平衡，而且可以使其始终处于进攻与防御的最佳位置。常用的拳击基本步法包括滑步、冲刺步、并步、环绕步、闪步等。

（1）滑步

滑步根据移动的方向分为前滑步、后滑步、左滑步和右滑步4种类型。

① 前滑步。由基本姿势开始，先将左脚向前滑进一步，右脚随即跟进，双脚仍保持原来的距离，身体重心始终保持在双腿之间。当向前滑进时，右脚用力蹬地，左脚先向前滑进一步，要整个左脚掌贴地，随之身体重心平稳前进，一般滑进不超过一个脚掌距离。左脚刚滑停，右脚便迅速跟上，前脚掌贴地滑进，滑进距离和左脚上步距离相同，右脚滑进时，身体重心在左脚。

② 后滑步。左脚掌向后点地，右脚稍离地面向后滑动，前脚迅速跟进，移动的距离根据对手位置而定，身体重心始终保持在双腿之间。当向后移动时，左脚用力蹬地，右脚先向后滑一步，左脚跟着迅速向后滑一步，身体重心仍在左脚上。其余均与前滑步相同。

③ 左滑步。右脚掌向右蹬地，左脚稍离地面向左滑动，右脚迅速跟进，移动的距离根据对手位置而定，身体重心始终保持在双腿之间。当向左移动时，右脚前脚掌内侧用力蹬地，左脚刚向左滑停，右脚便迅速跟上，身体重心在左脚。

④ 右滑步。左脚掌向左蹬地，右脚稍离地面向右滑动，左脚迅速跟进，移动的距离根据对手位置而定，身体重心始终保持在双腿之间。当向右移动时，左脚掌内侧用力蹬地，右脚前脚掌刚向右滑停，左脚便迅速跟上，身体重心在左脚上。需要注意的是，为了使身体重心在移动后保持稳定，滑动脚着地时应注意用脚掌的外沿先着地，以避免身体移动过多而失去平衡。

（2）冲刺步

冲刺步是一种突然向前进攻的步法，由基本姿势开始，左脚跟稍微提起，右脚用短而快的弹力向后蹬地，左脚迅速向前轻跳，紧接着后脚跟上，移动距离根据对手的位置而定。需要注意的是，冲刺步在蹬地时力量要比前滑步大，在滑进时身体重心微向前移。

（3）并步

并步分为前滑并步和后滑并步两种类型。

① 前滑并步。由基本姿势开始，左脚先向前滑进半步，右脚立即跟上，在接近左脚内侧处着地，右脚着地时迅速蹬地，左脚同时再向前冲刺急进一大步。需要注意的是，左脚第一次向前滑进时，步幅不要太大，右脚第一次跟进着地和蹬地的衔接要迅速且连贯，不能停顿。

② 后滑并步。由基本姿势开始，右脚先向后滑退一步，左脚立即后退，在右脚内侧处着地，左脚着地时，右脚迅速再向后滑退一大步，同时左脚再跟上。需要注意的是，滑退时，运动员身体，特别是上体不能后仰，应保持挺直姿势。

（4）环绕步

环绕步是围绕对手移动的一种步法，分为顺时针方向和逆时针方向两种类型。向左环绕步是以对手为圆心，顺时针环行的步法。向左环绕滑动时，右脚蹬地，左脚先向左前方滑移，着地后右脚迅速向同一方向跟进，身体重心随着双脚的移动，由原来的位置向左前方移动，在移动中应保持基本姿势。需要注意的是，运动员应该以弧形路线行动，不能横向移动。向右环绕步是以对手为圆心，逆时针环行的步法。向右环绕步的基本动作与向左环绕步相同，只是方向相反。

（5）闪步

闪步是一种转体的步法，分为左闪步和右闪步两种类型。左闪步由基本姿势开始，以右脚掌为轴，右脚跟向右转45°，身体突然向左转体改变方向，左脚迅速向右后方移动。需要注意的是，转体时必须利用腰胯力量。右闪步的基本动作与左闪步相同，只是方向相反。

3. 进攻拳法

进攻拳法是拳击运动的主要进攻手段，主要包括直拳、摆拳和勾拳3种。

（1）直拳

直拳的击打路线直接、动作简单，是进攻时的常用拳法。直拳通常分为左直拳和右直拳两种形式，另外，比较常用的刺拳也属于直拳技术。

① 左直拳。由基本姿势开始，前脚内旋发力，依次带动膝关节、髋关节、前肘关节，以身体重心为中轴转动，身体由左侧转到正对前方时，左拳借助身体由下往上发力，以加速的姿态向前击打；左拳接近目标瞬间左手拇指内旋45°，握紧拳头，击打后还原，右手臂保护自己的右侧。需要注意的是，在出拳的同时还要利用腿、腰、髋发力以增加击打力量。

② 右直拳。右直拳的技术动作与左直拳相同，只是方向相反。需要注意的是，右直拳的动作要流畅、速度要快、击打要准确，上体保持正直。

③ 刺拳。由基本姿势开始，左脚内旋蹬地，力量依次传递，最终由前手臂加速击打。需要注意的是，刺拳的动作幅度以短距离为主，依据对手距离可以上步出拳，确保速度快，身体保持正直。与左右直拳的不同之处在于，刺拳属于试探性的拳法，出拳的力量较小，且出拳时手臂并没有完全伸直。

（2）摆拳

摆拳是从侧面攻击对手的拳法，速度比直拳慢。摆拳通常分为左摆拳和右摆拳两种形式。

左摆拳由基本姿势开始，左脚掌内旋蹬地发力，左肩在腿、髋发力的同时向前压肩，左拳在左肩前以弧线向前击出，左臂稍弯曲，上臂与前臂的夹角小于180°；左拳边打边转，在拳峰击到目标的一瞬间，拳头握紧，拳眼向下，左肘高于左拳，击打完成后迅速恢复成拳击基本站立姿势。右摆拳的技术动作与左摆拳相同，只是方向相反，通常动作幅度和力度更大。

（3）勾拳

勾拳的攻击更加迅速且路线更短，适合近身时攻击对手。根据击打方向和目标部位不同，通常勾拳可以分为平勾拳、上勾拳、侧勾拳和斜勾拳4种类型，每种类型又分为左右两种形式。

① 平勾拳。平勾拳是横向型的勾击拳法。左平勾拳由基本姿势开始，左脚蹬地发力，身体右转，左拳迅速从左向右击打对手头部，拳心向内，击打后迅速恢复成基本姿势。需要注意的是，在转体的同时要迅速抬起左臂，肘关节要与地面平行，上臂与前臂的角度要小于90°，击打时重心略微移动到右腿上。右平勾拳的技术动作与左平勾拳相同，只是方向相反。

② 上勾拳。上勾拳是由下向上击打目标的勾击拳法。左上勾拳由基本姿势开始，向左转动髋部和上体，膝关节弯曲，同时，重心略微转移到左脚上，左肩略微向下，左拳从下向左上方击打对手头部，拳心向上，击打完后迅速收回，恢复成基本姿势。需要注意的是，出上勾拳时，肘部不要伸直，保持下颌收紧和手腕的伸直绷紧。右上勾拳的技术动作与左上勾拳相同，只是方向相反。

③ 侧勾拳。侧勾拳是横向击打的拳法。左侧勾拳由基本姿势开始，身体微左转，左肩向下，左拳从下向左上方击打对手下颌，拳心向内。右侧勾拳的技术动作与左侧勾拳相同，只是方向相反。

④ 斜勾拳。斜勾拳通常以右斜勾拳为主，由基本姿势开始，右脚脚掌蹬地发力，身体左转90°，同时，抬起右臂，右拳离开面颊向斜前下方击打对手的下颌或左胸，击打完后迅速收回，恢复成基本姿势。左斜勾拳的技术动作与右斜勾拳相同，只是方向相反。

4. 防守技术

拳击运动中的攻击和防守是同等重要的，进攻技术需要与防守技术配合进行。拳击运动的防守技术主要有格挡、拍击、闪躲、贴靠。

（1）格挡

格挡防守技术是利用拳、前臂、肘关节和肩部来挡住对手的攻击，手臂是主要的格挡防守部位。运用格挡防守时，有以下4项技术要求。

① 要主动预判，根据对手的进攻拳法选择格挡的部位。

② 格挡防守通常有头前单臂格挡和头前双臂格挡两种方式。运用时，需要运动员将头部埋在手臂之间，从手臂中间观察对手动作，根据对手攻击的不同路线和不同拳法，采用不同的格挡部位，并择机返回基本姿势。

③ 针对对手摆拳或勾拳进攻时，手臂要紧靠下颌上下晃动，做好格挡准备。

④ 格挡的发力源自脚下，且依靠身体的转动。

（2）拍击

拍击防守技术可以快速改变对手直拳的进攻路线。拍击防守技术分为前手拍击和后手拍击两种类型，根据对手进攻和反击意图可以向下、向内和向外3个方向拍击防守。

① 前手拍击。由基本姿势开始，前脚掌蹬地内旋发力，力量依次传递到前手拳，前手拳爆发式向下（向内）拍击，改变对手直拳的进攻路线。

② 后手拍击。由基本姿势开始，后脚掌蹬地内旋发力，力量依次传递到后手拳，后手拳爆发

式向下（向外）拍击，改变对手直拳的进攻路线。

（3）闪躲

闪躲防守是拳击防守技术中很常用的一种，主要用于防守对手的直拳进攻，通常可以分为向左右闪躲和向后闪躲两种类型。

① 向左右闪躲。由基本姿势开始，在对手直拳进攻瞬间，借助上体转动之力，上步或原地向对手左右两侧潜入，重心下降，身体呈扭曲姿势。

② 向后闪躲。根据对手进攻拳法的距离长短，选择采用原地上体闪躲或后撤步闪躲防守。需要注意的是，向后闪躲后，身体要迅速还原为基本姿势，以便迅速进行反击。

（4）贴靠

贴靠防守是主动贴靠对手，以此来破坏其进攻节奏和距离的防守技术，在以下两种情况下可以应用贴靠防守技术。

① 在对手攻击较强，自己处于被动防守的情况下。利用各种闪躲防守技术，手臂下放于体侧，上体前冲靠近对手；同时也需要根据与对手的贴靠距离，往前或者往后移动，保持一个弹性的贴靠状态，以此来破坏对手进攻的节奏和保护自己。

② 在占据优势，对手追分心切的情况下。抓住对手前冲偏离重心之机，向左右闪躲，并贴靠对手，尽量缩短与对手的距离，使其无法进攻，从而达到拖延比赛时间和节省体力的目的。需要注意的是，贴靠对手身体时，手臂应该伸直或环抱，但不能有明显的搂抱姿势；一旦被裁判员认为有搂抱犯规动作，不能重复使用贴靠防守技术。

第四节　跆拳道

↱ 案例导入

在 2022 年 10 月 22 日晚进行的 2022 年世界跆拳道大奖赛曼彻斯特站比赛中，中国队骆宗诗获女子 57 公斤级金牌，实现本年度大奖赛三连冠。

半决赛中，骆宗诗直落两局击败东京奥运会冠军、美国选手佐拉蒂奇。决赛中，骆宗诗对阵两届奥运会冠军得主、英国选手杰德·琼斯。东道主选手首局取胜，骆宗诗三次击头扳回一城，并以压倒性优势拿下决胜局，最终以 2：1 拿下冠军。

一、跆拳道简介

跆拳道由跆跟、花郎道演化而来。20世纪初，跆拳道传入东亚地区，在融合了中华武术等技击运动后，跆拳道得到充实和发展，逐渐形成了新的跆拳道技术体系，并迅速传播到世界各地。1973年，世界跆拳道联盟在韩国汉城（现首尔）成立。1980年，国际奥林匹克委员会正式承认了世界跆拳道联盟。2000年，跆拳道成为第27届悉尼奥运会的正式比赛项目。迄今为止，我国跆拳道运动员获得多枚奥运会金牌和多个世界冠军，这推动了跆拳道在我国的发展。跆拳道在我国先以健身俱乐部式跆拳道的形式发展，之后各种专业的跆拳道场馆如雨后春笋般在全国各地出现。跆拳道在我国已进入快速发展阶段。

二、跆拳道基本技术

跆拳道竞技技术以腿法为主，使用腿法进攻得分分值较高，拳法则一般用于防守和格挡。跆拳道主要需掌握实战姿势、基本步法、腿法和拳法等技术。

1. 实战姿势

标准姿态是跆拳道的准备姿势，也是跆拳道比赛时，双方运动员的基本站立姿势。标准姿态用于进攻、防守反击及步法的移动。其主要动作为立正姿势，右脚向右后方撤一步，双脚间距略宽于肩，使身体侧对对手，同时双手握拳，屈肘自然放于体前。左脚在后为左架标准姿态，右脚在后为右架标准姿态。右架标准姿态如图9-3所示。

图9-3　右架标准姿态

2. 基本步法

基本步法是跆拳道中充分发挥腿法力量，取得实战胜利的重要辅助技术。基本步法的特点为重心落在双脚之间或偏于前腿，且身体姿势大都以侧向站立为主。

基本步法

（1）上步。右架标准姿态站立时，以左脚前脚掌为轴，右脚蹬地快速向前上一步，变换为左架标准姿态，如图9-4所示。

（2）后撤步。右架标准姿态站立，左脚蹬地快速向后退一步，变换为左架标准姿态。

（3）前跃步。右架标准姿态站立，双脚同时向前跳跃一步，然后恢复右架标准姿态。前跃步如图9-5所示。

（4）后跃步。右架标准姿态站立，双脚同时向后跳跃一步，然后恢复右架标准姿态。

（5）原地跳换步。右架标准姿态站立，双脚原地前后交换，然后变换为左架标准姿态。原地跳换步如图9-6所示。

（6）前垫步。左架标准姿态站立，左脚向右脚内侧上步，同时右脚迅速抬起，腿稍微弯曲，然后恢复左架标准姿态。前垫步如图9-7所示。

图9-4　上步　　图9-5　前跃步　　图9-6　原地跳换步　　图9-7　前垫步

3. 腿法

跆拳道是一项七分腿法、三分拳法的实战性技击运动。在竞技跆拳道比赛中，运动员更多会采用腿法技术进行攻击，腿法技术也是跆拳道竞赛中的制胜技术。

腿法

（1）前踢。右架标准姿态站立，重心移至左腿。右脚蹬地，向前上提右膝至腰部或胸腹部，同时髋部略向左转，右腿大腿与小腿夹紧，脚背绷直，快速向前弹收小腿，用脚背击打目标。落地成左架标准姿态站立，后撤右腿，还原成右架标准姿态站立。前踢如图9-8所示。

（2）横踢。右架标准姿态站立，重心移至左腿。右脚蹬地，向前上提右膝至腰部或胸腹部，同时髋部略向左转，右腿大腿与小腿夹紧，脚背绷直。继续将右大腿向前抬高，左脚以前脚掌为轴脚跟向前转130°～180°，髋内扣，右膝朝向左侧，快速向前弹收右小腿。落地成左架标准姿态站立，后撤右腿，还原成右架标准姿态站立。横踢如图9-9所示。

图9-8　前踢

（3）下劈。右架标准姿态站立，重心移至左腿。右脚蹬地，向前上提右膝至腰部或胸腹部，同时髋部略向左、向上送，身体重心随之向上移。快速向上弹出右小腿，高举过头顶，右腿伸直并靠向躯干，重心继续向上移。右腿快速向下劈落，用脚掌或脚跟砸向对方的头部，身体重心前移至右腿，并通过身体后仰来控制重心。落地成左架标准姿态站立，后撤右腿，还原成右架标准姿态站立。下劈如图9-10所示。

图9-9　横踢　　　　　　　　　图9-10　下劈

（4）侧踢。右架标准姿态站立，重心移至左腿。右脚蹬地，向前上提右膝至腰部或胸腹部，同时左脚以前脚掌为轴脚跟前旋，右腿弯曲向左侧转髋，勾右脚，身体右侧对对手，脚底向前。右大腿带动小腿展髋，直线平蹬出右腿，用脚掌外侧攻击对手。落地成左架标准姿态站立，后撤右腿，还原成右架标准姿态站立。侧踢如图9-11所示。

图9-11　侧踢

（5）双飞踢。右架标准姿态站立，重心移至左腿。抬起右腿进行横踢，然后在右脚未落下时，迅速跳起，抬起左腿进行横踢。在完成双腿横踢后，落地成左架标准姿态站立，后撤右腿，还原成右架标准姿态站立。双飞踢如图9-12所示。

（6）旋风踢。右架标准姿态站立，重心移至左腿。右脚蹬地，左脚以前脚掌为轴进行脚跟外旋，右腿跟随着向右后方转动约360°。身体后仰，右腿下落的同时左脚蹬地进行横踢，落地还原成右架标准姿态站立。旋风踢如图9-13所示。

（7）后踢。右架标准姿态站立，重心移至左腿。左脚以前脚掌为轴进行脚跟外旋，身体向右后方转动，同时抬起右大腿，大腿与小腿夹紧，勾右脚，抬起至左大腿内侧膝关节以上，头部稍向右后方转动。右腿向后平伸（或稍高）蹬出，髋内扣，然后收回右腿至左大腿内侧膝关节以上。落地成左架标准姿态站立，后撤右腿，还原成右架标准姿态站立。后踢如图9-14所示。

图9-12　双飞踢　　　　图9-13　旋风踢

图9-14　后踢

（8）勾踢。右架标准姿态站立，重心移至左腿。左脚以前脚掌为轴进行脚跟外旋，同时抬起右大腿向前，右大腿和小腿折叠，勾腿，脚底向前方。右腿蹬摆，由外向内有一定弧度地摆动并伸直小腿，身体随之侧倾，用脚掌向右横向击打对手面部。落地成左架标准姿态站立，后撤右腿，还原成右架标准姿态站立。勾踢如图9-15所示。

（9）后旋踢。右架标准姿态站立，左脚以前脚掌为轴进行脚跟外旋，身体向后方转动，同时抬起右大腿向斜后方蹬伸，头部随之向右后方转动。身体继续旋转，右腿借助旋转力量，向后画半圆形的弧线，迅速屈膝用脚掌击打对手头部。击打完成后，身体重心保持在左腿上，右腿自然下落，落地还原成右架标准姿态站立。后旋踢如图9-16所示。

图9-15　勾踢　　　　　图9-16　后旋踢

4. 拳法

跆拳道中的拳法是正拳，用于攻击对手的胸口和胸腹部。正拳出拳的基本原则是从腰间发力将拳击出，抱拳于腰间时拳心向上，拳击的过程中要做手臂内旋动作，拳击至最远端时手臂伸直，拳心向下，击打目标后放松收回，如图9-17所示。正拳握法为四指并拢握紧，拇指屈曲于食指和中指的第二指节上，拳面要尽量平直，如图9-18所示。

图9-17　正拳出拳　　　　　　图9-18　正拳握法

三、跆拳道基本战术

跆拳道是一项实战性极强的技击运动，在学习过程中必须认识到在比赛中运用战术的艰巨性和必要性，在比赛中则需要制定机动灵活的战术去实现自己的目标。

1. 攻防兼顾

虽然跆拳道运动以进攻为主，但为了获得比赛胜利，在比赛中最好遵循攻防兼顾的原则，在激烈的对抗中保持合理的攻防节奏和效果。

（1）面对强于自己的对手，要加强防守，运用防守反击战术与对手对抗。

（2）面对弱于自己的对手，要采取主动进攻战术，争取主动战胜对方。

（3）如果双方实力相当，就要攻防兼顾并充分发挥自己的实力，运用适当的战术，做到有序进攻、稳妥防守、抓住战机、猛烈进攻。

2. 控制与反控制

在跆拳道比赛中，有些运动员具有较好的身体素质和较高的技战术水平，但经常在比赛中发挥不好，主要原因是这些运动员的技术动作和技战术都被对手有效控制，无法发挥出自身的正常水平。这种控制是运用战术扼制对手进攻的有效方法。控制战术运用合理，通常就会占据比赛的主动和优势；反之，就会处于被动和劣势。如果了解和具备更强的反控制战术，就会在比赛中变被动为主动，成为占据优势的一方。

3. 强攻

强攻是最直接的进攻战术，运动员可以通过连续的快速攻击，扰乱和破坏对手的心理、战术准备和正常动作，并大量消耗对手的体力，使对手忙于防守，无力反击，在短时间掌握场上的主动权或取得胜利。运用强攻战术必须具备以下条件：自身素质好、技术全面；对手的心理素质较差；比赛失分、快结束时。

4. 抢攻

抢攻是指没有假动作直接进攻，使用抢攻战术要求运动员的动作速度一定要快，并能及时抓住战机。运用抢攻战术应具备以下条件：对手体力不足，对手的防守出现漏洞，对手反应速度、动作速度、位移速度没有自己快。

5. 诱击

诱击是指运动员采用各种手段迷惑对手，让对手判断失误，然后实施真实进攻。例如，运动员假装体力不支或动作缓慢，或指上打下、指左打右等。诱击战术通常用在双方实力相当时。

6. 迂回

迂回是指运动员通过步法调整变换与对手的距离和角度，避实就虚，寻找机会从侧面进攻。

迂回战术主要用于对付力量大、速度快、擅长正面进攻或正面防守严密的对手。

7. 制长

制长是指运动员限制对方技术优点，并发挥自身的进攻优势。这种战术在比赛中应用较多，因为只有了解对方擅长的战术，才能有效控制对手的攻击。

8. 制短

制短是指运动员针对对方技术薄弱环节而采取攻击战术。制短战术本质与制长战术相似，不同的是制短需要了解对手的技术弱点，集中力量攻击这个弱点，从而获得比赛胜利。

第五节 五禽戏

案例导入

《后汉书·方术列传·华佗传》记载了五禽戏的奇妙之处："吾有一术，名五禽之戏：一曰虎，二曰鹿，三曰熊，四曰猿，五曰鸟。亦以除疾，兼利蹄足，以当导引。体有不快，起作一禽之戏，怡而汗出，因以著粉，身体轻便而欲食。普施行之，年九十余，耳目聪明，齿牙完坚。"据记载，五禽戏由神医华佗所创，坚持习练能够强健身体，到90岁仍能耳聪目明，牙齿坚固。

一、五禽戏渊源

五禽戏是一套模仿熊、虎、猿、鹿和鸟5种动物的动作编排而成的锻炼身体的方法，又称为"五禽操""五禽气功""百步汗戏"等，相传是华佗在前人发明的基础上改编而来的，故又称"华佗五禽戏"。由于五禽戏具有强健身魄的效果，因此在我国广为流传，也是我国流传时间较长的体育健身方法。1982年，五禽戏作为我国传统健身运动方法，被我国相关部门列入医学类大学中的保健体育课内容。2003年，国家体育总局把重新编排后的五禽戏等健身法作为"健身气功"的内容向全国推广。

五禽戏动作全面，长期练习可以改善人体各部分机能，达到畅通经络、调和气血、活动筋骨、滑利关节的目的。大学生在练习五禽戏的相关动作时，要做到心静体松、刚柔相济，以意领气、气贯周身，呼吸缓慢，引伸肢体，动作紧凑而不慌乱。

二、五禽戏动作

五禽戏的基本动作包括起势（并步站立、开步站立）和收势，以及熊戏（熊运、熊晃）、虎戏（虎举、虎扑）、猿戏（猿提、猿摘）、鹿戏（鹿抵、鹿奔）、鸟戏（鸟伸、鸟飞），如图9-19所示。

（1）熊戏。熊戏动作有健脾胃、助消化、活关节和增强体能的功效。练习熊戏时，要求动作像熊一样沉稳，表现出熊步行时的彪悍姿态。

（2）虎戏。虎戏动作作用于华佗夹脊穴和督脉，对坐骨神经痛、腰背痛、脊柱炎和高血压等疾病有一定功效。练习虎戏时，要求动作像虎一样威猛，要刚劲有力、刚柔并济。

（3）猿戏。猿戏动作有助于增强心肺功能，健壮腰肾。练习猿戏时，要求动作像猿一样敏捷灵活，表现出猿纵跳攀登、摘桃献果的姿态。

（4）鹿戏。鹿戏动作可以强腰肾，促进骨盆内的血液循环，并提升下肢的运动能力。练习鹿戏时，要求像鹿一样心静体松，表现出像鹿一样的探身、仰脖、奔跑和回首的姿态。

（5）鸟戏。鸟戏动作有调和气血、疏通经络、活动筋骨的功效。练习鸟戏时，要求动作能像鸟一样轻盈、灵敏，表现出鸟的亮翅和降落等姿态。

| 并步站立 | 开步站立 | 熊运 | 熊晃 | 虎举 | 虎扑 |

| 猿提 | 猿摘 | 鹿抵 | 鹿奔 | 鸟伸 | 鸟飞 | 收势 |

图9-19　五禽戏

第六节　八段锦

案例导入

　　仰掌上举以治三焦者也；左肝右肺如射雕焉；东西独托，所以安其脾胃矣；返复而顾，所以理其伤劳矣；大小朝天，所以通其五脏矣；咽津补气，左右挑其手；摆鳝之尾，所以祛心之疾矣；左右手以攀其足，所以治其腰矣。

——《道枢·众妙篇》

一、八段锦渊源

　　八段锦在北宋已经流传于世，在南宋洪迈所著《夷坚志》中有"政和七年，李似矩为起居郎……尝以夜半时起坐，嘘吸按摩，行所谓八段锦者。"的记录。后来，八段锦发展为坐八段锦、立八段锦，北八段锦、南八段锦、文八段锦、武八段锦等流派，流传甚广。

1949年以后，党和政府对民族传统体育项目非常重视，先后组织人员对传统八段锦进行了研究整理，并出版了专业的书籍。20世纪70年代末以来，八段锦作为民族传统体育项目开始进入我国院校，为其发展和传承打下了坚实的基础。

二、八段锦动作

八段锦全套动作总共10式，如图9-20所示。

（1）起势。双脚并拢，头正身直，下颌微收，舌自然平贴于上颚，双臂放松自然下垂，双手五指自然并拢，中指对于裤缝线处，全身放松；呼吸自然，双眼平视，目光内含。启动气机，进而带动左脚向左侧开步，脚尖朝前，双脚约与肩同宽，目视前方。沉肩坠肘引动双臂内旋，两掌分别向两侧摆起，约与髋同高，掌心向后。随之两掌外旋转掌心向前，以腰带动肩胛向外向前，带动上臂、肘、前臂、腕关节、手掌、指，节节贯穿，使两掌向前合抱，拢气于腹前呈圆弧形，与脐同高，掌心向内，两掌指间距约10cm。同时尾椎向下松沉，坐胯溜臀，双腿略弯，形成抱圆桩姿势。

（2）双手托天理三焦。双臂外旋微下落，两掌五指分开在腹前交叉，掌心向上，目视前方。双腿挺膝伸直，同时，两掌上托于胸前，随之双臂内旋向上托起，掌心向上，抬头，目视两掌。双臂继续上托，肘关节伸直，同时，下颌内收，动作略停，目视前方。身体重心缓缓下降，双腿膝关节微屈，同时，十指慢慢分开，双臂分别向身体两侧下落，两掌捧于腹前，掌心向上，目视前方。

（3）左右开弓似射雕。重心右移，左脚向左开步站立，膝关节自然伸直，同时，两掌向上交叉于胸前，掌心向内，左掌在外，目视前方。双腿屈膝半蹲成马步，同时，右掌屈指成"爪"，向右拉至肩前；左掌成八字掌（拇指、食指呈八字，其余手指弯曲），左臂内旋，向左推出，与肩同高，坐腕，掌心向左，犹如拉弓射箭之势，动作略挺，目视左前方。重心右移，同时，右手五指伸直成掌，向上、向右划弧，与肩同高，指尖向上，掌心斜向前；左手成掌，掌心斜向前，目视右掌。重心右移，同时，右手成掌，向上、向右划弧，与肩同高，指尖向上，掌心斜向前；左手成掌，掌心斜向前，目视右掌。

（4）调理脾胃须单举。双腿缓慢伸直，左掌同时上托，内旋上举至头左上方，肘关节微屈，掌心向上，指尖向右；右掌微上托，内旋下按至右髋旁，掌心向下，指尖向前，动作略停，目视前方。腰部放松，重心缓缓下降，双膝关节微屈，左臂同时屈肘外旋，左掌经面前下落于腹前，掌心向上；右臂外旋，右掌向上捧于腹前，掌心向上，两掌指尖相对，相距约10cm，目视前方。然后在相反方向重复前述动作。

（5）五劳七伤往后瞧。双腿挺膝伸直，双臂同时伸直，掌心向后，指尖向下，目视前方。同时双臂外旋，掌心向外，头向左后转动，动作略停，目视左后方。双臂外旋，掌心向外，头向左后转动，动作略停，目视左后方。然后在相反方向重复前述动作。

（6）摇头摆尾去心火。重心左移，右脚向右开步站立，两掌同时向上托举，到胸部等高位置时，双臂内旋，两掌继续上举至头上方，肘关节微屈，掌心向上，掌指相对，目视前方。双腿屈膝半蹲成马步，双臂同时向两侧下落，两掌扶于膝关节上方，肘关节微屈，小指侧向前方，目视前方。重心向上稍微升起，随之重心右移，上体向右侧倾，俯身，目视右脚。重心右移成马步，头同时向后摇，上体立起，随之下颌微收，目视前方。然后在相反方向重复前述动作。

（7）双手攀足固肾腰。双腿挺膝伸直站立。两掌同时变成指尖向前，向上举起，肘关节伸直，掌心向前，目视前方。双臂外旋至掌心相对，屈肘，两掌下按于胸前，掌心向下，指尖相对。双臂外旋，两掌心向上，然后两掌顺腋下后插，目视前方。两掌心向内沿脊柱两侧向下按摩并移动至臀部，随之上体前俯，两掌继续沿腿后向下按摩，经脚两侧置于脚面，抬头，动作略停，目视下方。两掌沿地面前伸，随之用手臂举动上体起立，双臂伸直上举，掌心向前，目视前方。做完6次后腰部放松，重心缓缓下降，双膝微屈，两掌同时下按至腹前，掌心向下，指尖相对，目视前方。

（8）攒拳怒目增气力。重心右移，左脚向左开步，双脚屈膝半蹲成马步，两掌同时变拳收于腰部，拇指在内，拳眼向上。左拳缓慢向前冲出，与肩同高，拳眼向上，瞪双目，目视前方；左臂内旋，左拳变掌，虎口向下。左臂外旋，肘关节微屈，同时左掌向左缠绕，变掌心向上后握拳，拇指在内。左臂屈肘，左拳回收至腰部，拳眼向上，目视前方。做完3次后，重心左移，左脚回收成并步站立，同时两拳变掌，垂于体侧。

（9）背后七颠百病消。双脚跟提起，头向上顶，动作略停，目视前方。双脚跟下落，轻轻地震动，目视前方。

（10）收势。双臂内旋，向两侧外摆，与髋同高，掌心向后，目视前方。双臂微屈，两掌相叠与腹部丹田处（男性左手在内，女性右手在内）。双臂自然下落垂于体侧，两掌轻贴于腿外侧。

起势　　　双手托天理三焦　　左右开弓似射雕　　调理脾胃须单举　　五劳七伤往后瞧

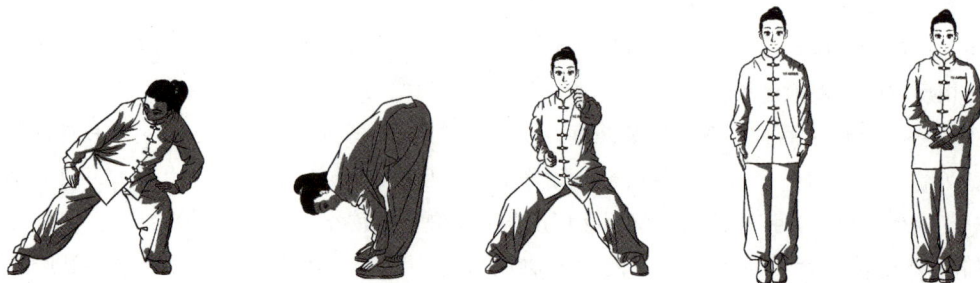

摇头摆尾去心火　　双手攀足固肾腰　　攒拳怒目增气力　　背后七颠百病消　　收势

图9-20　八段锦

拓展训练

一、二十四式太极拳训练

在空旷场地，完整演练二十四式太极拳，在演练纯熟后，在运动中着力体会太极的刚柔、节奏和韵律。

二、散打对抗训练

两人一组，佩戴好护具，使用各种散打技术进行实战对抗。在对抗中务必注意安全，最好有教师在场指导。

三、拳击对抗训练

两人一组，佩戴好护具，使用各种拳击技术进行实战对抗。在对抗中务必注意安全，最好有教师在场指导。

四、跆拳道对抗训练

两人一组，佩戴好护具，使用各种跆拳道技术进行实战对抗。在对抗中务必注意安全，最好有教师在场指导。

五、五禽戏训练

在空旷场地，完整演练五禽戏，在演练纯熟后，在运动中体会身体各部位的运动感受。

六、八段锦训练

在空旷场地，完整演练八段锦，在演练纯熟后，在运动中体会身体各部位的运动感受。

第十章

赣南特色体育运动

　　赣南是江西省南部区域的地理简称，主要由地级赣州市（简称"虔"）下辖的3个市辖区、13个县、2个县级市组成，人口约900万人，面积为3.94万平方千米。赣南地区历史文化悠久，据史料记载，早在公元236年，赣南地区就设立了市级行政机构庐陵南部都尉。悠久的历史使赣南成为文化的沃土，在这片土地上形成了独具特色的体育文化和丰富的体育活动。

第一节　赣南客家体育文化

↱ 案例导入

　　赣州市一向致力于保护本地文化遗产，2020年11月24日，赣州市第五批市级非物质文化遗产代表性项目名录公布，本次公布的文化遗产项目共55项，其中便有定南客家民歌、客家香火龙、大余客家小双狮舞等项目。这些文化遗产多有体育的因素，显示出赣南地区深厚的体育文化。

一、客家体育文化的形成

　　赣南地区位于武夷山脉的中段，古时这里群山环绕，交通不便，属于偏远地区，只有作为土著的赣虔人生活于此。从西晋时期开始，直至清朝中后期，客家人前后5次较大规模迁徙到赣南地区，客家人的南迁为赣南地区文化注入了新鲜血液，在赣南地区这片热土上，形成了兼容并包、独具特色的传统文化。作为客家人的聚居地，赣南地区传承了上千年的客家体育文化，也孕育了无数的客家体育文化。

　　客家体育文化的形成具有一定的历史性因素，是一定社会时期的产物。客家体育文化根植于客家人的社会生活中，它的形成与经济、政治和社会发展有着密切的联系。在古代相当长的一段时间里，赣南地区是一个以小农经济为主体的相对封闭的区域，这种封闭不仅体现在空间上，也体现在经济和社会发展中。大多数客家先民迁移至此后，以原有的农耕方式为手段，继续从事着农业生活。客家先民的南迁，给赣南地区带来了先进的生产技术和充足的劳动力，促进了当时生产力的发展。

　　但受地理环境的影响，在古代很长一段时间内，大多数客家人生活条件仍然较为艰苦，其体育文化也与生产生活紧密结合，鲜明地体现了其对美好生活的向往。例如，为了祈求丰衣足食和六畜兴旺，便在生活中自发形成了舞春牛、舞龙灯等客家体育文化活动；为了彰显自家的富足生活，便开展"九狮拜象"（制作龙、狮、象、麒麟等动物的艺术造型，以之为载体进行灯彩舞蹈）的盛大体育表演；为了驱邪祈福，开展了香火龙、走故事、烧瓦塔、竹篙火龙、舞龙舞狮等体育文化活动。

二、赣南客家体育文化的内容及其分布

客家体育作为赣南优秀传统文化的重要组成部分，是赣南人的生活范式、文化再现，在长期的发展中，赣南地区各地都形成了独特的客家体育文化。有关学者收集了赣南地区特色体育文化活动，从地区、客家体育项目、客家体育文化活动时间等维度对赣南客家体育文化进行了分类和整理。目前赣南地区具有代表性的客家体育文化活动共49种，分布在赣南地区的十八个县市区，其内容如表10-1所示。

表10-1　赣南客家体育文化内容

开展地区	体育项目	主要活动时间	开展地区	体育项目	主要活动时间
章贡区	高跷	节假日	龙南市	香火龙	元宵节
南康区	鲤鱼灯	春节到元宵节期间		采莲船	节假日
	耍龙灯			池塘赛龙舟	端午节
瑞金市	赛龙舟	端午节	定南县	瑞狮	节假日
	马刀舞	节假日	全南县	车马灯	新年至元宵节期间
	链枪舞			花棍舞	节假日
赣县区	抢打轿	正月初七		举人龙	春节期间
	云灯	节日	兴国县	麒麟狮象灯	节假日
信丰县	瑞狮引龙	节日	于都县	茶篮灯	采茶季节
	席狮、犁狮	正月十三到十五		中石练兵	节假日
	信丰马灯			甑笊舞	正月初六至正月十五
	古陂王龙		宁都县	竹篙火龙	中秋节晚上
	子孙龙	正月十三到十五		桥帮灯	正月十四、十五
大余县	傍牌舞	节假日		傩戏	大年初一到正月十六
	落子舞			竹马灯舞	春节期间
	云牌舞			湛田小龙灯	端午、春节
	客家小双狮舞			古教花灯	正月十三至十五
	端午龙舟祭祀	端午节	会昌县	畲族摆字龙	春节期间
	罗汉舞	春节、元宵、端午	寻乌县	迎故事	节日
崇义县	舞春牛	春节到元宵节期间	石城县	木兰板桥灯	闰年、闰月之年的正月初九至十一
	舞龙灯	春节到元宵节期间	上犹县	九狮拜象	正月初二到元宵节期间
	三节龙畲族金龙	正月初四到元宵节期间	安远县	瑞龙	节假日
	石塘武狮	节假日		车马灯	
	告圣	夜晚			

从地域分布来看，赣南地区的3个市辖区、13个县、2个县级市共18个县级政区中，客家体育文化项目分布的比例如图10-1所示。从图10-1中可见，宁都县、安远县、信丰县的客家体育文化项目较多。

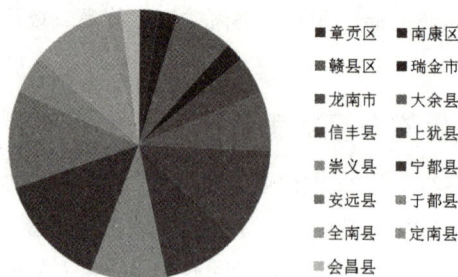

图10-1　赣南地区各县级政区客家体育文化项目分布

三、赣南客家体育文化活动的特征

虽然赣南客家体育文化内容丰富，项目多样，但其仍然呈现出一些一脉相承的特征，包括乡土性、依附性、历史性和竞争性。

1. 乡土性

客家体育文化的形成与发展受到当地自然环境及居民的生活方式的影响。赣南客家体育文化活动根植于农耕社会，本身有着较强的农业生产特征，乡土气息浓厚。例如，由于对农业和农耕的天然倚重，赣南客家体育文化活动中很多都具有祈求风调雨顺、五谷丰登的美好寓意。同时，赣南当地的民俗文化活动中也多夹杂古朴的舞蹈和众多的体育表演节目，因此赣南客家体育文化承载着丰富的客家传统文化，显示出浓厚的乡土气息。

2. 依附性

赣南客家体育文化并不是一种完全独立的文化现象，其形成和发展往往依赖于其他事物或者条件。赣南客家体育活动的形成大多源于人们对未来美好生活的渴望及对未来的憧憬，因此往往依附于民间生活活动，如生产劳动、婚丧嫁娶、节庆活动等。例如，在春节前后，赣南各地普遍开展体育活动，如南康区鲤鱼灯活动、全南县车马灯活动、于都县甑笊舞、宁都县竹马灯舞等，这些体育活动实际上都是当地居民庆祝春节的活动。

3. 历史性

赣南客家体育文化在发展过程中不是一成不变的，在某一段时间内，或者特定的历史时代中，其具有鲜明的时代特性及历史标志。例如，马灯舞起源于浙江一带，由南迁的先民带入赣南地区，结合赣南地方特色形成了独特的宁都县竹马灯舞活动。

同时，赣南客家体育文化活动的道具也随着时代的发展而不断变化，如舞龙、舞狮中道具的材料和制作工艺不断改进，舞龙灯活动中的灯由蜡烛演变为电子灯等。

4. 竞争性

赣南客家体育文化活动具有明显的竞争性，这主要体现在技艺和心理两个方面。在技艺上的竞争很常见，如池塘赛龙舟，自然要比哪家划得快。而舞龙、舞狮、狮灯等表演性质的民俗体育活动，也要竞争谁的表演更精彩、更能博得观众喝彩。

由于赣南客家体育文化活动大多还具有深厚的文化内涵和生活象征意义，以民俗体育活动为载体的竞争也体现在心理层面。如桥帮灯活动中，当地每一户居民都会制作彩灯进行表演，如果某家的彩灯得到了很多赞赏，那么表示其家族来年人丁兴旺。

四、赣南客家体育文化的时代价值

赣南地区的客家体育文化传承已久，在新时代里，依然保持着旺盛的生命力，具有多样化的时代价值。赣南客家体育文化活动不仅是地方文化的瑰宝，还传承了客家人的文化习俗，增强了群众的凝聚力，丰富了群众文化，同时也是全民健身的重要手段，对我国建设社会主义文化强国、实现健康中国战略、提高赣南地区群众的文化自信、促进当地群众健身等起到积极作用。

1. 传承赣南客家文化，增强文化认同

赣南客家体育文化是客家先民创造并流传至今的客家文化，是赣南文化、群众生产生活方式、生活理念和价值取向的展现形式，在赣南地区享有广泛的群众基础。赣南客家体育文化之所以能够不断传承和传播，主要基于群众对美好生活的向往，与劳动生产、节庆活动的紧密结合，这种文化认同是其他活动所无法替代的。赣南客家体育文化有助于凝聚群众，激励群众参与文化建设，有助于增强群众文化认同和传承赣南客家文化。

2. 打造特色文化，彰显客家文化精髓

随着社会经济的发展和文化的繁荣，以及文化交流的日益便捷与广泛，我国社会文化呈现出多元化发展的趋势。由于世界上多种文化的进入，我国传统文化的发展受到了冲击，赣南客家体育文化也是如此。近年来，在文化强国战略的支撑下，提高中华民族文化自信尤为重要。赣南客家体育文化作为赣南的特色文化，传承和发扬了客家先民团结奋进、不屈不挠、积极进取的精神，展现了客家文化的精髓。新时代传承和发展赣南客家体育文化有利于彰显客家文化精髓，提高赣南群众的文化自信，促进赣南地区文化繁荣，塑造独具魅力的赣南形象，彰显客家优秀传统文化。

3. 丰富文化生活，满足居民体育需求

随着城镇化程度的不断提高，城市文化勃兴并快速发展。在城镇化建设的过程中，文化趋同、文化单一的问题也逐渐暴露。赣南客家体育活动是群众喜闻乐见的文化活动，群众参与广泛，传承了赣南客家体育文化，既可以保障文化的多元性，也可以丰富群众的闲暇生活，满足居民的文化需求，是对城市文化的有益补充。同时，赣南客家体育活动作为一项特色活动，充分发挥其体育文化价值，取赣南客家体育文化之运动成分，可以促进民间体育的发展，满足群众体育活动需求，促进全民健身的发展和全民小康的达成。

4. 打造特色文化旅游，振兴赣南发展

当前，我国正在实施乡村振兴战略，着力强化地方特色产业发展。在"绿色崛起"和经济转型发展的理念引领下，赣南地区把旅游发展和客家特色体育活动相融合，作为赣南振兴的重要抓手和实现途径，把特色文化和旅游相结合，积极打造客家体育旅游品牌，建设赣南客家体育文化，激发赣南群众的振兴热潮，促进赣南经济转型发展、可持续发展。同时，这种新产业、新发展思路也使得赣南客家体育文化长久地保持活力。

五、赣南客家体育文化的保护

赣南客家体育文化历史悠久、群众参与度高，但是面对现代多元文化的冲击，相关体育活动的开展频率也逐渐下降，其传承受到影响，因此保护赣南客家体育文化成为当前最为迫切的任务之一。目前，赣南地区的政府和民间组织已经为保护赣南客家体育文化开展了多项措施，赣南客家体育文化的保护形式可以分为：记录性保护、制度性保护、培育性保护、开发性保护。

1. 赣南客家体育文化的记录性保护

所谓记录性保护，是使用文字、照片、录影等形式对赣南客家体育文化的资源、活动形式、生态环境等进行真实的记录，并编辑出版书籍、影像等资料，对文化资源进行长久有效的保护。客家体育是民族民间传统体育的重要组成部分，其文化传承与记录无疑是对中华民族传统文化的一种弘扬与保护。

目前，对于赣南客家体育文化效果最好的记录性保护方式是运用最新的全息技术（利用干涉和衍射原理记录并再现物体真实的三维图像的记录和再现的技术）进行录影，这样可以再造出原录制物的立体影像，真实地反映出赣南客家体育文化的本真，有利于保存珍贵的文化资料并进行收藏，对于保护客家体育文化具有积极的意义。

2. 赣南客家体育文化的制度性保护

相关政策研究及制度建设有利于客家体育文化的传承和发扬、生存环境的保护，因此制度建设对于赣南客家体育文化的保护是迫切的，也是必需的。体育产业是我国现代文化产业的重要组成部分，2010年3月19日，国务院办公厅《关于加快发展体育产业的指导意见》（国办发〔2010〕22号）明确指出，要"因地制宜地开发和培育具有地方特色的体育健身项目，加强对民族民间传统体育项目的市场开发、推广"。赣南客家体育文化的传承和发扬离不开政策与制度的指引，客家体育文化原生态的环境需要政府政策支持，制定奖励制度支持传承并开展客家体育文化的村落，鼓励更多人参与客家体育活动及其研究，并建立客家体育文化馆。相关政府部门也可根据政策设立赣南客家体育研究基金，鼓励学者与专家进行实地研究与考察，走生产、学习、研究为一体的路线，发展与开发赣南客家体育资源。

3. 赣南客家体育文化的培育性保护

培育性保护就是注重专业人才培养，建设农村基层体育，提高赣南客家体育文化的可延续性。赣南客家体育文化的保护需要从客家体育的源头——村落开始着手，建立行业协会培育传承人，举办村际之间的客家体育文化竞赛与文化节，营造客家体育文化氛围，为相关村落培育良性的客家体育文化环境。同时，政府鼓励赣南地区各级学校以赣南客家体育文化活动为主题开发校本课程，利用教育平台普及赣南客家体育文化，改编适用于大、中、小学生的客家体育项目，在提升校园文化氛围的同时传承与发展客家体育文化。例如，江西理工大学在体育课程中引入舞龙、舞狮等客家体育课程，在迎合学生多元兴趣需求的同时，彰显个性校园文化特色，提升学校形象。

4. 赣南客家体育文化的开发性保护

原封不动的保存不利于赣南客家体育文化的发展，保护与开发并行才是传承和发扬赣南客家体育文化的最佳模式。对客家体育文化的合理开发需要结合赣南地区的地域文化内涵，与时俱进，做到传统与时尚相结合。

文化是一个城市吸引游客的重要元素，在江西"绿色崛起"的口号下，旅游业成为江西重要产业，红色旅游领跑全国。赣南拥有众多历史文化景点，山清水秀，集客家文化、红色文化、宋朝文化、绿色资源、橙色资源（中国赣州国际脐橙节）于一身，发展特色旅游业是振兴赣南的重要战略规划，这为开发赣南客家体育旅游业带来了机遇。赣州市政府统筹规划，将旅游业与客家体育文化相结合，充分利用优势产业开发特色品牌，发展赣南客家体育旅游，打造精品旅游路线，彰显品牌个性文化。

第二节　龙舟

案例导入

2022年6月3日，正值端午佳节，江西省赣州市上犹县东山镇南湖上，龙舟赛热闹开桨，来自沿河、滨江、上丰等村的六支龙舟队只待一声令下，便如离弦之箭一般驶出，在水面上来回竞逐。岸边游人如织，加油助威声如潮，一时间，激水声、擂鼓声、呐喊声不绝于耳。

一、龙舟文化

对于龙舟文化的起源，吴地普遍认为划龙舟是为了纪念被吴王夫差杀害的忠臣伍子胥；浙江的一些地方则是纪念投江殉父的著名孝女曹娥；更为普遍的说法则是，端午节用以纪念投江而死的楚国贤臣屈原。但据历史学家和民俗学家考证，端午节最初起源于江浙地区的龙图腾祭，人们在每年五月初五这一天都会举行隆重的龙图腾祭祀活动，在锣鼓声中划着刻上龙形的独木舟在水面竞渡追逐，由此形成了最初的赛龙舟活动。

现存的史料表明，自春秋战国以来，龙舟竞渡就是古人非常喜欢的一项体育运动。到了唐代，赛龙舟成了一项独具特色而又极为隆重的竞赛活动。为了裁定名次，人们在水面的终点插上一根长竿，竿上缠上五颜六色的锦布，鲜艳夺目，称之"锦标"，竞渡船只以首先夺取锦标者为胜。唐代诗人王建《宫词一百首》形象地描写了唐代宫廷赛龙舟的情景："竞渡船头掉采旗，两边溅水湿罗衣。池东争向池西岸，先到先书上字归。"在宋元时，龙舟夺标仍然盛行，相传张择端的《金明池争标图》（见图10-2）、王振鹏的《龙池竞渡图卷》等绘画作品都显示了龙舟运动的盛行。

今天，龙舟文化在江苏、浙江、上海、安徽、福建、江西、湖南等地仍然十分盛行。江西省赣州市水西村的赛龙舟是极具赣南客家特色的活动，每到端午前夕，水西村村民都会自发捐款捐物，选出头人在龙舟赛之前，按不同宗族姓氏进行"祭龙舟"活动。1995年，水西龙舟协会成立。自2008年起，在水西村委会、水西龙舟协会的组织下，每年端午节该村都会举办龙舟比赛。水西村龙舟比赛如图10-3所示。

图10-2　张择端《金明池争标图》（局部）

图10-3　水西赛龙舟

二、龙舟运动基本技术

龙舟运动的基本技术涉及队员组成、桨手技术、鼓手技术、舵手技术，以及队员配合等多个部分。

1. 队员组成

龙舟运动是一项集体运动，按照现行的规则，使用标准型号龙舟的比赛。每队参赛选手24人，其中登舟比赛的队员包括桨手20人、鼓手1人、舵手1人，以及2名替补队员。同时每队设置队长1名，佩戴统一的队长标志。

2. 桨手技术

龙舟运动中，桨手坐在龙舟两侧，负责用桨划水，为龙舟提供前进的动力，桨手的技术对于队伍的成绩至关重要。桨手、可分为坐姿、握桨、入水、拉桨、出水和回桨等。

（1）坐姿

在船上，外侧（船舷侧）的髋关节紧贴船舷，外侧腿用力蹬前仓位板底部，内侧腿弯曲后收于坐板底舱下方（内外侧腿部动作也可相反），臀部坐在坐板前沿。抬头挺胸，目视前方，双手自然握住桨柄，桨叶平行于水面。

（2）握桨

以左手握桨为例：桨手左手握桨，也称为低手位、下手，手位位于桨颈上一个把位（1把位=桨手本人的手掌宽度），因人而异；拇指与食指紧握桨杆，其他手指自然放松，以确保桨入水时的前伸幅度。右手称为高手位，正握桨柄，拇指顶住桨柄。双手均自然握住桨杆与桨柄，不要握得太紧。

（3）入水

入水是桨叶尖端接触水面到桨叶全部浸入水中的阶段，是力量传递的重要阶段。

桨手双手松弛握桨，桨从前方队员腋下伸出，低位手尽量向前伸直，向左转体送肩，高位手屈肘握桨于头正前靠右上方，外侧腿弯曲。身体呈这种姿势时，有利于"抓水"，增加划水距离。桨入水要感觉像从洞中插入一样，水至桨颈（桨叶与桨柄结合处）处即可，身体重心通过高位手往下压在桨柄上，使桨稳稳"抓"住水，同时也可使船略微上抬。

（4）拉桨

桨手从腰开始发力，高位手保持稳定支撑，用适度的力往下压，使桨稳稳"抓"住水。低位手以中指、无名指、小指紧握桨杆，直臂向后拉桨。同时，下肢配合发力，用力大小与拉桨用力的大小应协调一致。拉桨应紧靠船舷，与前进方向一致。弯曲的高位手随着躯干的抬起往后拉，直到低位手拉至膝盖。

（5）出水

桨叶拉至膝关节和髋关节之间区域，桨手双臂向上提桨，将桨叶迅速从水中提出。要求出水动作快而轻柔、干净利落、不挑水花，桨叶与水面呈120°左右为佳。

（6）回桨

出桨之后，桨手双手松弛握桨，腿、腰、背、肩、臂都要放松，桨下缘贴近水面，桨叶外侧边朝侧前方，向前呈小弧形到达插桨位置。双手在空中运行路线和桨叶在水面运行路线都应是到达插桨位置的最短路线。

3. 鼓手技术

在龙舟运动中，鼓手负责指挥、协调、调动桨手的划桨频率，可以说是全队最重要的人。鼓手需要掌握好鼓声的力度与节奏快慢，桨手插桨入水的一刹那应该正好在鼓声节奏的强拍上，这样才能使全队划桨动作整齐一致，为赛舟提供最强的动力。

同时，鼓声的节奏也能控制龙舟的速度，力度小、节奏缓，桨手自然会将速度控制住，而力度大、节奏紧，桨手全力发挥，速度自然快。好的鼓手能够张弛有度、合理地分配桨手的体能，这在较远距离的比赛中尤为重要。

4. 舵手技术

舵手控制着龙舟的方向，好的舵手能确保龙舟走得直，在经济的航线上平稳前进。在有弯道的比赛中，舵手技术更是重中之重。舵手技术主要有点式技术、拨式技术和拖式技术三种。

（1）点式技术

舵入水中后很快提出水面称为点式，常于龙舟在行进过程中方向改变较小时采用。点式技术所产生的阻力最小，对船速影响不大。

（2）拨式技术

龙舟偏航较大时，选中水中一个点，迅速下桨朝相反方向横向拨桨打舵的技术称为拨式技术，主要应用于在风平浪静情况下的龙舟掉头、靠岸，以及龙舟进入航道并摆正航向时。在有风浪的情况下，此技术一般不宜采用。

（3）拖式技术

龙舟在行驶过程中，舵叶始终在水中控制方向称为拖式，常在船体方向改变较大时采用。拖式技术对方向的控制最强，但由于舵叶始终保持在水下，其阻力也最大。

5. 队员配合

要想取得优异的成绩，桨手、鼓手和舵手之间就需要密切配合，形成合力。这主要在于桨手与鼓手和舵手的配合。

（1）桨手与鼓手的配合

根据各队的战术布置与要求或者日常训练中达成默契，鼓手击鼓传递信息，桨手听鼓令行动。鼓声包含的信息有平桨、停桨、挡水、倒桨、进入航道、准备、起航、途中、冲刺、变速等，常配合手势、口令等。最靠近鼓手的桨手应随时将桨手的实时感觉传递给鼓手，确保鼓手和桨手间的信息传递与沟通能非常及时、顺畅。

（2）桨手与舵手的配合

正常情况下桨手与舵手各司其职，确保船只以最快的速度前行。倘若在大风浪、急水流情况下进行比赛、训练，在环绕赛中掉头、进入航道时，均需要桨手协助舵手确保船只行驶在最佳的航道路线上。如果赛程中需要较急地转弯，也需要两侧桨手改变出力（一侧大出力、一侧小出力），帮助舵手实现转弯。

第三节　舞龙舞狮

案例导入

　　赣州市崇义县关田镇田心村，有一样非物质文化遗产——三节龙。龙由3节组成，分龙头、龙身、龙尾三部分，3个舞龙者站在八仙桌上，将龙舞出腾云驾雾、高车摇水、左右舞龙、行步舞龙等动作。当地把这种三节龙称为"泥鳅沾灰"，形容三节龙舞动起来犹如肥短的泥鳅沾了灰一般活蹦乱跳。

一、舞龙舞狮文化

　　舞龙舞狮是我国民间传统习俗。舞龙的主要道具是"龙"。龙用草、竹、布等扎制而成，在喜庆日子里，如二月"龙抬头"、端午节时舞龙，龙跟着绣球做各种动作，不断地展示扭、挥、仰、跪、跳、摇等多种姿势。时至今日，舞龙经过不断发展和改进，已成为一种具有观赏性的竞赛运动，如图10-4所示。

　　舞狮是我国优秀的民间艺术，唐代时，舞狮被称为"太平乐"，白居易诗云"假面胡人假狮子，刻木为头丝作尾。金镀眼睛银贴齿，奋迅毛衣摆双耳"（《西凉伎》）展示了唐代的狮子舞。宋朝时，民间舞狮兴盛，宋代《武林旧事》记载，出现了与武术结合的"狮豹蛮牌"。宋金时期，彰显武技的狮舞随移民南迁，产生了北狮、南狮之分。北狮在长江以北地区较为流行，而南狮则是流行于华南一带。舞狮如图10-5所示。

图10-4　舞龙　　　　　　　　　　　　　　图10-5　舞狮

二、舞龙基本技术

　　舞龙需要各个队员配合得当，使整条龙活灵活现，神采飞扬，呈现出极佳的观赏性。为此，队员们需要进行分工，并掌握各种技术。

1. 队员分工

　　舞龙运动中，队员分为舞龙珠、持龙头、舞龙身和持龙尾4种类型。

（1）舞龙珠

　　舞龙珠者即龙队指挥者，其需要在鼓乐伴奏下，引导舞龙者完成龙的游、腾、跃、穿等全套动作。舞龙珠者应该随时注视龙珠，并环视整队及周边环境，与龙头保持1米左右的距离，以在表演期间与龙头协调配合。整个舞龙过程，龙珠应不停地旋转。

（2）持龙头

持龙头者舞动龙头时需紧随龙珠移动，龙嘴与龙珠相距1米左右，协调配合，似吞吐之势。龙头应不停地摆动，以展现龙的生机和神采。注意，在龙头左右摆动时，不得碰擦龙身或舞龙者，更不可触碰龙珠。

（3）舞龙身

舞龙身者往往不止一人，因此要随时与前后的人保持一定的距离。紧跟前面的人（第一人跟随舞龙头者），走定位，空中换手时尽量将龙身抬高（可跳起）；舞低时，则尽量放低。舞龙过程中，龙身运动轨迹要圆滑、顺畅，龙身不可触地、脱节，更不可出现不合理的打结。

（4）持龙尾

持龙尾者舞动龙尾时要轻巧生动、干净利落，否则龙尾容易打地。在穿跳动作里，持龙尾者应注意龙尾勿被碰撞或碰撞到别人，并随时保持龙身的摆动。

2. 基本握法

在舞龙过程中，队员需要根据动作使用多种握法进行配合，这些握法具体包括正常位、滑把和换把。

（1）正常位。队员双手持把，左（或右）臂肘微微弯曲。手握把位的末端，与胸同高，右（或左）臂伸直，手握把的上端。把位距胸一拳。

（2）滑把。队员一只手握把端不动，另一只手握把上下滑动，动作要连贯均匀。

（3）换把。队员结合滑把动作，在滑动手接近固定手位时，双手转换，滑动手握把变成固定手位，固定手位变成滑动手位。换把手位时，队员需保持平稳，并随龙体轨迹运行。

3. 基本动作

舞龙的种种变化，归根结底都是基本动作的组合。舞龙的基本动作有以下几种。

（1）"8"字舞龙动作

队员将龙体在人体左右两侧交替作"8"字形环绕，原地和行进间动作均可，动作幅度应结合锣鼓的节奏快慢变化。同时，还应充分利用队员的身体姿势变化，如在单跪、靠背跳步、抱腰、绕身等身体姿势下，做各种不同的"8"字舞。

做"8"字舞龙时，龙体的运动轨迹要顺畅、圆润，人体的各种造型姿势要优美，快速舞龙要突出速度、力量，并保持龙体运动轨迹流畅。动作要流畅，队员的速度应一致，龙体运动与人体要协调、统一，以免造成人龙脱节、龙体触地。

（2）游龙动作

队员在快速奔跑游走过程中，通过龙体运动的高低、左右、快慢的行进，充分展现龙的婉转回旋、左右盘翻、屈伸绵延等动态特征。龙体在行进中应遵循圆、弧、曲线的运动规律，队员应随龙体协调地起伏、行进，具体动作包括直线行进、起伏行进、走（跑）圆场、站肩平盘起伏、快速跑斜圆场、快速矮步跑、圆场越障碍等。

（3）穿腾动作

穿腾包括穿越和腾越两种方式。龙体动作线路呈交叉形式，龙珠、龙头、龙身，依次从龙身下穿过称为"穿越"。龙珠、龙头、龙身依次从龙身上越过称为"腾越"。

队员做穿越和腾越动作时，应保持速度均匀，轻松利索，不拖地，不停顿，不碰踩龙身。具体动作包括穿龙尾、龙穿身、越龙尾、穿尾越龙身、龙脱衣、龙戏尾、首尾穿肚、腾身穿尾等。

（4）翻滚动作

当龙身运动到队员脚下时，队员用滚翻、手翻等动作从龙身上越过，称为翻滚动作。做翻滚动作时，队员必须在不影响龙身运动的速度、幅度、美感的前提下及时完成，动作干净利索、规范准确，保持龙身运动轨迹流畅、圆顺。

（5）组图造型动作

组图造型动作是龙体在运动中组成活动的图案及相对静止的龙体造型。其中，静止造型更要做到形象逼真、以形传神、以形传意。常见的组图造型动作包括龙尾高翘、龙门造型、塔盘造型、龙出宫造型、蝴蝶盘花造型、上肩高塔造型、大横等。

4. 跳跃翻腾

跳跃翻腾技术是舞龙技术中不可缺少的一环，但难度较高，需要勤加练习才能掌握。跳跃翻腾的动作有以下几种。

（1）腾空箭弹

队员右脚向前上步，膝关节伸直，用脚后跟着地，同时左臂前摆，目视前方。然后右脚踏实蹬地向上跳起，左脚随之向前、向上摆起，同时右脚蹬地向上跳起，使身体腾起；右腿迅速挺膝向前上方弹踢，脚面绷平，左腿屈膝收回。起跳时，腿要充分蹬伸，上体后倾时要伴随向前送髋，同时注意提气、立腰，向上顶头；在空中时，要收髋收腹、上体稍前倾；落地时，要用前脚掌先着地，然后过渡到全脚掌，并注意屈膝、屈髋加以缓冲。

（2）踺子

队员经助跑、趋步后，上体侧转前压，双手在体前依次撑地，随即双腿依次向后上蹬、摆。经倒立后，推地，并腿后踹。当前脚掌蹬地后，急速带臂，向外转体90°跳起。队员双脚摆过倒立部位后，要用力推地；双腿快速向后下压，使身体与地面成45°～55°；跳起时急速立腰，同时含胸提气，双臂配合向前上方带起。

（3）旋子

队员双脚并步站立，身体右转，左脚向左迈步；双手向右平摆。随后上体前俯并向左后、上方拧转，左腿屈膝，双臂随身体平摆。同时，右腿向后上方摆起，左腿蹬地伸直相继向后上方摆起，带动身体在空中平旋一周。随后，右脚、左脚依次落地。

（4）抢背

队员右脚在前，左脚在后，双脚交错站立。左脚从后向上摆起，右脚蹬地跳起，双腿屈膝，团身向前滚翻。注意，滚翻要圆、快，立起要迅速；肩、背、腰、臀依次着地。

三、舞狮基本技术

舞狮主要由两人合作完成，舞狮的技术分为北派和南派两种，这里主要介绍赣南地区流行的南派舞狮技术。

1. 狮头握法

舞狮中，居于前者要握持狮头，以使狮头做出各种动作。狮头的握法有以下几种。

（1）单阴手。以拇指托狮舌，其余四指在狮舌上方，手背朝上。一只手握狮舌中间或一侧部位，另一只手握根耳的引动绳，双手前臂托顶着两条横木。

（2）单阳手。以四指托狮舌，拇指在狮舌上方，手背朝下，其余与单阴手相同。

（3）双阴手。握法与单阴手相同，但双手握于狮舌两侧头角处部位。

（4）双阳手。握法与双阴手相反，握的部位相同。

（5）开口式。拨动道具，控制狮头张嘴，多用于舞高架、下架狮时，根据狮神态意识的需要，确定张开口的角度及狮舌动的程度。

（6）合口式。拨动道具，控制狮头闭嘴，一般用于舞高架狮时，表现狮的某一神态、情绪。

2. 狮尾握法

居于后者握狮尾，配合狮头做出各种动作。狮尾握法有以下几种。

（1）单手握法。一只手拇指插入舞狮头者腰侧的腰带部位，成虎口握腰带，其余四指轻抓舞狮头者的腰带部位，另一只手可做开摆尾、摆背等动作。

（2）双手握法。双手同时用单手握法与狮头配合，做部分动作时必须用力紧握。

（3）摆尾。可用手摆动或用臀部拨动道具，使狮尾摆动。

3. 基本步型、步法

舞狮的步型、步法繁多，其中较基础的有以下几种。

（1）行礼步。从基本站立姿势开始，以左为例，双脚用力蹬地，向上跃起，从中线落地，重心在右脚，成左虚步。右虚步与左虚步相同，方向相反。

（2）两移步。从基本站立姿势开始，上体不动，左右脚交替前移约一脚掌距离。

（3）大四平步。双脚左右开立宽于肩，双腿弯曲，两大腿呈水平，上体正直，收腹挺胸。

（4）弓步。右腿弯曲，大腿呈水平，上体正对前方，呈前弓后绷姿势。

（5）开合步。从基本站立姿势开始，双脚蹬地，双腿分开宽于肩；双脚蹬地，双腿并拢，完成动作的过程中，上体保持基本姿势。

（6）扑步（铲步）。左腿弯曲全蹲，重心在左腿，右腿向右侧前伸，大小腿成一条直线，脚掌内扣。左右动作相同，方向相反。

（7）麒麟步。从基本站立姿势开始，重心移至左脚，右脚经左腿前向左移步，左右腿交叉，双腿弯曲，重心在双腿中间。右与左动作相同，方向相反。

（8）跪步。从基本站立姿势开始，左腿膝关节弯曲约90°，右腿膝关节弯曲小于90°，右膝关节和右脚指着地，上体稍前倾，重心在右脚。右与左动作相同，方向相反。

（9）虚步。左腿弯曲，重心在左腿，右腿微屈，脚尖前点。左与右动作相同，方向相反。

（10）吊步。在虚步的基础上，提起右腿，支撑腿微屈，右大腿在体前呈水平，膝关节放松，小腿自然下垂，脚尖绷直。左与右动作相同，方向相反。

（11）小跑步。从基本站立姿势开始，脚跟提起，前脚掌着地，左右脚交替小跑前移。

拓展训练

一、龙舟训练

1. 桨手、鼓手配合练习

鼓手击鼓，桨手跟随鼓手的节奏划桨，直到动作统一，与鼓点同步。

约定平桨、停桨、挡水、倒桨、进入航道、准备、起航、途中、冲刺、变速等鼓声指令，然后进行练习，直到队员熟悉并能正确反映指令。

2. 龙舟行进练习

22人一组，驾驶标准龙舟，在水面上练习直线行进，在熟练后逐渐加快速度。注意，应做好个人防护，并注意风浪情况。

二、舞龙训练

1. 基础配合练习

7人一组，1人舞龙珠，1人持龙头，4人舞龙身，1人持龙尾，进行基础配合练习，直到熟练。然后练习舞龙的基础动作。

2. 舞龙表演练习

7人一组（人员配置同上），组合基础动作编排一段完整的节目，然后练习这套节目，直到熟练。

三、舞狮训练

1. 基础配合练习

2人一组，1人持狮头，1人持狮尾，进行舞狮基础配合练习，直到熟练。然后练习基础步法。

2. 舞狮表演练习

2人一组（人员配置同上），将步型、步法与握法结合起来，编排一段舞狮表演，然后练习，直到熟练。

附录

国家学生体质健康标准

一、说明

1. 《国家学生体质健康标准》（以下简称《标准》）是国家学校教育工作的基础性指导文件和教育质量基本标准，是评价学生综合素质、评估学校工作和衡量各地教育发展的重要依据，是《国家体育锻炼标准》在学校的具体实施，适用于全日制普通小学、初中、普通高中、中等职业学校、普通高等学校的学生。

2. 《标准》的修订坚持健康第一，落实《国家中长期教育改革和发展规划纲要（2010—2020年）》《国务院办公厅转发教育部等部门关于进一步加强学校体育工作若干意见的通知》（国办发〔2012〕53号）和《教育部关于印发〈学生体质健康监测评价办法〉等三个文件的通知》（教体艺〔2014〕3号）有关要求，着重提高《标准》应用的信度、效度和区分度，着重强化其教育激励、反馈调整和引导锻炼的功能，着重提高其教育监测和绩效评价的支撑能力。

3. 《标准》从身体形态、身体机能和身体素质等方面综合评定学生的体质健康水平，是促进学生体质健康发展、激励学生积极进行身体锻炼的教育手段，是国家学生发展核心素养体系和学业质量标准的重要组成部分，是学生体质健康的个体评价标准。

4. 《标准》将适用对象划分为以下组别：小学、初中、高中按每个年级为一组，其中小学为6组、初中为3组、高中为3组；大学一、二年级为一组，三、四年级为一组。

5. 小学、初中、高中、大学各组别的测试指标均为必测指标。其中，身体形态类中的身高、体重，身体机能类中的肺活量，以及身体素质类中的50米跑、坐位体前屈为各年级学生共性指标。

6. 《标准》的学年总分由标准分与附加分之和构成，满分为120分。标准分由各单项指标得分与权重乘积之和组成，满分为100分。附加分根据实测成绩确定，即对成绩超过100分的加分指标进行加分，满分为20分；小学的加分指标为1分钟跳绳，加分幅度为20分；初中、高中和大学的加分指标为男生引体向上和1000米跑，女生1分钟仰卧起坐和800米跑，各指标加分幅度均为10分。

7. 根据学生学年总分评定等级：90.0分及以上为优秀，80.0～89.9分为良好，60.0～79.9分为及格，59.9分及以下为不及格。

8. 每个学生每学年评定一次，记入《〈国家学生体质健康标准〉登记卡》（附表1～6）。特殊学制的学校，在填写登记卡时可以按规定和需求相应地增减栏目。学生毕业时的成绩和等级，按毕业当年学年总分的50%与其他学年总分平均得分的50%之和进行评定。

9. 学生测试成绩评定达到良好及以上者，方可参加评优与评奖；成绩达到优秀者，方可获体育奖学分。测试成绩评定不及格者，在本学年度准予补测一次，补测仍不及格，则学年成绩评定为不及格。普通高中、中等职业学校和普通高等学校学生毕业时，《标准》测试的成绩达不到50分者按结业或肄业处理。

10. 学生因病或残疾可向学校提交暂缓或免予执行《标准》的申请，经医疗单位证明，体育教学部门核准，可暂缓或免予执行《标准》，并填写《免予执行〈国家学生体质健康标准〉申请表》（附表7），存入学生档案。确实丧失运动能力、被免予执行《标准》的残疾学生，仍可参加评优与评奖，毕业时《标准》成绩需注明免测。

11. 各学校每学年开展覆盖本校各年级学生的《标准》测试工作，《标准》测试数据经当地教育行政部门按要求审核后，通过"中国学生体质健康网"上传至"国家学生体质健康标准数据管理系统"。测试和数据上传时间由教育行政部门确定。

12.《标准》由教育部负责解释。

二、单项指标与权重

单项指标与权重如表1所示。

表1　单项指标与权重（大学生）

测试对象	单项指标	权重（%）
大学各年级学生	体重指数（BMI）	15
	肺活量	15
	50米跑	20
	坐位体前屈	10
	立定跳远	10
	引体向上（男）/1分钟仰卧起坐（女）	10
	1 000米跑（男）/800米跑（女）	20

注：体重指数（BMI）=体重（千克）/身高^2（米^2）。

三、评分表

（一）单项指标评分表

各单项指标评分标准如表2～表8所示。

表2　大学生体重指数（BMI）单项评分表（单位：千克/米^2）

等级	单项得分/分	男生	女生
正常	100	17.9～23.9	17.2～23.9
低体重	80	≤17.8	≤17.1
超重		24.0～27.9	24.0～27.9
肥胖	60	≥28.0	≥28.0

表3　大学生肺活量单项评分表（单位：毫升）

等级	单项得分/分	男生		女生	
		大一/大二	大三/大四	大一/大二	大三/大四
优秀	100	5 040	5 140	3 400	3 450
	95	4 920	5 020	3 350	3 400
	90	4 800	4 900	3 300	3 350
良好	85	4 550	4 650	3 150	3 200
	80	4 300	4 400	3 000	3 050
及格	78	4 180	4 280	2 900	2 950
	76	4 060	4 160	2 800	2 850
	74	3 940	4 040	2 700	2 750
	72	3 820	3 920	2 600	2 650

续表

等级	单项 得分/分	男生		女生	
		大一/大二	大三/大四	大一/大二	大三/大四
及格	70	3 700	3 800	2 500	2 550
	68	3 580	3 680	2 400	2 450
	66	3 460	3 560	2 300	2 350
	64	3 340	3 440	2 200	2 250
	62	3 220	3 320	2 100	2 150
	60	3 100	3 200	2 000	2 050
不及格	50	2 940	3 030	1 960	2 010
	40	2 780	2 860	1 920	1 970
	30	2 620	2 690	1 880	1 930
	20	2 460	2 520	1 840	1 890
	10	2 300	2 350	1 800	1 850

表4　男生50米跑单项评分表（单位：秒）

等级	单项 得分/分	男生		女生	
		大一/大二	大三/大四	大一/大二	大三/大四
优秀	100	6.7	6.6	7.5	7.4
	95	6.8	6.7	7.6	7.5
	90	6.9	6.8	7.7	7.6
良好	85	7.0	6.9	8.0	7.9
	80	7.1	7.0	8.3	8.2
及格	78	7.3	7.2	8.5	8.4
	76	7.5	7.4	8.7	8.6
	74	7.7	7.6	8.9	8.8
	72	7.9	7.8	9.1	9.0
	70	8.1	8.0	9.3	9.2
	68	8.3	8.2	9.5	9.4
	66	8.5	8.4	9.7	9.6
	64	8.7	8.6	9.9	9.8
	62	8.9	8.8	10.1	10.0
	60	9.1	9.0	10.3	10.2
不及格	50	9.3	9.2	10.5	10.4
	40	9.5	9.4	10.7	10.6
	30	9.7	9.6	10.9	10.8
	20	9.9	9.8	11.1	11.0
	10	10.1	10.0	11.3	11.2

表5　大学生坐位体前屈单项评分表（单位：厘米）

等级	单项 得分/分	男生		女生	
		大一/大二	大三/大四	大一/大二	大三/大四
优秀	100	24.9	25.1	25.8	26.3
	95	23.1	23.3	24.0	24.4
	90	21.3	21.5	22.2	22.4
良好	85	19.5	19.9	20.6	21.0
	80	17.7	18.2	19.0	19.5

续表

等级	单项得分/分	男生		女生	
		大一/大二	大三/大四	大一/大二	大三/大四
及格	78	16.3	16.8	17.7	18.2
	76	14.9	15.4	16.4	16.9
	74	13.5	14.0	15.1	15.6
	72	12.1	12.6	13.8	14.3
	70	10.7	11.2	12.5	13.0
	68	9.3	9.8	11.2	11.7
	66	7.9	8.4	9.9	10.4
	64	6.5	7.0	8.6	9.1
	62	5.1	5.6	7.3	7.8
	60	3.7	4.2	6.0	6.5
不及格	50	2.7	3.2	5.2	5.7
	40	1.7	2.2	4.4	4.9
	30	0.7	1.2	3.6	4.1
	20	−0.3	0.2	2.8	3.3
	10	−1.3	−0.8	2.0	2.5

表6 大学生立定跳远单项评分表（单位：厘米）

等级	单项得分/分	男生		女生	
		大一/大二	大三/大四	大一/大二	大三/大四
优秀	100	273	275	207	208
	95	268	270	201	202
	90	263	265	195	196
良好	85	256	258	188	189
	80	248	250	181	182
及格	78	244	246	178	179
	76	240	242	175	176
	74	236	238	172	173
	72	232	234	169	170
	70	228	230	166	167
	68	224	226	163	164
	66	220	222	160	161
	64	216	218	157	158
	62	212	214	154	155
	60	208	210	151	152
不及格	50	203	205	146	147
	40	198	200	141	142
	30	193	195	136	137
	20	188	190	131	132
	10	183	185	126	127

表7 大学生引体向上（男）、一分钟仰卧起坐（女）单项评分表（单位：次）

等级	单项 得分/分	引体向上（男生）		一分钟仰卧起坐（女生）	
		大一/大二	大三/大四	大一/大二	大三/大四
优秀	100	19	20	56	57
	95	18	19	54	55
	90	17	18	52	53
良好	85	16	17	49	50
	80	15	16	46	47
及格	78			44	45
	76	14	15	42	43
	74			40	41
	72	13	14	38	39
	70			36	37
	68	12	13	34	35
	66			32	33
	64	11	12	30	31
	62			28	29
	60	10	11	26	27
不及格	50	9	10	24	25
	40	8	9	22	23
	30	7	8	20	21
	20	6	7	18	19
	10	5	6	16	17

表8 大学生耐力跑单项评分表

等级	单项 得分/分	男生1 000米跑		女生800米跑	
		大一/大二	大三/大四	大一/大二	大三/大四
优秀	100	3分17秒	3分15秒	3分18秒	3分16秒
	95	3分22秒	3分20秒	3分24秒	3分22秒
	90	3分27秒	3分25秒	3分30秒	3分28秒
良好	85	3分34秒	3分32秒	3分37秒	3分35秒
	80	3分42秒	3分40秒	3分44秒	3分42秒
及格	78	3分47秒	3分45秒	3分49秒	3分47秒
	76	3分52秒	3分50秒	3分54秒	3分52秒
	74	3分57秒	3分55秒	3分59秒	3分57秒
	72	4分02秒	4分00秒	4分04秒	4分02秒
	70	4分07秒	4分05秒	4分09秒	4分07秒
	68	4分12秒	4分10秒	4分14秒	4分12秒
	66	4分17秒	4分15秒	4分19秒	4分17秒
	64	4分22秒	4分20秒	4分24秒	4分22秒
	62	4分27秒	4分25秒	4分29秒	4分27秒
	60	4分32秒	4分30秒	4分34秒	4分32秒

续表

等级	单项得分/分	男生1 000米跑		女生800米跑	
		大一/大二	大三/大四	大一/大二	大三/大四
不及格	50	4分52秒	4分50秒	4分44秒	4分42秒
	40	5分12秒	5分10秒	4分54秒	4分52秒
	30	5分32秒	5分30秒	5分04秒	5分02秒
	20	5分52秒	5分50秒	5分14秒	5分12秒
	10	6分12秒	6分10秒	5分24秒	5分22秒

（二）加分指标评分表

加分指标评分标准如表9、表10所示。

表9　大学生引体向上（男）、一分钟仰卧起坐（女）单项评分表（单位：次）

加分/分	引体向上（男生）		一分钟仰卧起坐（女生）	
	大一/大二	大三/大四	大一/大二	大三/大四
10	10	10	13	13
9	9	9	12	12
8	8	8	11	11
7	7	7	10	10
6	6	6	9	9
5	5	5	8	8
4	4	4	7	7
3	3	3	6	6
2	2	2	4	4
1	1	1	2	2

注：引体向上、一分钟仰卧起坐均为高优指标，学生成绩超过单项评分100分后，以超过的次数所对应的分数进行加分。

表10　大学生男生1 000米跑、女生800米跑耐力跑单项加分表

加分/分	男生1 000米跑		女生800米跑	
	大一/大二	大三/大四	大一/大二	大三/大四
10	−50秒	−50秒	−50秒	−50秒
9	−45秒	−45秒	−45秒	−45秒
8	−40秒	−40秒	−40秒	−40秒
7	−35秒	−35秒	−35秒	−35秒
6	−30秒	−30秒	−30秒	−30秒
5	−25秒	−25秒	−25秒	−25秒
4	−20秒	−20秒	−20秒	−20秒
3	−15秒	−15秒	−15秒	−15秒
2	−10秒	−10秒	−10秒	−10秒
1	−5秒	−5秒	−5秒	−5秒

注：1 000米跑、800米跑均为低优指标，学生成绩低于单项评分100分后，以减少的秒数所对应的分数进行加分。